rororo

ro
ro
ro

Stefanie-Lahya Aukongo

Kalungas Kind

Wie die DDR mein Leben rettete

Rowohlt Taschenbuch Verlag

Originalausgabe

Veröffentlicht im Rowohlt Taschenbuch Verlag,

Reinbek bei Hamburg, Oktober 2009

Aufgezeichnet von Peter Hilliges

Lektorat Regina Carstensen

Abbildungen im Tafelteil:

Seite 1 – Martina Kaiser, Seite 16 – Peter Hilliges;

alle weiteren Fotos – Stefanie-Lahya Aukongo

Karte auf Seite 6 Peter Palm, Berlin

Satz Arno Pro PostScript (InDesign) bei

Pinkuin Satz und Datentechnik, Berlin

Druck und Bindung CPI – Clausen & Bosse, Leck

Printed in Germany

ISBN 978 3 499 62500 8

Mache, was du kannst. Mit dem, was du hast. Wo immer du bist.

Theodore Roosevelt

KONGO
GABUN
Brazzaville
DEMOKRATISCHE REP. KONGO (Zaire)
RUANDA
BURUNDI
Viktoriasee
KENIA
Äquator
TANSANIA
Tanganjikasee
Kubango
Kassai
Luanda
Malawisee
ANGOLA
MALAWI
KOMOREN
SAMBIA
Cassinga
Okawango
Karibasee
Sambesi
MOSAMBIK
Ondangwa
Owambo-land
ZIMBABWE
MADAGASKAR
NAMIBIA
Swakopmund
Windhuk
BOTSWANA
Limpopo
Kalahari
Maputo
Vaal
SWASILAND
Oranje
LESOTHO
Atlantischer Ozean
Indischer Ozean
REPUBLIK SÜDAFRIKA
Kapstadt
Kap der Guten Hoffnung
0 200 400 600 800 1000 km

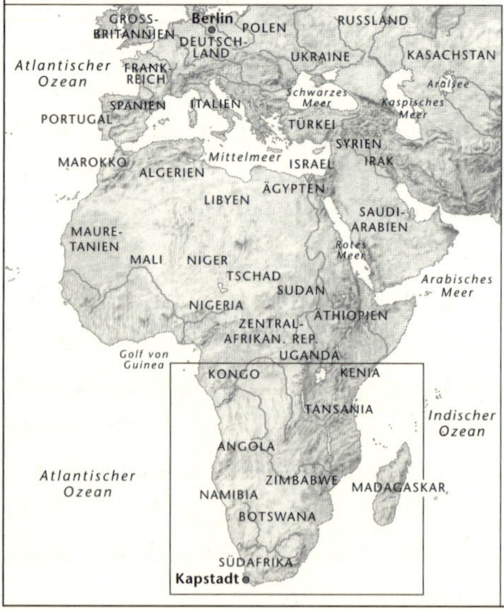
GROSS-BRITANNIEN
Berlin
POLEN
RUSSLAND
DEUTSCH-LAND
UKRAINE
KASACHSTAN
Atlantischer Ozean
FRANK-REICH
Aralsee
Schwarzes Meer
Kaspisches Meer
SPANIEN
ITALIEN
PORTUGAL
TÜRKEI
SYRIEN
MAROKKO
Mittelmeer
ISRAEL
IRAK
ALGERIEN
ÄGYPTEN
LIBYEN
SAUDI-ARABIEN
MAURE-TANIEN
Rotes Meer
MALI
NIGER
TSCHAD
Arabisches Meer
SUDAN
NIGERIA
ÄTHIOPIEN
ZENTRAL-AFRIKAN. REP.
UGANDA
Golf von Guinea
KONGO
KENIA
TANSANIA
Indischer Ozean
ANGOLA
Atlantischer Ozean
ZIMBABWE
MADAGASKAR
NAMIBIA
BOTSWANA
SÜDAFRIKA
Kapstadt

Der Tag, der alles veränderte

«Lauft! Lauft davon! Sie greifen uns an! Schnell raus hier!»

Das Mädchen fuhr aus dem Schlaf hoch. Um sie herum rannten alle durcheinander. Der sechzehnjährigen Clementine blieb keine Zeit zum Nachdenken oder gar, um Fragen zu stellen. Mit den anderen Frauen und Mädchen stürmte sie aus dem Haus, in dem sie erst seit zwei Tagen wohnte. Sie hörte das Dröhnen von Flugzeugmotoren, das Knattern von Maschinengewehren und Schüssen, die durch die Luft peitschten. Ganz in der Nähe explodierten Bomben, die den trockenen afrikanischen Boden meterhoch in die Luft schleuderten. Blutende Frauen brachen mit ihren Kindern auf dem Rücken zusammen, starben direkt vor den Füßen des verängstigten Mädchens. Qualmschwaden nahmen ihr die Luft zum Atmen. Instinktiv flüchtete sie in die Richtung, aus der die wenigsten Menschen kamen.

Clementine hatte tatsächlich Glück. Sie traf auf keinen der Angreifer. Aber überall lagen Sterbende, denen sie nicht helfen konnte, und Tote, die sie aus gebrochenen Augen anstarrten. Die Fliehende versuchte, nicht hinzusehen, hastete immer weiter. Erreichte gelb verdorrtes Gras, es stand hüfthoch und bot ihr Deckung. Ihr Puls raste, sie sah sich um – sie war plötzlich ganz allein. Noch immer hörte sie Bomben explodieren, Menschen schrien vor Schmerzen und in Panik.

Erst zwei Tage zuvor war Clementine zu diesem Ort in Angola gebracht worden und hatte keine Ahnung, wohin sie entkommen sollte. Die einzige Orientierung, die sich ihr bot, waren die sich nähernden Gewehrsalven rechts und links von ihr. Darum rannte sie geradeaus. Und plötzlich stand sie vor einem etwa drei Meter breiten Fluss. Er war so flach, dass sie hindurchwaten konnte. In dieser langen Minute war sie völlig schutzlos, und gerade, als sie mit einem Fuß das Ufer erreichte und der andere noch im Wasser stand, hörte Clementine den Schuss. Er klang wie eine Explosion, entsetzlich nah. Sie hatte das Gefühl, die Beine würden ihr unter dem Körper weggerissen. Sie stürzte auf den braunen Sand des Ufers. Der Schock ließ sie die Schmerzen noch nicht empfinden. Sie wusste nur: Ich will nicht sterben!

Nicht weit entfernt waren zwischen hohem Gras Büsche. Auf ihre Unterarme gestützt, robbte das Mädchen los und verkroch sich unter den dornigen, tief herabhängenden Zweigen. Wenn die Angreifer bemerkten, dass sie noch lebte, würde man sie finden und erschießen. Sie musste sich tot stellen, um überhaupt eine winzige Chance zu haben, am Leben zu bleiben. Ihre Lungen brannten, ihr Herz raste, und auf einmal spürte sie den wahnsinnigen Schmerz. Und bevor sie das Ausmaß ihrer Verletzungen am Unterkörper begriff, wurde um sie herum alles schwarz. Als die Ohnmacht wich und der Schmerz wie verrückt in ihrem ganzen Körper tobte und die Gewehrschüsse immer noch knatterten, da tastete sie vorsichtig nach ihrer Hüfte. Als sie ihre Hand ansah, war die voller Blut, und große Beißameisen krabbelten darauf herum. Überall waren die aggressiven Insekten – und Clementine war ihnen ausgeliefert.

Sie wusste noch nicht viel über den menschlichen Körper. In dem Flüchtlingslager, in dem sie zuvor war, hatte sie eine Ausbildung zur Krankenpflegerin begonnen. Fast alle ihre Patienten waren wegen des Bürgerkriegs mit Schussverletzungen ins Lazarett eingeliefert worden. Sie starben nicht sofort daran, sondern verbluteten, wenn man die Blutzufuhr nicht schnellstens unterband. In ihrem Versteck unter den Büschen zog Clementine die Jacke aus grobem Stoff aus, die sie trug. Sie wusste nicht genau, an welcher Stelle sie wirklich abbinden musste, sie tat es auf gut Glück. Und musste sich dabei vorsichtig bewegen. Niemand durfte wahrnehmen, dass der Schuss sie nicht getötet hatte. Gleichzeitig spritzten die Ameisen ihr Gift in die offenen Wunden. Sie hätte schreien mögen, aber sie wusste, dass man sie dann doch noch finden würde. Um sie zu erschießen. Wieder wurde sie bewusstlos.

Das hilflos unter den Büschen liegende Mädchen kam wieder zu sich, wurde erneut ohnmächtig. Während sie zwischen Leben und Tod schwebte, verlor sie jedes Gefühl für die Zeit. Irgendwann verklangen die Schüsse, Hubschrauber landeten und flogen weg. In den Süden, dorthin, woher die feindlichen Soldaten aufgetaucht waren. Der eigentliche Angriff schien vorbei zu sein, aber die Schmerzen in Clementines Körper hörten nicht auf.

Der 4. Mai 1978, der Tag, der Clementines Leben für immer veränderte, ging zu Ende. Sie zitterte vor Angst und Schmerzen. Sie wusste nicht, ob sie durchhalten würde, bis man sie fand. Falls überhaupt Hilfe kommen würde.

Die Sonne stand schon hoch, als Clementine Stimmen von Männern vernahm. Sie suchten die Gegend nach Überlebenden ab. Mit letzter Kraft robbte die Verwundete aus ihrem Versteck hervor und rief um Hilfe. Hände packten sie und luden sie auf einen Ochsenkarren, auf dem schon andere Schwerverletzte waren. Mehr und mehr Menschen wurden neben sie gelegt. Niemand untersuchte sie oder versorgte ihre Wunden. Die Helfer hatten nur Hände, mit denen sie Überlebende auf Karren packten, und Spaten, um Massengräber auszuheben, in denen sie Hunderte von Toten bestatteten. Es waren vor allem Kinder, junge und alte Frauen. Clementine sah all das, und sie beschloss, es zu vergessen, um sich nicht fragen zu müssen: Warum habe ich überlebt und nicht die anderen?

Tagelang rumpelte das einfache Gefährt über ausgefahrene Wege, jede Rille im Boden, jedes Schlagloch, jeder Stein vergrößerte die Schmerzen. Die einzige Zuflucht, die Clementine blieb, war die Zuversicht, dass Kalunga sie beschützte, ihr Gott, an den sie glaubte. Nach einem tagelangen, nicht enden wollenden Transport über viele hundert Kilometer wurde sie vom Ochsenkarren geladen. Man legte sie irgendwo auf den Boden, sagte ihr, sie wäre jetzt in einem anderen Flüchtlingslager. Doch auch dort konnte ihr nicht geholfen werden: Für die unzähligen Verletzten, Kranken und Sterbenden, die man hier versammelte, hatte man nicht einmal annähernd genug Medizin und kaum Verbandsmaterial. Es gab auch viel zu wenige Ärzte und Schwestern.

Unter unzähligen Menschen, die sich in einem so furchtbaren Zustand wie Clementine befanden, fiel dennoch ausgerechnet sie jemandem auf. Die leichte Wölbung ihres Leibes wäre kaum bemerkt worden, wenn das sechzehn Jahre alte Mädchen nicht so unglaublich mager gewesen wäre.

«Bist du schwanger?»

Viel mehr, als diese Frage zu bejahen, konnte Clementine nicht. Ihre unversorgten Wunden eiterten bereits, sie hatte hohes Fieber.

Schmerzen und Angst machten es ihr unmöglich, zu verfolgen, wie über sie beraten wurde. Sie ließ nur alles geschehen, was man mit ihr tat. Sie wurde auf eine Trage gelegt und schließlich in ein Flugzeug transportiert. Ihre Panik wuchs, denn die

Menschen, die sich um sie kümmerten, hatten eine weiße Haut. Weiß wie jene Südafrikaner, die sie so furchtbar zugerichtet hatten. Aber ihre Retter redeten nicht in der Sprache der Peiniger, sondern in einer, die Clementine nicht kannte.

Das Flugzeug hatte nur neunzehn weitere schwarze Passagiere an Bord, alle waren in einem ähnlich schlechten Zustand wie Clementine. Doch sie war die Einzige, die ein Baby im Bauch trug. Und da dachte sie daran, warum sie überhaupt an jenem Ort gewesen war, an dem man sie wie ein fliehendes Tier angeschossen hatte. In dem Flüchtlingslager Cassinga, so hatte es geheißen, wäre die werdende Mutter sicher.

Während des Fluges wurde Clementine gesagt, dass sie auf dem Weg in die DDR wäre. Dort würde man sie operieren. Sie hatte keine Ahnung, was die DDR war. Sie spürte nur Dankbarkeit. Auch ihren Rettern gegenüber, vor allem aber gegenüber Kalunga. Denn ihre Mutter hatte ihr immer gesagt: «Kalunga vergisst die Menschen nicht.»

Zu diesem Zeitpunkt war bereits ein Monat vergangen, seitdem das Mädchen dem Massaker von Cassinga mit knapper Not entkommen war. Es vergingen noch einmal drei weitere Monate, bis Clementine am 13. September 1978 in Ostberlin von einer Tochter entbunden wurde.

Obwohl es den Bräuchen ihrer afrikanischen Heimat entsprochen hätte, ihre Tochter nach der Mutter, der Schwester oder einer anderen nahen Verwandten zu benennen, entschied sich Clementine ganz anders. Sie wählte den Namen einer deutschen Krankenschwester, die sie pflegte.

Clementine Aukongo nannte das Kind Stefanie.

Etwa zwanzig Jahre später besuchte ich meine Großmutter im äußersten Norden von Namibia. Das Zuhause meiner *meekulu* lag in einer Gegend, die jener gleicht, in der sich 1978 das Flüchtlingslager von Cassinga befunden hatte. Eine endlose flache Weite aus Sand und Buschwerk. In dem Labyrinth aus Wegen, die sich durch Sträucher und Büsche schlängelten, verlor ich bald die Orientierung. Alles sah gleich aus, eine unvorstellbare Einsamkeit. Und mitten in diesem Nirgendwo ein mannshoher Zaun aus von der Sonne gebleichten, senkrecht im Boden ste ckenden Ästen. Dahinter runde Hütten aus Holz, gedeckt mit Hirsestroh.

Die Haut meiner Großmutter war so schwarz wie meine. Aber bei mir sorgte die extreme Sonneneinstrahlung dafür, dass ich einen Sonnenbrand bekam. *Meekulu* konnte weder lesen noch schreiben, hatte nie Radio gehört oder ferngesehen. Wenn wir uns unterhalten wollten, brauchten wir jemanden, der für uns übersetzte. Denn die Mutter meiner Mutter hatte nie Englisch gelernt. Und ich konnte mich in ihrer Sprache, Oshiwambo, nur bruchstückhaft ausdrücken. Eines Morgens putzte ich mir die Zähne und spülte den Mund aus. Das Wasser schmeckte scheußlich, denn es stammte aus einem trüben, viele Kilometer entfernten Weiher. Achtlos goss ich es in den Sand. Am späten Nachmittag kehrte ich zu meiner Hütte zurück. Und genau an der Stelle, wo ich am Morgen meinen Becher geleert hatte, war eine kleine Pflanze gewachsen. Schon eine Handbreit groß. Und sie wuchs weiter in den nächsten Tagen, bekam sogar eine kleine Blüte. Ich konnte es nicht fassen: Da war doch nur Sand! Aber ausgerechnet an dieser Stelle war die kleine Blume im Boden verborgen gewesen. Das bisschen Wasser, achtlos vergossen, hatte sie zum Leben erweckt. Das erschien mir wie ein wahres Wunder.

Es erinnerte mich an mein eigenes Schicksal.

Allerdings würde die kleine Pflanze, die ich bei der Hütte meiner *meekulu* gewissermaßen aus dem Boden hervorgezaubert hatte, nicht so recht in einen deutschen Ziergarten passen. Und genau das ist meine Geschichte: Ich wuchs in einem deutschen Garten auf, um mich herum blühten Tulpen, Rosen und Dahlien. Eines Tages blickte ich mich um und stellte fest, dass ich keine von diesen Blumen war. Denn die vielen Wendungen meines Schicksals haben an meinem Körper Narben hinterlassen. Manche kann ich mit Kleidung verdecken, mein verkürztes Bein allerdings zwingt mich zu hinken. Zudem habe ich einige weitere Handicaps, mit denen ich gelernt habe, mich zu arrangieren. Die Narben auf meiner Seele wollen allerdings nicht heilen. Sie quälen mich in manchen Nächten mit Albträumen, die mir wie eine Erinnerung an etwas Furchtbares erscheinen, das ich erlebt habe. Doch ich weiß, dass ich diese Erinnerung nicht haben kann. Es war meine Mutter, die vier Monate vor meiner Geburt durch die Hölle von Cassinga ging.

Trotz all der Einschränkungen, mit denen ich zurechtkommen muss, empfinde ich mein Leben als großes Glück. Auch wenn ich es manchmal anstrengend finde, die zu sein, die ich nun mal bin. So oft wünsche ich mir, unsichtbar zu sein, doch ich falle auf, egal wohin ich gehe. Ich bin eins zweiundfünfzig – und damit nicht nur zu klein. Obendrein bin ich zu dick, zu schwarz und habe viel zu viel Haar auf dem Kopf.

Wenn meine deutsche Familie über die vielen Hindernisse spricht, bis es überhaupt so weit war, dass ich überleben durfte, heißt es: «Steffi hat sieben Leben.» Das klingt wie das sprichwörtliche Los einer Katze. Doch all das Schreckliche, das mir vor meiner Geburt und in meiner frühen Kindheit widerfahren ist, hat mich zu Menschen geführt, durch die ich gelernt habe, dass es sich lohnt, zu kämpfen, zu leben und zu lieben. Dass Leben keine Strafe ist, egal wie aussichtslos, unbarmherzig und ungerecht es erscheint. Dass es Menschen gibt, die einem helfen können, auch wenn man diese nicht gleich auf den ersten

Blick erkennt. In jedem Moment geschieht etwas, das einen weiterbringt.

Ist es nicht auch so, dass man keine Blume an einem Ort vermutet, an dem es niemals regnet?

Meine vier Mütter

Einen größeren Gegensatz als den zwischen der Hütte meiner Großmutter und dem Krankenhaus am Rande der namibischen Hauptstadt Windhoek kann man sich kaum vorstellen. Es war kein Platz, an dem ich eine verborgene Blume vermutete. Im Gegenteil: Die Geschichten, die ich über das Katutura State Hospital kannte, hatten geklungen, als wäre es kein Ort, um gesund zu werden, sondern eher einer zum Sterben.

Als ich nun davorstehe, erinnert mich das Äußere des siebenstöckigen, hinter einem hohen Metallzaun verborgenen grauen Gebäudes eher an einen militärischen Zweck oder gar an ein Gefängnis. Schon seit Tagen weiß ich, dass meine Mutter hier liegt. Doch ich hatte mich nicht getraut, zu ihr zu gehen. Jetzt weigern sich meine Beine, auch nur einen Schritt zu machen. Meine Freundin Letha, die zu meinem Beistand mitgekommen ist, schiebt mich vorwärts in das düstere Verlies der Eingangshalle. Die Frau in der Auskunft nennt die Station, auf der ich meine Mutter finde. Und da spricht Letha aus, was ich insgeheim befürchtet hatte: «Steffi, ich glaube, das ist die Aids-Station oder so etwas Ähnliches. Ich kannte mal jemanden, der dort gelegen hat. Lebend kommt man da nicht mehr raus.» Sie sagt es mit einer ruhigen Bestimmtheit, die wie ein Todesurteil klingt.

Die Freundin nimmt meine Hand und bugsiert mich durch endlose Gänge. Ich suche vergeblich nach Schildern, die den Zweck der Stationen ausweisen. Schließlich frage ich ziemlich aufgelöst eine der Schwestern: «Wo sind wir hier? In der Inneren? In der Chirurgie? Wo?» Die Schwester: «Ich darf Ihnen das nicht sagen.»

Jemand öffnet eine Tür – und dahinter liegt in einem Bett, was übrig ist von meiner Mutter. Sie wirkt wie ein Schatten, nach dem bereits der Tod seine Hände auszustrecken scheint. Weinend stehe ich neben der vor Erschöpfung schlafenden Kranken. Sie bekommt nicht einmal mit, dass ich da bin. So abgemagert und hilflos, wie ich sie vor mir sehe, tut sie mir unendlich leid. Ich weiß, wie schwer meine Mutter in den Monaten vor meiner Geburt darum gekämpft hat, dass ich auf der Welt sein darf. Dafür bin ich ihr dankbar. Sie ist der Anfang meines Lebens. Das Schreckliche daran ist nur, dass sie dort auch geblieben ist – am Anfang von allem. Darum fühle ich in mir eine seltsame Leere, für die es keine Worte gibt. So, wie wir nie miteinander über unsere Probleme haben reden können.

Als meine Mutter schließlich erwacht, sagt sie mit schwacher Stimme: «Mach dir keine Sorgen, es ist nicht schlimm, ich bin nur so hier.»

Sie ringt mit dem Tod – und ich soll mich nicht sorgen? Ich bin doch ihr einziges Kind! Die Fremdheit in diesem Moment, wo zwischen uns Nähe sein sollte, droht mich zu zerreißen. Selbst wenn sie keine Kraft hat, auf mich einzugehen, müsste ihr Herz als Mutter doch spüren, dass sie mich nicht so abspeisen darf! Muss ich sie wirklich so in Erinnerung behalten, als eine nahezu Unbekannte, die auf schreckliche Weise sterben wird? Sie darf nicht gehen, bevor ich die Antworten auf meine noch unausgesprochenen und nicht einmal zu Ende gedachten Fragen kenne! Aber gibt das Schicksal uns dafür genug Zeit?

Das feindlich wirkende Krankenhaus erscheint mir wie ein Symbol für all das, was ich nicht über meine Mutter weiß. Es gibt nur jede Menge Fragezeichen, aus denen sich ein riesiges neues formt: Weiß ich, wer ich bin, wenn ich nicht einmal wirklich weiß, wer die Frau ist, der ich mein Leben verdanke?

Später, als ich das Krankenhaus verlassen und mich wieder etwas beruhigt habe, rufe ich in Berlin an. Bei den Menschen, die meine wahre Familie sind. Weil ich mich völlig überfordert fühle, brauche ich seelische und moralische Unterstützung. Und auf einmal fällt mitten im Telefonat der Satz: «Aber sie ist doch deine Mutter!» Schon früher hatte ich diese Formulierung gehasst, die ich viel zu oft zu hören bekam. Jetzt klingen die Worte, als wäre ich ein Gefühlszombie. Nicht fähig, die eigene Mutter zu lieben. Aber ich wollte sie immer lieben! Wenn sie mir jemals Gelegenheit dazu gegeben hätte!

Der Satz «Aber sie ist doch deine Mutter!» erschien mir wie eine unbewiesene Behauptung. Selbst damals, als meine deutsche Pflegemutter dafür sorgte, dass ich meine leibliche Mutter nie vergaß. Sie nahm mich als kleines Mädchen auf den Schoß und zeigte mir eine alte Zeitschrift. Vom Titelblatt schaute mich eine junge hübsche Afrikanerin mit einer Handvoll kurzer, kunstvoll gezwirbelter Zöpfchen auf dem Kopf skeptisch an. «Sieh mal, Steffi, das da, das ist deine Mutter», sagte meine deutsche Pflegemutter. Und Waltraud Schmieder wies auf das Baby in den Armen der mir fremden Frau: «Und so hast du früher ausgesehen.» Ich erkannte mich in dem sechs Monate alten Säugling im roten Strampelanzug jedes Mal sofort wieder: Ich habe Pausbäckchen, ziehe eine Schmollschnute und blicke teilnahmslos ins Nirgendwo.

In späteren Jahren bekam das Heft vom April 1979 eine neue Bedeutung: Ich sollte verstehen, warum ich nicht bei meiner leiblichen Mutter in Afrika aufwuchs, sondern bei Pflegeeltern in Deutschland. Da las ich dann auf dem Cover der in der DDR millionenfach gelesenen Frauenzeitschrift *Für Dich* neben dem Kopf meiner Mutter und meinem eigenen die Titelzeile: «Geburtsort: Berlin». Und darunter: «Stefanie in den Armen ihrer Mutter, vertrieben aus der Heimat Namibia».

«Geburtsort Berlin», das stimmte, aber «Heimat Namibia» fühlte sich seltsam an. Wie konnte ein mir unbekanntes Land meine Heimat sein?

Wenn ich die Überschrift zum eigentlichen Artikel im Innenteil las, wusste ich, dass es wirklich um mich ging: «Stefanie und ihre Mütter». Auch dreißig Jahre später stimmt das noch – ich habe tatsächlich mehrere Mütter.

Ein kleines Foto zeigt, wie sie damals aussahen: Meine leibliche Mutter Clementine Aukongo sitzt rechts in einem Krankenbett und schaut ernst auf meinen schwarzen Haarschopf; sie hält mich wie etwas Fremdes. In der Mitte der Aufnahme ist eine Frau mit kurzem, dunklem Haar zu erkennen; sie hat sich leicht vorgebeugt und scheint mit mir zu sprechen. Aus der Haltung meines Kopfes ist zu schließen, dass ich sie ansehe. Waltraud Schmieder war sozusagen die «Chefin» meiner Mütter, meine offizielle Pflegemutter. Für mich ist sie von Anfang an meine Oma. Links von ihr befindet sich ihre Tochter Petra, sie sitzt auf einem Stuhl. Petra ist auf dem Bild eine junge Frau mit schulterlangem Haar. Intensiv sieht sie mich an, wobei sie zärtlich lächelt. Meine vierte Mutter ist nicht auf dem Foto: Petras ältere Schwester Ines war sozusagen der Trumpf, den sich das Schicksal für den richtigen Zeitpunkt aufhob.

Wenn ich den Spuren meines Lebens nachgehe, muss ich bei Petra anfangen. Durch eine Verkettung von Zufällen sorgte die damals erst Neunzehnjährige dafür, dass ich gleichsam aus der Wüste in einen schönen deutschen Garten geholt wurde.

Damals, als die Aufnahme mit meinen Müttern entstand, machte Petra gerade ein sogenanntes Vorpraktisches Jahr im medizinischen Sektor, weil sie später Ärztin werden wollte.

Um den Studienwunsch zu überprüfen, wie man das nannte, musste sie nach ihrem Abitur im Sommer 1978 zunächst als pflegerische Hilfskraft im Klinikum Buch arbeiten. Das war gleichsam eine kleine Stadt am nördlichen Rand von Berlin und mit über dreitausend Betten der größte Krankenhauskomplex in Europa. Jede der verschiedenen, teilweise weit voneinander entfernt liegenden Kliniken hatte einen eigenen Namen und Zweck. Petra war dem Ludwig-Hoffmann-Krankenhaus zugeteilt, um auf der Geriatrie alte Menschen zu pflegen. Nach drei Monaten fragte man sie, ob sie nicht ein Stockwerk tiefer auf Station 306b aushelfen möchte. Sie hätte ablehnen können, aber sie wusste, dass die 306b etwas Besonderes war, und das machte sie neugierig.

Die «Solidaritätsstation» war gerade erst gegründet worden, um junge Patienten aufzunehmen, die allesamt aus Afrika stammten. Aus einem Land, über das man in der DDR nur das wusste, was in der *Aktuellen Kamera* oder der Zeitung berichtet wurde: Das «imperialistische» Südafrika hatte seinen zwar an Rohstoffen reichen, aber ansonsten sehr armen nördlichen Nachbarn Namibia rücksichtslos zu einem Teil von Südafrika gemacht. In einem blutigen Bürgerkrieg wehrte sich die namibische Befreiungsbewegung SWAPO dagegen, und Südafrika reagierte brutal: Den traurigen Höhepunkt bildete das Massaker von Cassinga im Mai 1978. Obwohl dieses Flüchtlingslager 250 Kilometer nördlich der namibisch-angolanischen Grenze auf dem Gebiet der Volksrepublik Angola lag, wurde es mit Bombern und Fallschirmspringern angegriffen und dem Erdboden gleichgemacht. Dies war das Signal für die DDR gewesen, der SWAPO und den Namibiern bei ihrem Kampf gegen das übermächtige Südafrika solidarisch beizustehen. Zunächst, indem genau zwanzig Schwerverletzte nach Ostberlin ausgeflogen wurden.

Auf der «Solistation», wie sie fast schon zärtlich genannt wurde, lebten die Verwundeten in hellen Zwei- und Vierbettzimmern mit bunten Vorhängen. Obwohl es hieß, die Afrikaner wären einem Bürgerkrieg entkommen, schienen Petra die zehn Männer und zehn Frauen in erstaunlich guter Stimmung zu sein. Sie sangen oft und wirkten trotz ihrer Verletzungen heiter. Die jungen Leute – kaum älter als die Praktikantin – bemühten sich, mit Krücken zu laufen oder ihren Alltag trotz Gipsverband zu meistern, nur wenige waren noch bettlägerig. Es sah nach einfacher Arbeit aus, die Petra zu verrichten hatte – sie war in erster Linie für Frühstück, Mittagessen und Abendbrot zuständig.

Schwierig war allenfalls die Verständigung. Die Muttersprache der Patienten war Oshiwambo. Die einzige Fremdsprache, die sie konnten, war Afrikaans, die Sprache der südafrikanischen Besatzer ihrer Heimat. Nur einige wenige beherrschten etwas Englisch, und die fungierten als Übersetzer.

Nur der Leiter der Solistation sprach fließend Englisch. Ein fast zwei Meter großer Arzt von Mitte dreißig mit dunklem Vollbart, leicht gebeugt gehend, mit dunkler Stimme und offensichtlich viel Geduld. Petras Chef war nicht nur ein versierter Chirurg, der geschundene Körper zusammenflicken konnte, sondern verfügte zudem über gute Kenntnisse in Orthopädietechnik. Da er ebenso wie seine Kollegen nie in Afrika gewesen war, ließ er sich von seinen Patienten erklären, wie sie lebten. Um ihnen schließlich solche Prothesen anfertigen lassen zu können, die auch unter den extremen afrikanischen Bedingungen funktionierten und eine lange Lebensdauer aufwiesen. So wurde der Arzt für seine Patienten zu einem Vertrauten. Da sie seinen komplizierten deutschen Namen nicht aussprechen konnten, nannten sie den Mediziner Erich Kwiatkowski so, wie er auf sie wirkte: «Doktor Jesus».

Unter den zwanzig jungen Namibiern befanden sich zwei junge Frauen. Eigentlich konnte man sie eher als Mädchen bezeichnen – die eine war vierzehn, die andere gerade siebzehn geworden. Beide waren so schüchtern, dass sie sich kaum trauten, mit ihren Rettern zu sprechen.

Dr. Kwiatkowski machte Petra auf die Ältere der beiden aufmerksam. Ein Geschoss hatte Clementines Hüfte zerschmettert. Seitdem sie vier Monate zuvor, im Juni, auf der Solistation eingeliefert worden war, lag sie nahezu bewegungsunfähig im Krankenbett. Drainageschläuche leiteten den Eiter aus ihrem Körper, denn eine Operation hatte der Chirurg nicht angehen können: Clementine war bei ihrer Einlieferung schwanger. Der komplizierte chirurgische Eingriff, der nur mit starken Betäubungsmitteln möglich gewesen wäre, hätte das Leben ihres Kindes gefährdet. Monatelang hatte man ihr nicht einmal Antibiotikum geben können. Seit Mitte September war das Kind endlich auf der Welt. Aber die Geburt hatte die ohnehin ausgezehrte junge Mutter ihre letzte Kraft gekostet. Und es war noch immer unklar, wann mit der eigentlichen Behandlung begonnen werden konnte.

Ihr Baby wurde Clementine einmal am Tag gebracht. Ein winziges schwarzes Mädchen, das keinen afrikanischen Namen trug, sondern sehr deutsch Stefanie hieß. Wie jene Hilfsschwester, mit der sich die Mutter vor ihrer Entbindung ein wenig angefreundet hatte. Soweit das möglich war, wenn man die Sprache der anderen kaum verstand. Petra lernte Schwester Stefanie nur noch flüchtig kennen; sie verließ die Station kurz nach ihrem Kommen. Wäre das Neugeborene allerdings ein Junge gewesen, so hätte Clementine ihn Erich genannt.

Heute muss ich darüber lachen, wenn ich mir das vorstelle:

Erich Aukongo. Dann müsste ich wohl erklären, dass ich zwar in der DDR geboren wurde, aber nicht Erich Honecker meinen Namen zu verdanken habe. Sondern einem Mann, der für alle «Doktor Jesus» war.

Petra bekam damals schnell mit, dass Clementine sich mit ihrem Baby schwertat. Weil sie inzwischen starke Medikamente erhielt, die Entzündungsprozesse hemmten, durfte sie ihre kleine Tochter nicht stillen. Aber «Doktor Jesus» und seine Kollegen hielten es für wichtig, dass die junge Mutter zu ihrem Kind eine Beziehung aufbaute. Wenn ihr jedoch die Kleine aus der Säuglingsstation gebracht wurde, legte sie sie ziemlich bald desinteressiert zur Seite. Stattdessen unterhielt sie sich mit ihrer Freundin. Petra fand das zunächst nur seltsam. Sie wusste nichts über Clementines Geschichte und konnte sich keinen Reim darauf machen, warum die junge Mutter offenkundig nichts mit ihrem Baby anzufangen wusste.

Vermutlich hätte mein späterer Schutzengel Petra mich nicht weiter beachtet, wenn Dr. Kwiatkowski nicht eines Tages seine Hilfsschwester gebeten hätte, ihn auf der täglichen Fahrt zwischen Solistation und Säuglingsstation zu begleiten. Plötzlich hielt die neunzehnjährige Petra mich für fünf Minuten im Arm.

Über diese Zeit sagt sie noch heute: «Wahrscheinlich verliebte ich mich gleich in dich, Steffi.»

In den folgenden Tagen wurde der gemeinsame Hol- und Bringdienst mit Dr. Kwiatkowski zum festen Bestandteil ihres Arbeitstages. Und jedes Mal wurde der jungen Praktikantin schwer ums Herz, wenn sie mich wieder in der Säuglingsstation ablieferte. Eine Ahnung stieg in ihr hoch: Hier stimmt etwas nicht. Aber sie wusste noch nicht, was es war, das ihr nicht gefiel.

Wenn Clementine sich mit ihrem Kind beschäftigte, sah Petra etwas genauer hin. Sie beobachtete, dass die Mutter das

Köpfchen nicht stützte, wenn sie es hochnahm. Sie fand, dass die junge Afrikanerin insgesamt mit Stefanie zu grob umging. Und das weckte ihren Beschützerinstinkt. Dabei tat sie etwas, was Clementine nie versuchte: Sie brachte mich zum Lachen. Meine leibliche Mutter hatte nichts dagegen, wenn Petra immer mehr Zeit mit mir verbrachte. Im Gegenteil: Für sie war es völlig in Ordnung, dass sich jemand um mich kümmerte. Umso schwerer wurde für Petra der tägliche Abschied, wenn sie mich auf der Säuglingsstation abgab.

Etwa acht Wochen nach meiner Geburt, also Mitte November, beschlossen die Ärzte, dass es an der Zeit sei, Clementines Hüfte zu operieren. In dem saloppen Umgangston, an den Petra sich inzwischen gewöhnt hatte, fragte sie Dr. Kwiatkowski: «Überleg dir doch mal, ob du das Baby nicht für die Zeit, in der die Mutter intensivmedizinisch betreut wird, mit nach Hause nehmen kannst.»

Er musste nicht sagen, was die Alternative zu seinem ungewöhnlichen Vorschlag war: Dieses niedliche Kind, das sich über jedes bisschen Ansprache und Zuwendung freute, würde auf der Säuglingsstation zwar gefüttert und gewindelt werden. Aber zu mehr als dieser Grundversorgung reichte die Zeit der Schwestern, die alle Hände voll zu tun hatten, einfach nicht.

Glücklich fuhr Petra an diesem Tag zu ihren Eltern, wo sie noch wohnte. Sie wollte einem hilflosen kleinen Menschen beistehen – und hatte keinen Zweifel, dass ihre Eltern ebenso empfinden würden wie sie.

Zu Hause löste die unkomplizierte Idee von Petras Chef zwei Reaktionen aus, die gegensätzlicher nicht sein konnten. Petras Mutter erschien die Vorstellung, ein fremdes afrikanisches Baby aufzunehmen, geradezu unmöglich. Aber ihr Vater war sofort dafür.

Waltraud Schmieder war damals eine Frau von vierzig Jahren mit zwei erwachsenen Töchtern. Petra würde im folgenden Jahr ihr Studium beginnen. Die knapp einundzwanzigjährige Ines war seit einigen Monaten Stewardess bei der Interflug, der Airline der DDR, und war vor kurzem aus der elterlichen Wohnung ausgezogen. Rudi Schmieder wiederum hatte seit einigen Jahren eine ungewöhnliche Arbeit: Er war der Cheftrainer des Nationalteams der Eisschnellläuferinnen der DDR und entsprechend viel unterwegs; oftmals war er wochenlang auf Dienstreisen. Petras Mutter konnte sich also ausmalen, wie die Sache mit dem afrikanischen Kind ausgehen würde: Letzten Endes würde die Arbeit an ihr hängenbleiben. Und das war mit ihrem Beruf nicht zu vereinbaren. Sie arbeitete bei der Berliner Sparkasse als Bankkauffrau, eine Position, die sie sich nach einer zweiten Ausbildung hart erarbeitet hatte.

Sie besprach sich mit ihren Kollegen, und die bestärkten Frau Schmieder in ihrer Position: «Bist du verrückt? Ihr könnt doch keinen Säugling aufnehmen! Seid froh, dass ihr eure eigenen Kinder groß habt! Und dann die Verantwortung, noch dazu für ein afrikanisches Kind. Ihr kennt doch die Mentalität gar nicht!»

Aber jeden Tag, wenn sie auf der Solidaritätsstation arbeitete, sah Petra mich und wünschte sich, dass ich eine altersgerechte Förderung erfuhr. Darum ließ sie nicht locker und bearbeitete ihre Mutter regelrecht: «Ich bin für Steffi da, das verspreche ich. Ich tausche alle meine Dienste, ich organisiere alles. Mensch, Mama, sei doch nicht so! Das ist so ein süßes Baby!»

«Man kann ein fremdes Kind nicht einfach zu sich nach Hause holen», hielt ihre Mutter dagegen. «Man hängt sein Herz an einen so kleinen Menschen! Und dann wird er einem wieder weggenommen.»

Die Mutter Waltraud sah die Zukunft, die Tochter Petra den

Augenblick. Doch die Entscheidung traf am Ende der Vater. Warum Rudi Schmieder mich in seine Familie aufnahm, das müsste er am besten selbst erzählen; leider ist er vor einigen Jahren gestorben. Für mich ist er vor allem mein Opa gewesen, ein großer Mann mit vollem weißem Haar und zupackenden Händen, der mir immer das Gefühl gegeben hat, dass im Leben alles möglich ist. Dass man sich niemals verbiegen darf, sondern sich selbst treu bleiben muss. Wenn er über Menschen sprach, klangen seine Erfahrungen durch, die er als Trainer gemacht hatte, der zuerst das Eishockeyteam der DDR zu Erfolgen und danach die Eisschnellläuferinnen an die Weltspitze geführt hatte. Eine seiner Überzeugungen: «Zu einem Team gehören die Schwächeren ebenso wie die Stärkeren.» Er war zu bescheiden, um über sich selbst große Worte zu verlieren. Ihm war es wichtiger, über seine Taten beurteilt zu werden. Er fand, dass Werte, die man sich gesetzt hatte, gelebt werden mussten.

In der DDR war Solidarität ein solcher Wert. Als Rudi Schmieder seine Tochter von einem Baby erzählen hörte, das ohne Mutter auf der Säuglingsstation lag, war Solidarität für ihn nicht nur ein Wort, sondern etwas, das umgesetzt werden musste. Mochten die Konsequenzen auch sein, dass seine Familie, sein privates «Team», ihr Leben umkrempeln musste. Schließlich wurde auch Waltraud Schmieder weich und begann dem Druck der Familie nachzugeben.

Zu diesem Zeitpunkt fiel den Kinderärzten in Buch auf, dass Stefanie zu ruhig war. Sie untersuchten den an und für sich gut gedeihenden Säugling gründlich und stellten dabei fest, dass mit der Motorik etwas nicht stimmte. Die Muskulatur war nicht richtig ausgebildet, und die Greifreflexe der linken Hand funktionierten nicht. Ein erster Verdacht wurde geäußert, aber es erschien zu früh, bei einem noch nicht einmal drei Monate alten Baby eine endgültige Diagnose abzugeben.

Doch eines schien eindeutig: Die linke Achillessehne war verkürzt. Gewissermaßen eine Kriegsverletzung, Folge jenes Schusses, der meiner Mutter das Becken zertrümmert hatte. Dabei war meine Beinsehne durchtrennt worden, deren Hälften zwar noch vor der Geburt wieder zusammenwuchsen, nur leider falsch. Dr. Kwiatkowski schreckte das nicht. Der Pragmatiker meinte, das könne operiert werden, indem man die Sehne strecke. Später, «in einigen Jahren» ...

Wobei «Doktor Jesus» ebenso wie alle anderen von der Solidaritätsstation wusste: «In einigen Jahren» würde die kleine Stefanie gar nicht mehr in der DDR sein. Die Patienten der Solistation durften nur so lange in der DDR bleiben, bis sie genesen waren. Danach hatten sie heimzukehren. Das war eine eiserne Regel, die zu gelten hatte, ganz gleich, ob in der afrikanischen Heimat noch der Bürgerkrieg tobte oder nicht. Ausnahmen waren nicht erlaubt. Das galt auch für meine Mutter und mich.

Bis zur Abreise von Clementine und ihrem Kind wollte Dr. Kwiatkowski die verbleibende Zeit so gut wie möglich nutzen. Für ihn und die anderen Ärzte der Solistation bedeutete die von der Politik verordnete «Solidarität mit den unterdrückten Völkern» ebenso eine menschliche Hilfe, die über die medizinische Betreuung hinausging. Aus diesem Grund lernten die Kranken durch einen Mitpatienten auf der Station lesen und schreiben. In die DDR waren sie direkt aus dem afrikanischen Busch gekommen, wo sie ihre Jugend in Flüchtlingslagern oder im Kampf gegen die südafrikanische Armee verbracht hatten. Kaum einer von ihnen war zur Schule gegangen.

Obwohl er als Chirurg dafür gar nicht zuständig war, suchte Dr. Kwiatkowski auch für mich nach einem Weg, um mich möglichst ideal auf ein weiteres Leben in Afrika vorzubereiten. So ordnete er als Erstes Physiotherapie und tägliche Gymnastik an. Stillschweigend ging er davon aus, dass beides fortgesetzt wurde, wenn ich in die Obhut der Schmieders kam. Auf die Familie der Praktikantin kam somit eindeutig mehr Zeitaufwand zu, als sie bisher ahnte. Vermochten die Schmieders das zu leisten? Und wie würden sie reagieren, wenn sie erfuhren, dass sie kein «normales» Pflegekind aufnahmen?

Bislang hatte Waltraud Schmieder das Kind, über das die ganze Familie sprach, noch nie gesehen. Als sie endlich die Gelegenheit dazu bekam und sie gemeinsam mit ihrem Mann die Solistation besuchte, gelang es ihr nicht, sich ein eigenes Bild zu machen. Das Krankenzimmer war voller dunkelhäutiger Menschen, die sich um das Bett meiner Mutter drängten, in dem ich lag. Sie konnte nur einen flüchtigen Blick auf mich werfen, und der verriet ihr lediglich, dass ich still wie eine Puppe neben Clementine lag. Wie seltsam, dachte sie. Und kurz danach machte Dr. Kwiatkowski eine Bemerkung: «Wir wissen nicht, wie groß die Behinderung ist. Es ist ungewiss, wie die geistige Entwicklung der Kleinen sein wird. Niemand kann sagen, was da auf Sie zukommt.»

Als Waltraud Schmieder wieder nach Hause fuhr, blockierte ein Wort ihren Kopf: «behindert». Das Kind, das sie pflegen sollte, war behindert. Davon war bislang nicht die Rede gewesen!

Petra wollte die erneuten Einwände ihrer Mutter – «Das bedeutet viel mehr Aufwand» – nicht gelten lassen. Sie betreute mich doch täglich, und deshalb sagte sie im Brustton der Überzeugung: «Stefanie sieht nicht behindert aus! Sie entwickelt sich gut.»

Ihre Mutter antwortete: «Du hast keinen Vergleich zu einem gesunden Baby. Ich habe dich und Ines großgezogen. In dem Alter, in dem Stefanie jetzt ist, wart ihr viel lebhafter.»

Das Zünglein an der Waage war erneut Rudi Schmieder. Er hatte sich lange mit Dr. Kwiatkowski über meine verschiedenen Behinderungen unterhalten und war davon überzeugt, mir helfen zu können. Er war damals einundfünfzig und hatte vor seiner Karriere als Trainer einige andere Berufe ausgeübt, etwa als Masseur oder Diplomsportlehrer. Er wusste also, welche krankengymnastischen Übungen er mit mir machen musste. Aber ob er auch ahnte, worauf er sich tatsächlich einließ, als er mein Privatmasseur wurde?

1999 gab er ein Interview, in dem er auf diese Frage antwortete; ich saß dabei neben ihm: «Wir gehören zu einer Generation, für die ja auch wirklich ja bedeutet, mit allen dazugehörigen Konsequenzen.» Ich finde, das ist eine schöne Umschreibung von einer Solidarität, die nichts mit Politik zu tun hat, sondern einzig mit Menschlichkeit.

Ohne die Politik konnte die Hilfsaktion für mich jedoch nicht realisiert werden. Denn die offizielle Verantwortung für mich trugen das Solidaritätskomitee der DDR und die SWAPO. Und die vertraten eine konkrete Linie, von der sie im Grunde nicht abweichen wollten: Es sollten keine Namibier in DDR-Familien aufgenommen werden.

Doch Dr. Kwiatkowski gab gegenüber dem Solikomitee an, etwa eineinhalb bis zwei Jahre würden vergehen, bis meine Mutter wieder so weit hergestellt wäre, dass sie in ihre Heimat zurückkehren könnte. In dieser Zeit hätte für mich die Unterbringung in einem Kinderheim zur Verfügung stehen müssen. In der Folge wäre der Kontakt zwischen mir und meiner Mutter gänzlich abgerissen. Zudem hätte das wesentlich mehr gekostet als der Pflegesatz von 300 Mark, der Familie Schmieder für ihre ganze Mühe mit mir monatlich zugesprochen wurde. Den sie allerdings nie in Anspruch nahm, weil sie meinte: «Das ist unsere Solidarität. So ein Baby kriegen wir immer durch.»

Was einst als eine kurzfristige Übergangslösung gedacht war, erhielt durch meine Behinderung eine vollkommen andere Dimension. Entsprechend freundlich war der Brief, den der stellvertretende Generalsekretär des Solidaritätskomitees der DDR an die «werte Frau Schmieder» schrieb: «Über Ihren Entschluss, die kleine Stefanie in Ihre Familie zeitweilig aufzunehmen und dem Kind Wärme und Geborgenheit zu geben, freuen wir uns sehr. Wir wissen, dass mit diesem Entschluss nicht nur Freude an dem Kind verbunden ist, sondern dass Sie bereit sind, Liebe, Zeit und Mühe aufzuwenden zum Gedeihen des Kindes.»

In seinem Brief legte der Generalsekretär auch fest, dass ich regelmäßig zu Kontrolluntersuchungen in Buch vorgestellt werden müsse. Und damit der «Kontakt zur Mutter nicht verloren» ginge, sollte ich regelmäßig zu ihr gebracht werden. Meine Pflegemutter hatte auch nichts dagegen einzuwenden, denn es war ja klar, dass ich irgendwann wieder nach Afrika zurückmusste. Der Vizechef des Solikomitees fand zum Schluss noch salbungsvolle Worte: «Sie und Ihre Familie geben ein schönes Beispiel der Solidarität mit der um die Unabhängigkeit Namibias kämpfenden Befreiungsorganisation SWAPO.»

Nachdem die Genehmigung für die «Aufnahme in die Familie» gegeben wurde, ging alles ganz schnell. Zwar verzichteten Schmieders auf das Pflegegeld, ließen sich vom Solikomitee jedoch helfen, als es um teure Anschaffungen wie Kinderbett und -wagen, Kleidung, hygienische Artikel und Spielzeug ging. Die Schmieders rotierten, um alles herbeizuschaffen, sollte doch alles da sein, wenn ich bei ihnen zu Hause einzog. Sie wohnten seit 1961 am nördlichen Ende der Prenzlauer Allee in einer sechzig Quadratmeter großen Wohnung, die nur zweieinhalb Zimmer hatte. Genau genommen war darin für mich kein Platz.

Aber das war nie ein Thema, als darüber diskutiert wurde, ob man mich aufnehmen sollte oder nicht. Petra hatte schließlich von Anfang an gesagt, dass sie zu jedem Kompromiss bereit sei. Sie war es von jeher gewohnt, sich räumlich einzuschränken. Nachdem ihre Schwester Ines im Frühjahr ausgezogen war, hatte sie das acht Quadratmeter kleine «Kinderzimmer» zwar allein bewohnt, doch durch das gute Zusammenleben mit ihrer Schwester freute sie sich nun, dieses «halbe» Zimmer wieder mit mir zu teilen.

In den beengten Wohnverhältnissen musste alles praktisch sein. Aber gleichzeitig so kuschelig, dass ich mich sofort geborgen fühlte. Das klingt wie ein seltsamer Widerspruch, denn eigentlich hatte meine Pflegemutter mich anfangs nicht haben wollen ... Ebenso wie Rudi Schmieder es war, ist sie ein Mensch, der nicht viel Aufhebens um sich macht. Eine ihrer Überzeugungen umfasst genau drei Worte: «Machen, nicht reden.» Vielleicht liegt das daran, dass sie zwei Jahre alt war, als ihre eigene Mutter 1940 starb. Sie wuchs bei ihren Großeltern in Senftenberg auf, mitten im Braunkohlerevier der DDR. Sie sagt über sich, dass sie ein stilles Kind gewesen sei und schon früh lernen musste, aus den Widrigkeiten des Lebens das Beste zu machen.

Ob sie sich an die Parallele zu ihrer eigenen Kindheit erinnerte, als sie nun viel Mühe darauf verwandte, mir ein kleines Nest zu bauen? Auf eine karierte Decke nähte sie eine bunte Lokomotive, die ich ansehen konnte, wenn ich in meinem neuen Bettchen lag. Noch heute erinnere ich mich an sie. Auf die Lok waren die Buchstaben meines Namens gestickt, die Räder waren bunte Bommeln und die Anhänger Taschen, in die platzsparend Kuscheltiere und Utensilien zur Babypflege verstaut werden konnten. Es war alles bereit für mich.

Am 14. Dezember 1978 setzte sich Petra mit mir im Arm auf den Rücksitz des cremefarbenen Trabants ihres Vaters. Ihre Eltern, die nun meine Pflegeeltern waren und die ich – soweit ich zurückdenken kann – nur Oma und Opa nannte, nahmen vorn Platz. Anschließend fuhren wir von Berlin-Buch aus zu meinem neuen Zuhause.

Ich glaube nicht, dass Dr. Kwiatkowski uns nachgewunken hat. Dreißig Jahre später traf ich ihn wieder, als ich den Spuren meines Lebens nachging. Bei dieser Begegnung bekam ich den Eindruck, dass so viel Sentimentalität nicht zu ihm gepasst hätte. «Ohne die Schmieders», sagte er, «hättest du so lange in einem Kinderheim bleiben müssen, bis Clementine wieder zurück nach Angola musste. Das wollte ich verhindern, denn es wäre für dich die denkbar schlechteste Lösung gewesen, ohne Wärme und Geborgenheit aufzuwachsen.»

«Doktor Jesus» hatte damals für mich eine «Medizin» gefunden. Die «Nebenwirkungen» zeigten sich erst später …

Sieben Leben

Vom ersten Weihnachtsfest meines Lebens bekam ich als drei Monate altes Baby genauso wenig mit wie mein Pflegevater. Als Nationaltrainer stoppte Rudi Schmieder in der fernen Sowjetrepublik Kasachstan die Zeiten von Eisschnellläuferinnen, die mit weit ausholenden Schritten zur Weltspitze dieses Sports vordrangen. Der politischen Führung der DDR waren die vielen Weltrekordzeiten, die auf der nagelneuen Eisschnelllaufbahn von Medeo nahe Alma-Ata in 1691 Metern Höhe gelaufen wurden, wichtig für ihre weltweite Anerkennung als Sportnation.

Seine Frau hatte zu Hause ganz andere Sorgen: In Berlin war ein besonders kalter Winter angebrochen, und sie musste sich mit dem Kinderwagen durch Berge von Schnee quälen. Die Physiotherapie für ihren Schützling wollte sie trotz des widrigen Wetters nicht vernachlässigen. Dreimal die Woche nahm sie den Bus zum Klinikum Buch. Da sie ihr Wort gegeben hatte, für mich da zu sein, fragte sie sich nicht, warum sie sich das antat. Im Gegenteil: Je größer der Einsatz wurde, den sie brachte, umso mehr wurde ich «ihr» Kind. Das war eine der unvorhergesehenen Nebenwirkungen von Dr. Kwiatkowskis Medikation …

Während Omas älteste Tochter Ines als Stewardess auf Fernstrecken eingesetzt war und nur gelegentlich für mich Zeit hatte, mussten meine beiden anderen neuen Mütter ihr Leben völlig umstellen. Petra hatte jetzt entweder Spätdienst von 13 bis 22 Uhr oder von 22 Uhr bis um sechs Uhr morgens Nachtdienst. Bei Letzterem war sie um sieben zu Hause. Das war die Zeit, zu der Waltraud Schmieder aufbrechen musste, um die Straßenbahn zu ihrem Arbeitsplatz am Alexanderplatz zu erreichen. Die kurze Begegnung langte gerade, damit die Mutter der Tochter kurze Anweisungen geben konnte: «Steffi hat eben die Flasche bekommen. Die nächste muss sie um zehn erhalten. Denk daran: achtzig Gramm!»

Todmüde vom Dienst legte sich Petra auf ihr Bett, das nah bei meinem Gitterbett stand. Sie stellte noch rasch den Wecker auf zehn, danach schlief sie erschöpft ein. Läutete er nach drei Stunden Schlaf, hörte ihn Petra oftmals nicht. Irgendwann schreckte sie hoch und merkte, dass sie verschlafen hatte. Sie blickte sofort zu mir, und ich guckte sie aus großen Augen an. Nicht einen Mucks hatte ich von mir gegeben.

Ratlos über meine für ein Baby völlig untypische Gelassenheit, sagte Petra: «Warum meldest du dich nicht, wenn ich einfach weiterschlafe?» Ich weinte nie vor Hunger, sondern wartete nur geduldig, bis Petra mir mein Fläschchen an den Mund hielt. Selbst wenn darüber Stunden vergingen.

Daran kann ich mich natürlich nicht erinnern, aber Petra hat es mir oft genug erzählt. Und auch, dass sie immer große Schuldgefühle hatte, wenn ihre Mutter gegen eins nach Hause kam und sie besorgt fragte: «Und, hast du auch alles so erledigt, wie wir es besprochen haben?» Natürlich konnte sie nicht gestehen, dass sie erst gegen Mittag aufgewacht war. Aber ihr schlechtes Gewissen stachelte sie an, sich nun besonders intensiv um mich zu kümmern. So wurde ihre innere Bindung an mich immer stärker. Gleichzeitig stellte sie aber auch fest, dass ihre eigentlich unkomplizierte Idee, mich in die Familie aufzunehmen, Konsequenzen hatte, die sie zuvor nicht hatte abschätzen können. Disco-Abende waren kaum noch möglich, überhaupt die Freizeit knapp bemessen. Es gab stattdessen Pflichten und einen exakt durchgeplanten Tagesablauf.

Petra fand es zwar sehr angenehm, dass ich ihr die Arbeit mit mir so leicht machte. Aber dass ich nicht einmal einen Laut von mir gab, wenn ich zweifellos hungrig sein musste, kam ihr eigentümlich vor. Auch Waltraud Schmieder besah sich das Kuckuckskind von allen Seiten. Die Behinderung war anscheinend nicht so schlimm, wie Dr. Kwiatkowski befürchtet hatte.

Aber warum nur war dieses Kind so still?

«Du lagst oft wie eine Puppe im Bett, das war schon unheimlich», erinnert sich meine Oma heute. Sie hatte damals eine Vermutung, über deren Naivität sie inzwischen lachen kann: «Ich kannte doch keine Afrikaner, deshalb dachte ich, vielleicht liegt es an deiner afrikanischen Mentalität.»

Allerdings gab es Momente, vor allem nachts, in denen ich alles andere als ruhig war. Dann schrie ich plötzlich auf eine Weise, die Waltraud Schmieder von ihren beiden eigenen Kindern nicht kannte. Das hatte nichts mit Blähungen zu tun oder was Babys sonst so zu schaffen macht. Ich schrie, als hätte ich wahnsinnige Angst. Und das bereitete meinen Müttern große Sorge. Als sie einigermaßen sicher waren, dass es kein organisches Problem war, das mich in manchen Nächten so furchtbar brüllen ließ, kam ihnen der Gedanke, ich könnte unter Albträumen leiden. Doch wovor fürchtete sich ein Säugling, der liebevoll betreut wurde?

Meine frühkindlichen Träume könnten Ähnlichkeit mit denen haben, die mich bis heute quälen. In diesen sehe ich, wie Unschuldige sterben, und ich will ihnen helfen. Doch es geht nicht, ich stecke fest. Und schließlich bemerke ich, dass ich mich als Fötus im Bauch meiner Mutter befinde. Ich schreie wie am Spieß, aber es kann mich niemand hören. Wenn ich von diesem Traum, den ich mit nur geringen Abwandlungen immer wieder habe, hochschrecke, brauche ich eine Weile, um mich zu orientieren.

Heute ist Petra eine Ärztin mit eigener, großer Praxis für ganzheitliche Medizin in der Mitte von Berlin. Sie besucht viele Fachkongresse, und einige Experten hat sie nach den Gründen für mein nächtliches Schreien befragt. Sie teilt deren Vermutung: Bereits in der Gebärmutter erlebte ich mit, was meiner Mutter widerfuhr. Ihre Angst und ihre Schmerzen übertrug sie unbewusst auf mich.

Auf dieser Erkenntnis beruht unter anderem ihre Theorie von «Stefanies sieben Leben». Das erste Mal kam ich mit dem Leben davon, als ich das Massaker von Cassinga überstand. Meine zweite Chance hatte ich, als meine leibliche Mutter rechtzeitig gefunden, aus dem Flüchtlingslager evakuiert und nahe der angolanischen Hauptstadt Luanda in ein Sammellager gebracht wurde. Die dritte Chance wurde mir gewährt, als Clementine als einzige Schwangere ausgewählt wurde, um in der DDR behandelt zu werden.

Leben Nummer vier liegt eine erschreckende Überlegung zugrunde: Als meine Mutter in Berlin-Buch untersucht wurde, war es den Ärzten nicht möglich, abzuschätzen, wie stark das ungeborene Kind verletzt war. Sie konnten nicht ausschließen, dass es schwerbehindert sein würde. Gleichzeitig hatten sie die Aufgabe, das Leben von Clementine zu retten. Aber wegen der Schwangerschaft durfte sie nicht operiert werden. Nach DDR-Recht hätte es für dieses Dilemma eine legale Lösung gegeben: Es ging um nicht weniger als die bewusste Entscheidung, ob ich überhaupt auf die Welt kommen sollte. Selbst wenn die Ärzte eine Abtreibung favorisiert hätten, zustimmen musste am Ende meine Mutter. Als sie sich für die Geburt entschied, nahm sie monatelanges Leiden in Kauf, bis sie endlich operiert werden konnte.

Wenn sie so sehr um mein Leben kämpfte, warum war sie mir aber nie die liebevolle Mutter, die ich mir ersehnte? Warum machte sie auf Petra den Eindruck, dass sie mit mir nichts anzufangen wusste?

Als ich einige Wochen bei Schmieders lebte, stellte sich doch heraus, dass meine Probleme weitaus größer waren, als es auf den ersten Blick erschien. Dr. Kwiatkowskis unmittelbarer Chef, Dr. Christian Zippel, leitete die Geriatrische Klinik im Ludwig-Hoffmann-Krankenhaus. Dem Facharzt für Innere Medizin fiel eine Fehlstellung meines rechten Auges auf: Die Pupille folgte nicht den Bewegungen der linken, sie rutschte nach außen. Meine linke Hand konnte nicht greifen, und das linke Bein war nicht nur durch die Verkürzung der Achillessehne in seiner Bewegung eingeschränkt. All diese Symptome passten zu einem Krankheitsbild, das der Gehirnspezialist Dr. Zippel von Schlaganfallpatienten der Geriatrie kannte. Seine Diagnose lautete: «spastische zerebrale Hemiparese» – ein Fremdwortmonster, das keiner der Schmieders jemals zuvor gehört hatte.

Es handele sich dabei um eine halbseitige leichte Lähmung, die vom Gehirn ausgeht und zu Verkrampfungen der Muskulatur führt, erklärte Dr. Zippel meinen Pflegeeltern. Nach der ersten Hiobsbotschaft hatte er noch eine zweite: «Niemand kann voraussagen, wie sich eine spastische zerebrale Hemiparese auf die geistige Entwicklung des Kindes auswirkt. Dafür ist Stefanie noch zu klein. Es ist möglich, dass sie Krampfanfälle entwickelt.»

Meine Pflegefamilie war ziemlich geschockt. In der Folge

dampfte sie Zippels Wortungeheuer ein. Das, woran ich litt, wurde knapp Hemiparese genannt.

Zu dieser Zeit hatte mein Pflegevater glücklicherweise keine Auslandsreisen zu absolvieren. Sein Arbeitstag begann später als der seiner Frau, und so nahm er mich morgens aus meinem Bett, um mit mir zu «spielen». Er legte sich dazu mit mir auf den Teppich im Wohnzimmer. Es war eine Art Perserteppich, braun-orange-rot gemustert. Mit Engelsgeduld übte er mit mir das Greifen, so musste ich einen Gegenstand von einem ins andere Händchen nehmen. Ich sollte lernen, meine Linke zu benutzen. Überhaupt galt sein Augenmerk dem Aufbau eines kräftigen Muskeltonus. Und natürlich massierte er mich ganz sanft mit seinen kräftigen Händen.

Zu unserem Ritual gehörte eine knapp dreißig Zentimeter große, blau-weiß bemalte Porzellanspieluhr in Form einer holländischen Windmühle, die er als Nationaltrainer von einer Reise mit seinen Eisläuferinnen aus den Niederlanden mitgebracht hatte. Waren unsere Übungen auf dem Teppich beendet, zog er sie auf, die Flügel drehten sich langsam, und es erklang eine Melodie: «Wenn der Frühling kommt, dann schick ich dir Tulpen aus Amsterdam. Tausend rote, tausend gelbe …» Der Walzer beruhigte mich, sofort schlief ich ein.

Gelegentlich bewahrheitete sich Dr. Zippels Prognose, und ich litt unter Krampfanfällen, die an Epilepsie erinnerten. Die Frage nach der Ursache drängte sich auch hierbei auf. War es eine Folge von Verletzungen, die ich etwa vor der Geburt erlitten hatte? War ein Geschosssplitter nicht nur in meinen Unterschenkel eingedrungen, sondern ebenso ins Gehirn? Oder hatte es während meiner Geburt Komplikationen gegeben?

Meine Oma erinnert sich daran, dass jemand im Klinikum Buch behauptet hätte, ich wäre während der Geburt für einige Minuten ohne Sauerstoff gewesen. Das hätte zu einer Art Schlaganfall geführt, mit der Folge jener Hemiparese. In der Familie setzte sich diese Erklärung fest, mit ihr wuchs ich auf.

In Petras Aufzählung meiner sieben Leben sind die Minuten ohne Sauerstoff zu meinem fünften Überleben geworden. Die Nummern sechs und sieben hielt mein Schicksal noch für mich bereit. Ich vermag nicht zu beurteilen, ob Petra mit ihrer Theorie von meinen sieben Leben recht hat. Ich bin da vorsichtiger, schließlich weiß ich nicht, was in der Zukunft noch alles auf mich zukommt …

Im Frühjahr 1979 besuchte eine Redakteurin der Zeitschrift *Für Dich* die Schmieders, woraus sich später ergab, dass meine Mutter und ich zu Covergirls wurden. Die Journalistin formulierte damals ein paar Sätze, die auf den Punkt brachten, woran niemand denken wollte: «Stefanie ist der Liebling der Familie geworden. Darin steckt zugleich künftige Tragik. Denn Schmieders wissen: ‹Dieses Kind, an das wir uns mehr und mehr gewöhnen, dem unsere ganze Liebe gehört, müssen wir in einem Jahr wieder hergeben.›»

Als die Redakteurin das schrieb, war es nicht einmal mehr ein Jahr, bis ich wieder zurück nach Afrika musste.

Der Finger in der Flamme

Auf der Suche nach jenen Spuren meines Lebens, an die ich mich aufgrund meines damaligen Alters nicht erinnern kann, habe ich Oma, Ines und Petra in meiner kleinen Wohnküche versammelt. Auf dem Tisch liegt die Ausgabe der *Für Dich* von 1979, wir sehen die Fotos an und finden die Stelle, an der die Journalistin in ihrem Artikel schrieb: «Wenn Clementine in ein paar Wochen transportfähig sein wird, will Vater Schmieder sie von Zeit zu Zeit nach Hause holen in die Wärme der Familie, in der Stefanie aufwächst.» Was meine Mütter über diese Besuche erzählen, klingt wenig romantisch.

Meine leibliche Mutter hatte ihre Operation zwar gut überstanden, aber sie konnte sich nur mühsam mit Hilfe von zwei Krücken fortbewegen. Familie Schmieder wohnte jedoch im zweiten Stockwerk – für eine gerade an der Hüfte operierte Frau eine kaum zu bewältigende Barriere. Für meinen Opa war es aber eine Selbstverständlichkeit, sie hinaufzutragen. Ihre Besuche wurden bald zur Regel. Sie lernte nach und nach die ganze Familie kennen. Aber die Familie nicht sie.

Petra hatte schon auf der Solistation keinen Draht zu meiner Mutter gefunden. Ines erging es nicht anders, als sie Clementine Aukongo in der Wohnung ihrer Eltern erlebte. Auf sie wirkte meine Mutter wie ein verschüchtertes junges Mädchen.

Zudem erzählte sie nichts über sich, ihre Eltern oder was sie vor Cassinga gemacht hatte. Oma findet dennoch liebevolle Worte: «Sie war für mich wie ein weiteres Kind, für das ich zu sorgen hatte.»

Entsprechend behandelte Waltraud Schmieder Clementine, beugte sich ohne Umschweife herunter, um ihrem Gast die Schuhe zuzubinden. Anfangs war das noch nachvollziehbar, weil meine Mutter durch die Hüftoperation in ihrer Bewegungsfreiheit stark eingeschränkt war. Doch irgendwann streckte sie Waltraud Schmieder die Füße entgegen, als sie selbst in der Lage war, sich die Schuhe anzuziehen. Petra und Ines fanden, dass so viel Solidarität entschieden zu weit ging: «Mutti, das kann sie inzwischen wieder allein!»

Als Rudi Schmieder gleichzeitig mit meiner Mutter eine beinamputierte Palästinenserin aus der Solistation mit nach Hause brachte, reagierte Clementine mit einer eifersüchtigen Szene, mit der sie die Familie zutiefst verstörte. Die Deutschen fühlten sich mit allen Kriegsopfern solidarisch, aber die Afrikanerin in ihrem Wohnzimmer schien nur an sich zu denken. Das nahm man aber in Kauf, denn jeder respektierte das schwere Los meiner Mutter, das ihre Persönlichkeit gewiss beeinflusst hatte. Sobald es jedoch um mich ging, stieß sie mit ihrem eigenwilligen Verhalten an Grenzen.

«Wenn Clementine wollte, dass du auf ihrem Schoß sitzt, zog sie dich an einem Arm hoch», erinnert sich meine Oma und verzieht das Gesicht, als spürte sie meine Schmerzen noch heute am eigenen Leib. Über ihre Lippen kommt nicht so leicht eine abwertende Bemerkung, aber nun sagt sie: «Das fand ich schon etwas grob.»

Und da ist die Geschichte mit der Kerze, die bei einem der Besuche meiner Mutter auf dem Tisch stand. Was gefeiert wurde, weiß niemand mehr, aber was an diesem Tag geschah, blieb unvergessen. «Clementine hatte dich wieder einmal auf dem Schoß», erzählt meine Oma. «Plötzlich nahm sie deine Hand und hielt einen deiner kleinen Finger in die Flamme. Du schriest wie am Spieß. Geschockt riss ich dich von ihr weg.»

Die Erinnerung an diesen Augenblick wühlt meine Oma noch heute auf. Gleichzeitig versuchte sie das Geschehen zu verstehen: «Sie wollte dir eben zeigen, dass Feuer wehtut.»

Außerhalb der Städte hatten die Menschen in Afrika damals zwar selten Kerzen, wohl aber offene Feuerstellen, auf denen gekocht wurde. Wollte meine Mutter mich einfach nur «erziehen»? Indem man dem eigenen Baby absichtlich Schmerzen zufügte? Meine Mutter verstand ihrerseits nicht die entsetzte Reaktion meiner deutschen Pflegemutter.

Die Begebenheit bestärkte meine Pflegeeltern in ihrer Ansicht, dass Clementines teilweise seltsames Benehmen eine «Mentalitätsfrage» sei, eben «afrikanisch». Darum zogen Schmieders aus dem Zwischenfall ihre eigenen Schlüsse. Sie versuchten, «die Natur in meine Erziehung einzubeziehen». Allerdings war das etwas schwierig, denn sie wohnten in der Großstadt, in einem Karree mehrstöckiger Bauten. Aber sie besaßen an der nördlichen Stadtgrenze, in Buchholz, einen weitläufigen Garten, in den sie mich in den warmen Monaten mitnahmen.

Ob ich dort «afrikanische Erfahrungen» im Sinne meiner Mutter machen konnte, weiß ich nicht so recht. Zumindest versuchte mein Pflegevater es auf seine Weise: Wenn er das Erdreich umgrub, trug er mich in einer Strohtasche auf dem Rücken …

Clementines Besuche wurden ebenso zur Gewohnheit wie ein Weg, den Petra jeden Monat einmal zu absolvieren hatte. Beim Solidaritätskomitee der DDR am Thälmannplatz musste sie über meine gesundheitliche Entwicklung und die Kontakte zu meiner Mutter Rechenschaft ablegen. «Wenn ich dort mit dir im Kinderwagen aufkreuzte, sah ich in dir mein Kind», erzählt Petra. Einen besseren Beweis für das erfolgreiche Engagement ihrer Familie konnte sie kaum erbringen. Petra stellte keine Fragen. Es war besser, keine Neugier zu zeigen, wenn man als Zwanzigjährige im Vorzimmer der Macht zu Gast war.

Seit dem Sommer 1979 war sie Medizinstudentin, wir beide teilten uns nach wie vor das kleine Zimmer. Meist schlief ich, während sie im Schein der Schreibtischlampe direkt neben mir über ihren Studienarbeiten saß. Waltraud Schmieder arbeitete weiterhin in Teilzeit, ihr Mann trainierte die Eisläuferinnen für die nächsten Olympischen Winterspiele im nordamerikanischen Lake Placid, die für Februar 1980 anstanden. Und mich privat für mein Leben.

Um meinen ersten Geburtstag herum begann die Zeit, in der ich stundenweise in der Kinderkrippe abgegeben wurde. In der DDR war das normal, damit Mütter sich so rasch wie möglich wieder in den Arbeitsalltag integrieren konnten. Bedenken gab es keine, denn meine Entwicklung hatte inzwischen Fortschritte gemacht. Für mein Alter zwar sehr bescheidene, aber immerhin hatte ich herausgefunden, dass Beine zum Stehen da waren und notfalls bewegt werden konnten. Was mir sehr schwerfiel: Das linke Bein war zu kurz, den linken Fuß konnte ich kaum belasten.

Langsam hatten sich alle in diesem neuen Leben mit mir eingerichtet. Weihnachten rückte näher, für meine Oma, die sich als Kind immer nach einer intakten Familie gesehnt hatte, ein Fest von größter Wichtigkeit. Wie so oft zuvor machte sich Petra in der Adventszeit auf den Weg nach Berlin-Mitte, zum Solikomitee: «Dort überreichten sie mir dieses offizielle Schreiben. Ich wusste gar nicht, was ich sagen sollte.»

Ihre Mutter saß hinter ihrem Schreibtisch in der Sparkasse am Alex, als Petra hereinplatzte: «Mutti, halt dich fest, es ist so weit, Steffi muss zurück.»

Meine Oma kämpft nach so vielen Jahren immer noch mit den Tränen. «Ich bin aus allen Wolken gefallen», sagt sie, obwohl sie wusste, dass ich nur auf Zeit bei ihr sein durfte.

Wenn die Behandlung meiner Mutter beendet wäre, so hatte das Solikomitee geschrieben, «wird sie mit Stefanie heimkehren».

«Aber ich habe nicht angenommen, dass die das wirklich machen!», empört sich meine Oma heute noch. «Eine junge Mutter auf Krücken nach Afrika zurückschicken, mit einem Baby, das intensive Betreuung brauchte, die deine Mutter nicht leisten konnte! Wie sollte das gehen? Und wir hatten uns mit Übungen und Physiotherapie herumgequält, waren froh über jeden Schritt, den du machtest. Aber die sagten einfach: ‹Das Kind muss zurück.›»

Das Solidaritätskomitee sprach von «Heimkehr». Aber meine Mutter und ich hatten kein Heim. Namibia wurde erst zehn Jahre später, 1990, von südafrikanischer Herrschaft befreit. Somit mussten wir dorthin, wo wir hergekommen waren – nach Angola. Der nördlich gelegene Nachbarstaat war das Rückzugsgebiet der SWAPO, der Befreiungsorganisation Namibias.

Ines, die Stewardess der Interflug, kannte zwar nicht ganz Angola, wohl aber Luanda. In der Hauptstadt hatte die DDR-Fluggesellschaft eine Wohnung, in der das Personal sich zwischen den Langstreckenflügen ausruhen durfte. Was Ines auf dem Weg vom Flughafen zum Appartement sah, war entsetzlich genug – Zerstörung und menschliches Elend in einem erschütternden Ausmaß. Die Volksrepublik Angola war erst vier Jahre zuvor, Ende 1975, von Portugal unabhängig geworden.

Seitdem hatte das Land keine stabile Regierung; im Kampf um die Macht terrorisierten Guerillatrupps die Bevölkerung.

«Da kümmert man sich um ein Kind, und dann wird es in die Wildnis geworfen – das war das Schlimmste an der Sache. Wir wussten, auf euch kommt eine Riesenkatastrophe zu. Wir konnten nicht verstehen, dass Menschen verlangten, euch beide dort hinzuschicken», sagen meine Mütter.

Jetzt zahlte sich ihr enger Kontakt zu meiner leiblichen Mutter aus. Denn als Clementine mitgeteilt wurde, dass sie mich mitnehmen musste, war ihre Reaktion eindeutig. Sie flehte regelrecht, mich bei Schmieders lassen zu dürfen. In Schreiben, die für sie verfasst wurden, bat sie das Solikomitee und die SWAPO, doch in diesem Fall ein Einsehen zu haben. Die Befreiungsorganisation, die in Ostberlin durch eine Repräsentanz vertreten war, signalisierte sogar ihre Bereitschaft zur Zustimmung. Für einen Moment sah es so aus, als dürfte ich bleiben.

Doch kurz nach Weihnachten war klar: Das Solikomitee blieb bei seiner kompromisslosen Linie. Obwohl Rudi Schmieder nun einen offiziellen Antrag stellte, in dem er darum bat, mich in der DDR zu belassen, «zumindest so lange, bis Stefanie gelernt hat, sich selbst Essen zu nehmen». Die Schmieders fürchteten, dass ich in einem Flüchtlingslager kaum Überlebenschancen hatte. Zumal ich mich immer noch nicht bemerkbar machte, wenn ich Hunger hatte.

Meine Oma betont: «Wir hatten nie den Anspruch, dich zu behalten. Unserer Meinung nach gehörtest du nach Afrika. Wir wollten nur den Zeitpunkt der Trennung um ein paar Jahre verschieben.»

Aber es gab keine Ausnahme für Steffi Aukongo. Das sprach sich schnell herum im Kiez an der Prenzlauer Allee, in dem ich das einzige schwarze Kind war. Meine Oma wurde sogar von

Menschen, die sie kaum kannte, angesprochen: «Wie könnt ihr das machen, die Steffi einfach weggeben?! Das dürft ihr nicht tun!» Selbst die Leiterin meiner Krippe weinte, als sie davon erfuhr. «Und wir standen hilflos da mit dem Befehl: ‹Das Kind muss wieder zurück.›»

Clementine wohnte inzwischen in einer Wohnung der SWAPO in Pankow. Von den einst zwanzig Patienten, die in der DDR behandelt wurden, war sie die letzte, die sich noch in Ostberlin aufhielt. Ihr war klar, dass sie ausreisen musste. Vergeblich bat sie weiterhin inständig darum, zumindest mich in der DDR lassen zu dürfen.

Aber warum hatte man kein Einsehen? Bei unserem Treffen sagte Dr. Kwiatkowski, dass es bei allen Solidaritätsaktionen vor allem um Hilfe zur Selbsthilfe gegangen wäre. Somit waren sie zeitlich beschränkt. Obwohl er und die Mehrheit seiner Kollegen es sich in meinem Fall anders gewünscht hätten. Nur in einem Punkt berücksichtigten die offiziellen Stellen die Bitten der Schmieders: Sie durften Clementine jede Menge Übergepäck mitgeben. Inzwischen verfügte ich über einen großen Kinderwagen und eine leichte Sportkarre. Beide wurden von meinen Pflegeeltern benutzt, da ich wegen meiner angeborenen Gehbehinderung noch immer nicht selbständig laufen konnte.

«Wir haben versucht, alles in den Wagen und die Karre hineinzupacken, was wir hatten: Medizin, H-Milch, Babynahrung, eine Dauerwurst für Clementine», erinnert sich Oma. «Und Decken! Man hatte uns gesagt, dass es in dem Zeltlager, in das du kommen solltest, nachts sehr kalt wird.» Auch die Decke mit der Lokomotive ging mit auf die Reise nach Afrika.

Am 9. Februar 1980, einem Samstag, fanden sich Schmieders mit mir auf dem Schönefelder Flughafen ein. Das Solikomitee und die SWAPO hatten jeweils einen Abgesandten geschickt. «Alle waren ruhig, keiner hat etwas gesagt», erinnert sich Oma.

«Du hast gerade deine ersten Schritte gemacht, noch nicht allein, aber du hieltest dich an Wänden oder Gegenständen fest. Opa hat dich ins Flugzeug hineintragen dürfen, was ein großes Entgegenkommen war.» Meine Mutter konnte es nicht, sie stützte sich noch immer auf eine Krücke.

Angeblich war ich während des Fluges guter Dinge, die Stewardessen fanden mich «süß». Vor allem werde ich ihnen wohl entsetzlich leidgetan haben. Was mich erwartete, wussten sie von ihrer Kollegin Ines.

Sie selbst war nicht an Bord: Ines hatte sich mit ihren Eltern beratschlagt, ob sie mich am Anfang begleiten sollte oder ob es besser wäre, wenn sie erst während der üblichen Zwischenlandung in Brazzaville, im Kongo, zustiege. Um mich dann bis Luanda zu begleiten – sozusagen als letzten Abschied. Der Familienrat entschied sich für die zweite Variante.

Als Ines die Maschine der Interflug bestieg, wunderte sie sich über die vielen Kinder im Flieger. Es waren Angehörige von in Ostberlin lebenden Diplomaten, die gerade Winterferien hatten. Entsprechend turbulent ging es zu.

Ihre aufwallenden Gefühle machen es meiner vierten Mutter schwer, von den letzten Minuten zu berichten, die wir gemeinsam hatten, bevor sie wieder zum Flugzeug zurückmusste. Denn für sie ging es gleich anschließend weiter; der Linienflug endete erst im mosambikanischen Maputo, auf der südöstlichen Seite Afrikas.

In dem Gespräch mit meiner Oma, Petra und Ines erzählt sie: «Im Flughafengebäude in Luanda war eine dicke Säule. Hinter der habe ich mit dir und den anderen Kindern Verstecken gespielt. Mit fröhlichem Gesicht, aber du hast gespürt, dass etwas in der Luft lag. Wir sind immer um diese Säule herumgelaufen. Du hattest dich eher daran festgehalten. Irgendwann war mir klar: Ich muss los. Ich bin gegangen, ohne mich umzusehen. Und ich wusste, wenn du das nächste Mal hinter diesem Pfeiler hervorschaust, bin ich nicht mehr da. Dabei konntest du mir nicht einmal nachlaufen.»

Ines stehen Tränen in den Augen: «Du hattest volles Vertrauen zu mir. Und ich habe dich enttäuscht. Für mich ist das heute noch eine traumatische Erinnerung.» Auch meine Oma wird von ihren Gefühlen überwältigt: «Man fragte sich, wozu das alles gut war. Warum tat man dem Kind das an? Und sich?»

Letzten Endes siegte die Einsicht, dass die Verzweiflung zu nichts führte. Die traurige Situation wurde von ihrer objektiven Seite betrachtet: Der Staat hatte mein Leben gerettet, aber im Vorhinein deutlich gesagt, dass die Hilfe für mich zeitlich beschränkt sein würde. Meine Pflegefamilie tat jedoch mehr, als nur ihre Aufgabe zu erfüllen – sie hatte mich liebgewonnen. Ihre Menschlichkeit schien an den Regeln des DDR-Staates gescheitert zu sein.

Ostereier für die Ministerin

Heute schaffen es Betroffene in einem solchen Fall oft, mit Hilfe von Anwälten und einer empörten Öffentlichkeit staatliche Einrichtungen zu besiegen. 1980 war in der DDR ein solches Vorgehen undenkbar: Meine Pflegeeltern fühlten sich in ihrem Schmerz alleingelassen. Anstatt sich aber zu beklagen, fragten sie sich, ob sie genug getan hatten. Immer wieder überlegten sie, ob es nicht doch einen Weg zurück geben könnte.

Bevor mein Pflegevater nach einer Antwort auf diese komplizierte Frage suchen konnte, wurde er von seinem Beruf mit Beschlag belegt: Vier Tage nachdem ich nach Afrika zurückgeschickt worden war, fand in den USA die Eröffnungsfeier zu den Olympischen Winterspielen statt. Karin Enke holte in Lake Placid über 500 Meter die Goldmedaille, und auch sonst konnte sich die Bilanz der Eisschnellläuferinnen sehen lassen: Sie gewannen in den vier damals von Frauen gelaufenen Wettbewerben zusätzlich eine silberne und zwei bronzene Medaillen. Man könnte also vermuten, dass der Nationaltrainer dieses für das Ansehen der DDR so wichtigen Sports ein Mann war, der über einigen Einfluss verfügte.

Als er aus den Vereinigten Staaten zurück war, hätte er seine Verbindungen auch genutzt, um mir zu helfen, meint meine Oma. Schließlich war er in der Partei, weil es für einen Menschen in einer so herausragenden Position in der DDR kaum möglich war, nicht Mitglied der Sozialistischen Einheitspartei Deutschlands zu sein. Doch er fand niemanden, der sich für meinen ungewöhnlichen Fall zuständig fühlte. Er versuchte es nicht nur über das Solikomitee, sondern auch über den Freien Deutschen Gewerkschaftsbund und die Jugendorganisation FDJ. Doch alle Stellen verwiesen darauf, dass ich Ausländerin sei – und nicht das Kind der Schmieders.

Wenn sie einen Weg finden wollten, waren sie, wie es schien, auf sich selbst gestellt.

Während sie sich um mein Leben sorgten, erfuhren die Schmieders zufällig von einer Solidaritätsaktion für namibische Flüchtlingskinder. Sie war ausgerechnet zu jenem Zeitpunkt abgelaufen, als das Solikomitee Petra kundtat, dass ich nach Angola geschickt werden müsse. «Als ich davon hörte, war ich richtig fertig», sagt meine Oma. Denn nun fragte sich jeder, warum ich unbedingt ins Ungewisse geschickt werden musste, während es gleichzeitig möglich war, andere afrikanische Kinder in die DDR zu holen. «Ich war unfähig, arbeiten zu gehen. Ich konnte an nichts anderes mehr denken», sagt meine Oma. «Ich war nur noch traurig, dass man keine Entscheidung über einen Menschen treffen darf, den man ins Herz geschlossen hat.»

Genau achtzig Jungen und Mädchen waren am 18. Dezember 1979 in Berlin-Schönefeld gelandet. Sie kamen aus Luanda. Viele von ihnen waren wie ich Überlebende des Massakers von Cassinga, manche Waisen. Sie wurden nach Mecklenburg gebracht, in den Hundert-Seelen-Ort Bellin nahe Güstrow. Was dort mit den Kindern geschah, lag für Schmieders im Nebel. Es hieß, sie lebten in einem Schloss.

«Warum hat niemand vorgeschlagen, wir gliedern die Steffi bei diesen Kindern ein?», fragte sich Familie Schmieder. «Es wäre nicht notwendig gewesen, dass du bei uns bleibst. Man hätte dir aber das Flüchtlingslager ersparen können.»

Dass die Schmieders überhaupt von dieser ungewöhnlichen Solidaritätsaktion hörten, war erstaunlich: Sie sollte eigentlich geheim bleiben, weil die politische Lage kompliziert war. Südafrika betrachtete alle Namibier als südafrikanische Staatsangehörige. Die DDR wiederum unterstützte die Befreiungsbewegung SWAPO in deren Kampf gegen Südafrika nicht nur mit einer Hilfe für notleidende Menschen, sondern zunehmend mit Waffen. Die DDR und Südafrika waren somit im Krieg um das besetzte Namibia indirekt Gegner. Entsprechend groß war die Angst vor Racheakten Südafrikas, die sich gegen Angehörige jener achtzig Kinder, die in der DDR sicher sein sollten, richten konnten. Zu welch grausamer Brutalität Südafrika fähig war, hatte nicht zuletzt das Massaker von Cassinga gezeigt. Folglich erschien es den Entscheidungsträgern angebracht, die eigene Bevölkerung nicht zu informieren.

Die Bürokratie der DDR verkomplizierte die Lage obendrein: Mein Wohlergehen hatte das Solikomitee verantwortet. Die Kinder im Schloss Bellin hingegen unterstanden dem Ministerium für Volksbildung, das seit 1963 von Margot Honecker geleitet wurde, der Frau des Vorsitzenden des Staatsrats der DDR. Erich Honecker und Sam Nujoma, der Chef der Befreiungsbewegung SWAPO, hatten nach dem Massaker von Cassinga ausgehandelt, dass die namibischen Kinder in der DDR eine Schulbildung erhielten. Das Treffen fand am 12. September 1979 statt. Am nächsten Tag wurde ich ein Jahr alt. Die beiden Herren machten mir mit ihrem Abkommen leider kein Geschenk.

Gerade weil sie all das nicht wissen durften und konnten, nahmen Schmieders einen Kampf um mich auf, der wie David gegen Goliath anmutet. Doch der Nationaltrainer musste seine

Worte gründlich abwägen. Er schrieb einen zweiseitigen Brief «An den Präsident der SWAPO» in Luanda, den er ins Englische übersetzen ließ.

«Werter Genosse Präsident! Entschuldigen Sie bitte, dass wir Ihre kostbare Zeit in Anspruch nehmen.» Rudi Schmieder schilderte nun, was in der DDR für mich getan worden war, danach fuhr er fort: «Während der linke Arm weitestgehend wieder funktionstüchtig ist, musste von unserer Seite der Wiederherstellungsprozess des am meisten geschädigten Beines unterbrochen werden. Unsere Erziehungseinflüsse sind im Sinne unserer fortschrittlichen Gesellschaftsordnung erfolgt und würden auch weiterhin Schwerpunkt unserer Erziehung sein, damit Stefanie eines Tages als eine gefestigte Persönlichkeit und eine wichtige Kaderreserve in ihrer befreiten Heimat wirksam würde.»

Es erschien keineswegs vermessen, auf die Hilfe des SWAPO-Präsidenten zu hoffen. Hatte Sam Nujoma mich doch als fünf Wochen altes Baby in Berlin-Buch besucht und sich sogar mit Clementine und mir vom Allgemeinen Deutschen Nachrichtendienst (ADN), der staatlichen Nachrichten- und Bildagentur der DDR, fotografieren lassen. Als dennoch einen Monat später keine Reaktion von Nujoma erfolgt war, schickte Rudi Schmieder einen zweiten Brief hinterher:

«Wir nehmen an, dass sich durch die komplizierten Verhältnisse der Umstellung und die psychischen Probleme der Gesundheitszustand von Stefanie sehr verschlechtert hat. Wir denken, so sollte eine gute solidarische Aktion nicht enden.»

Zwischen den beiden Briefen hatten die Schmieders ein Schreiben aus Luanda erhalten, in dem meine Mutter ihnen mitteilte, dass ich Probleme mit meinem linken Bein sowie der Ernährung hätte.

Das Schicksal spielte nun den Trumpf aus, den es noch im

Ärmel versteckt hatte: Ines. Auf dem Flughafen von Luanda kam es zu einer folgenreichen Begegnung: Die Korrespondentin Heike Schneider, die seit fünf Jahren gemeinsam mit ihrem Ehemann im Auftrag des DDR-Fernsehens und -Rundfunks aus dem südlichen Afrika berichtete, übergab der Stewardess Filmmaterial. Das war an und für sich nichts Besonderes – weltweit schickten damals Journalisten auf diese Weise ihre Berichte an die Heimatredaktionen. Doch an diesem Tag entwickelte sich dabei ein privates Gespräch. Ines machte auf die gut zehn Jahre ältere Frau einen zwar freundlichen, doch auch irgendwie bedrückten Eindruck. So kam die Sprache auf mich, den Grund für Ines' Kummer, und sie erwähnte, dass ich zwar knapp der Hölle von Cassinga entronnen, nun aber als eineinhalbjährige Behinderte in einem angolanischen Zeltlager einem ungewissen Schicksal entgegensah.

Heike Schneider wusste nur zu gut, wovon Ines sprach. Gemeinsam mit Kollegen aus anderen Ländern war sie vier Tage nach dem Massaker nach Cassinga geflogen. Der Anblick der Leichen, die sich in zwei noch offenen Massengräbern stapelten, hatte sich ihr unauslöschlich ins Gedächtnis gebrannt. Mit ihrem Augenzeugenreport und Fotos hatte sie dazu beigetragen, dass die Welt von dem Massenmord erfuhr.

Beide Frauen tauschten Adressen aus, und Ines berichtete zu Hause von dieser Begegnung. Schmieders beschlossen das Naheliegende – die Journalistin um Hilfe zu bitten. Zunächst versuchte Rudi Schmieder es übers Telefon. Doch weil die Verbindung nach Luanda zu schlecht war, benutzte er den Fernschreiber. Sein Telexgerät befand sich im Büro des Deutschen Turn- und Sportbundes. Entsprechend vorsichtig mussten sich sowohl er als auch die Journalistin ausdrücken; jeder, der wollte, konnte mitlesen.

Der Reporterin Schneider gelang es rasch, meine Mutter und

mich ausfindig zu machen. Ihr erster kurzer Bericht klang noch verhalten positiv: «Habe Stefanie Gemüsesuppen und DDR-H-Milch besorgt. Nur ist es nicht ganz so leicht, sie zu treffen. Empfehle Ihnen, sehr behutsam vorzugehen, damit alles im Interesse der kleinen Stefanie läuft.» Der wichtigste Satz war: «Habe bereits einen Kinderarzttermin mit einem DDR-Doktor avisiert.»

Nur wenige Tage später ratterte ein vier Seiten langes Fernschreiben aus dem Gerät. Die selbstlos handelnde Reporterin schrieb, dass ich durch ihre Vermittlung einem Kinderarzt in Luanda – zufälligerweise einem Orthopäden – vorgestellt worden war. So weit, so gut. Nun der schlechte Teil: «Der Arzt war sehr ungehalten über Clementine, die nicht ein einziges Mal Gymnastik mit ihrem Kind gemacht hat.» Obwohl sie «offensichtlich eine genaue Anleitung» in Buch mitbekommen hatte.

Schließlich steht da ein Satz, der beim heutigen Lesen wehtut: «Wenn Clementine eine bessere, verantwortungsvollere und damit liebe- und verständnisvollere Mutti wär, sähe alles halb so problematisch aus.» Nicht nur, dass meine Mutter meine Gymnastik vernachlässigte. «Hier ist jetzt Moskitozeit», teilte die Journalistin weiter mit. Doch ein vorbeugendes Medikament gegen die Malaria verabreichte Clementine mir nicht. «Sie wusste angeblich von nichts» – obwohl der DDR-Arzt ihr ausreichend Medikamente mitgegeben habe.

Die Journalistin schrieb, dass sie mich aus dem Flüchtlingslager zu sich nach Hause geholt hätte, um mich zu baden und mit Gulasch und Reis zu füttern. Außerdem versprach sie, Ines zu helfen, mich zu treffen. Damit die sich selbst ein Bild machen konnte, wie es mir ging. Diese Vermittlung war ein privater Freundschaftsdienst, denn Heike Schneider bat noch: «Nehmen Sie unseren Namen nicht zu Hilfe bei irgendeiner offiziellen Dienststelle.»

Noch am selben Tag schickte Rudi Schmieder eine Antwort nach Luanda: «Großen Dank für letztes Telex. Ines trifft am 2. April in Luanda ein.» Die Journalistin antwortete sofort: «Ich versuch auf alle Fälle am bewussten Mittwoch einen ‹großen Treff› zu arrangieren.»

Waltraud Schmieder heftete den Telex-Wechsel sorgsam ab, und so findet sich neben den Fernschreiben ein rosafarbener Einzahlungsbeleg über 37,80 Ost-Mark mit dem handschriftlichen Vermerk: «Telex Luanda 2 ×». Zusätzlich gibt es zwei weiße Quittungsbelege über jeweils 18,90 Ost-Mark. Viel Geld für die wenigen Zeilen in die Volksrepublik.

Im DTSB sprach sich schnell herum, dass der Nationaltrainer sich um Dinge sorgte, die nichts mit seinem Beruf zu tun hatten. Meine Oma erinnert sich, dass er alles stehen- und liegenließ, wenn er Neuigkeiten über mich erfuhr. Seine Kameraden ermahnten ihn, er solle sich lieber um seinen Sport kümmern. Und es fiel auch der Satz: «Dieses afrikanische Kind ist nicht dein Problem.» Was Rudi Schmieder wenig beeindruckte.

Heike Schneiders Einsatz zahlte sich aus. Wie versprochen nahm sie Ines auf dem Flughafen in Empfang und fuhr mit ihr in die eigene Wohnung in Luanda. Das Wiedersehen mit mir im Appartement des Journalistenpaars erscheint ihr rückblickend nahezu unwirklich. Ich selbst soll vor Freude aufgeschrien haben, als ich Ines sah. Die damals Einundzwanzigjährige war jedoch schockiert, dass ich in den zwei Monaten, die ich wieder in Afrika war, enorm an Gewicht verloren hatte. Als sie mich zuletzt am Flughafen gesehen hatte, konnte ich zumindest einige tapsige Schritte machen. Dazu fehlte mir inzwischen die Kraft. Wegen des ungewohnten mageren Essens im Lager litt ich unter Erbrechen und Durchfall. Heike Schneider und Ines beschlossen deshalb, mit mir in ein Krankenhaus zu fahren. Die kriegsbedingten Zustände, die meine vierte Mutter dort zu sehen bekam, hatte sie sich nicht einmal vorstellen können. Die große Spritze, mit der mir etwas injiziert wurde, bezeichnet sie noch heute als «Mordwerkzeug».

Entsprechend dramatisch fiel der Bericht aus, als sie wieder in Berlin war. Rudi Schmieder zog daraus den Schluss, mit seinen Briefen fortzufahren, die er jeden Abend schrieb.

Plötzlich aber zeichnete sich eine unverhoffte Wendung ab. Davon zeugt noch ein gelblich grünes, fast verblasstes Stück Papier. Es dokumentiert eine Nachricht, die Ines über Heike Schneider am 18. April 1980 an ihren Vater schickte: «Habe mit unserem Passagier gesprochen. Will sich für unsere Sache einsetzen. Wenn Verständnis der SWAPO vorliegt, sieht sie keinerlei Probleme.»

Ich habe diesen Zettel mehrfach gelesen. Weil ich nicht begreifen kann, dass sich hinter solch dürren, verklausulierten Worten die Weichenstellung für mein restliches Leben verbirgt.

Alles beginnt mit einem kleinen Osternest, mit einem Hasen aus Schokolade und buntgefärbten hartgekochten Eiern. Ein Ostergruß von Waltraud Schmieder für ihre älteste Tochter, die irgendwo in Afrika herumfliegt.

Wie üblich übernimmt Ines in Brazzaville den Flug aus Ostberlin via Luanda nach Maputo. Die Kolleginnen übergeben ihr das Osternest, und Ines trägt es mit an Bord. Vor dem Start sehen die Stewardessen die Liste der First-Class-Passagiere durch und sprechen sich ab, wer den Dienst in der Ersten Klasse übernimmt. Ines liest den Namen der einzigen Dame, die dort reist. Da kommt ihr eine Idee, und sie bittet die anderen, den Job in der First Class machen zu dürfen. Sie sagt sich: Wenn alle Bemühungen um Steffi gescheitert sind, dann frage ich sie. Wen, wenn nicht sie?

Das Langstreckenflugzeug Iljuschin 62 hatte in der Ersten Klasse acht komfortable graublaue Ledersitze. Diesmal waren nur zwei besetzt. Vorn saß die Dame, weiter hinten ein Mann, in dem Ines mit geübtem Blick einen Personenschützer ausmachte. Die Frau, die wegen ihrer zierlichen Gestalt fast zerbrechlich wirkte, kannte in der DDR jedes Kind. Es war Volksbildungsministerin Margot Honecker.

«Ich war zwar ein ganz junges Mädchen», erinnert sich Ines, «aber aufgeregt war ich eigentlich nicht. Denn mein Vater hat immer gesagt: ‹Alle Menschen nehmen zum Arschabwischen auch nur die eigene Hand.›»

Als Flugbegleiterin musste sie für die First-Class-Gäste ein Gericht eigenhändig zubereiten. «Ich dachte mir, vielleicht freut sich ein Mensch, der ständig die feinsten Sachen serviert bekommt, gerade über eine Butterstulle mit Ei. Also fragte ich, ob sie das wolle, und sie nickte. Ich arrangierte ihr einen schönen Teller mit dem Schokohasen und den Küken aus dem Körbchen meiner Mutter und dekorierte alles mit dem Ostergras. Das fand sie sehr nett, bedankte sich tausendmal.»

Ines erwähnte dabei, dass es ihr eigenes Osterkörbchen sei, das sie Frau Honecker servierte. Diese menschliche Geste brachte die Stewardess mit der Ministerin ins Gespräch.

«Frau Honecker», sagte Ines schließlich, «ich habe da ein kleines Problem. Darf ich Ihnen das erzählen?»

«Setzen Sie sich mal zu mir.»

Ines hatte Skrupel. Sie dachte: Das darf ich doch nicht, Flugbegleiter sind nicht dazu da, sich neben die Passagiere zu setzen. Doch die Ministerin meinte, das wäre schon in Ordnung. Der Personenschützer wollte einschreiten, aber Frau Honecker machte ihm deutlich, dass sie jetzt nicht gestört werden wolle. Ines erzählte ihr nun die ganze Geschichte von einem kleinen Mädchen, das ihre Familie aufgenommen hatte und wieder hergeben musste. Und dem es in Angola sehr schlecht ging, wie sie mit eigenen Augen gesehen hatte.

Anscheinend berührte Frau Honecker mein Schicksal. Sie sagte: «Ich kann mir nicht vorstellen, dass jemand entschieden hat, dass so ein Kind wieder zurückmuss.» Sie verabschiedete Ines mit dem Satz: «Wenn die SWAPO einverstanden ist, sehe ich keine Probleme. Machen Sie sich keine Sorgen. Sie hören von mir.»

Aber die vielbeschäftigte Volksbildungsministerin machte sich keinerlei Notizen. Würde die vielbeschäftigte Politikerin das Gespräch tatsächlich in Erinnerung behalten?

Der lange Weg zu einem Wunder

Die ersten Botschaften aus Luanda klangen gut: «Freudigste Nachricht», beginnt ein Telex, das Heike Schneider drei Wochen später kabelte. Sie erwähnt darin einen Herrn, den sie nur mit dem Anfangsbuchstaben seines Nachnamens benennt. Über den sie aber schreibt, er wäre «ein wirklich guter Mensch und Genosse», und «vorgestern habe er höchstpersönlich mit Clementine gesprochen und ihre und Stefanies sehr baldige Rückkehr in die DDR veranlasst. Clementine ist selig und sagt, dass sie alle Papiere schon beisammenhabe. Gebe Bescheid, wenn der Abflug nach Berlin bekannt ist.»

Zu dieser Zeit schrieb auch Clementine an die Schmieders. Sam Nujoma habe ihr persönlich mitgeteilt, sie könne mit ihrem Kind zurück in die DDR. Damit schien die Bedingung erfüllt zu sein, die Margot Honecker aufgeführt hatte – die Zustimmung der SWAPO zu meiner Rückkehr. Es sah nach einem Wunder aus.

Das Leben hatte Rudi Schmieder jedoch gelehrt, vorsichtshalber nicht daran zu glauben. Noch dazu im Fall seines hilflosen Schützlings, der die Zeit nicht auf seiner Seite hatte. Er ließ nicht locker und sandte weiterhin Telexe und Briefe an verschiedene offizielle Stellen in Luanda, unter anderem an den Verbindungsmann von SWAPO und Solikomitee. Außerdem hielt er Kontakt zu jenem DDR-Arzt, der mich hin und wieder untersuchte. Dieser teilte mit, dass mein Körper von Moskitostichen bedeckt sei und ich immer weiter abnahm. Ende Mai stellte sich heraus, dass ich mit Gelbsucht ins Krankenhaus gekommen war. Für Schmieders eine Horrorvorstellung, denn sie erinnerten sich an Ines' Schilderung der chaotischen Zustände dort. Die Spritzen, die verwendet wurden, schienen nicht immer sterilisiert zu sein, und Betten gab es ohnehin zu wenige. Würde das Kind, um das Schmieders bangten, an diesem Ort nicht noch kränker werden?

Vom Solikomitee traf keine Nachricht ein, ob das Wunder tatsächlich wahr werden würde. Ines wandte sich deshalb Anfang Juni an das Büro der Interflug in Luanda. Nein, hieß es von dort, eine Buchung für die beiden Aukongos läge nicht vor. Am 9. Juni trifft wieder ein Telex der Journalistin Schneider ein: «Ärztliche Genehmigung für Berlin-Flug nun erst nach nochmaliger Untersuchung mit Labortests.»

Das Wunder war doch so nah gewesen! Und plötzlich sollte sich alles in Luft auflösen? Rudi Schmieder will es nicht glauben, schreibt ans Solikomitee am Thälmannplatz, erhält aber keine Antwort. Er ruft wiederholt an, dringt schließlich zum Generalsekretär durch, fragt den Genossen Krüger, ob der über die «Rückkehr des Kindes» informiert sei. Und erhält eine schroffe Antwort: «Eine Rückreise kommt nicht in Frage.»

Die Familie war der Verzweiflung nah. Margot Honecker hatte doch versprochen, dass man sich keine Sorgen zu machen bräuchte! Galt denn ihr Wort nichts? Oder hatte sie die Sache einfach vergessen? Vielleicht ging es auch um etwas ganz anderes: Vielleicht waren innerhalb des Volksbildungsministeriums in der Fröbelstraße in Prenzlauer Berg Kräfte am Werk, die sich einer unbürokratischen Regelung in den Weg stellten? Wenn dem so war, gab es praktisch keine Chance, dass die Schmieders ihre Steffi jemals wiedersehen würden. Schlimmer noch: Nach allem, was sie aus Luanda gehört hatten, war meine Mutter nicht in der Lage, mich zu beschützen.

Schmieders brauchten nicht viel Phantasie, um sich mein weiteres Schicksal auszumalen.

Seit Jahrzehnten kämpfte Rudi Schmieder für die Interessen seiner Sportler. Er war es gewohnt, dass Funktionäre andere Ansichten hatten als jeder einzelne Betroffene. Vermutlich wird er geahnt haben, wo das wahre Problem lag: Einzelschicksale zählten wenig, wenn es ums große Ganze ging.

In dieser Situation greift er zum äußersten Mittel, das er hat. Was er ursprünglich vermieden hatte, weil er weder seine Stellung als Nationaltrainer ausnutzen noch die Führungskader um Hilfe bitten wollte. Aber er sieht jetzt keinen anderen Ausweg, weil er den sich stur stellenden Regierungsapparat anders nicht aushebeln kann. Er schreibt der Volksbildungsministerin:

«Werte Genossin Honecker! Verstehen Sie bitte, dass sich nach all unseren Bemühungen um Stefanie ein Verantwortungsgefühl entwickelt hat und wir täglich über ihr Befinden in Sorge sind. Leute aus der Hausgemeinschaft, Arbeitskollegen, Freunde, aber auch uns unbekannte Menschen aus unserer Republik, die von dieser Solidaritätsaktion durch Presse und Fernsehen erfuhren, erkundigen sich noch heute nach der Kleinen. Auf ihre Fragen, warum das Kind ohne die völlige gesundheitliche Wiederherstellung zurückmusste, können wir nicht antworten. Wir schämen uns, wenn man uns sagt, dass es ein großer Fehler war, so eine voreilige Entscheidung ohne größeren Protest zuzulassen. Deshalb fühlen wir uns mitschuldig am Schicksal Stefanies.»

Zum Ende seines Schreibens verschärft Rudi Schmieder seinen Ton, erwähnt, dass er sich «erlaubt» habe, Briefe an «verschiedene Genossen in Luanda zu richten. Leider erhielten wir nicht ein einziges Mal Antwort darauf, was uns besonders bei dem Verbindungsmann zwischen SWAPO und Solidaritätskomitee, Genosse Folde, enttäuschte.» Das Schreiben an den Genossen Folde fügt er als Anhang bei.

Wie hatte meine Oma gesagt? «Opa war ein Mann, der keine Furcht kannte.»

Rudi Schmieder beendet seinen Brief an Margot Honecker mit den Worten: «Wir wollten eigentlich nichts Schlechtes oder Egoistisches. Ob dieser Weg mit der Mutter gemeinsam, in einem Heim für namibische Kinder oder auch zeitweilig wieder in unserer Familie fortgesetzt wird, ist dabei nicht die entscheidende Frage. Wir bitten Sie höflichst, Ihren Einfluss geltend zu machen, damit diese gute Aktion doch noch zu einem positiven Ende geführt werden kann. Hochachtungsvoll und mit solidarischen Grüßen, R. Schmieder.»

Während in Deutschland nun Sommer war, wurden jenseits des Äquators die Nächte kalt; dort war Winter. Und ein Brief an «Familie Schmieder c/o Solidarity Committee German Democratic Republic» traf ein. Absender: der Sekretär für Erziehung und Kultur, gewissermaßen Margot Honeckers Kollege bei der SWAPO: «Gestatten Sie, liebe Genossen, hervorzuheben, dass die Liebe und Zuwendung, die Sie Stefanie entgegengebracht haben, in der Tat die Liebe und Zuwendung demonstriert, die Sie allen Kindern Namibias zuteil werden lassen», heißt es darin.

Die wahre Bedeutung dieses Satzes wird erst beim zweiten Lesen klar. Wenn ich diese Politikersprache richtig verstehe, heißt das nämlich: Ich war nicht die berühmte Extrawurst, sondern ein Symbol für die Verbindung der beiden Völker. Ich vermute, der Sekretär für Erziehung und Kultur hatte seine Worte mit Bedacht gewählt – als Türöffner für meine Rückkehr.

Wohingegen von Margot Honecker keine Antwort kam. Zumindest keine direkte. Allerdings wurde das Ehepaar Schmieder im Oktober tatsächlich im Volksbildungsministerium von ihrem Stellvertreter, Minister Werner Engst, und einigen seiner Mitarbeiter empfangen.

Meine Oma ist sicher, dass Frau Honecker auf ihre Genossen eingewirkt hatte. Bei dem Treffen im Ministerium ging es allerdings nur in zweiter Linie um mich, wie sie sich erinnert: «Da waren so viele Menschen, die meinten, uns die politische Dimension unseres Vorhabens erklären zu müssen.» Damit die Schmieders auf keinen Fall auf die Idee kämen, reine Menschlichkeit stünde im Vordergrund. In solchen Kategorien denken Politiker eher weniger – nicht nur die der einstigen DDR.

Als «Symbol für die Verbindung der beiden Völker» machte meine Rettung jedoch Sinn.

Entsprechend sah die Schlussfolgerung aus, die das Volksbildungsministerium zog. Nicht die Familie Schmieder durfte mich aufnehmen. Stattdessen sollte ich zu den anderen namibischen Kindern nach Bellin. «Das war für mich inzwischen nicht mehr so wichtig», sagt meine Oma. «Hauptsache, du konntest zurück und bekamst medizinische Betreuung.» Sie macht ein entschlossenes Gesicht: «Aber ich stellte die Forderung, dass Opa und ich uns ansehen durften, wie die Kinder in Bellin lebten.»

Ihr Wunsch wurde gewährt – nach unendlich langen sechs Monaten.

Die Eheleute fuhren nach Mecklenburg. Am Rande des Dorfs Bellin entdeckten sie das Schloss, eingebettet in einen weitläufigen Park, gesichert mit Zäunen. Darin liefen namibische Jungen und Mädchen, beaufsichtigt von deutschen und namibischen Erziehern, wild durcheinander. Schmieders erlebten, wie die Kinder, von denen die älteren inzwischen im Nachbarort Zehna die erste Schulklasse besuchten, ihre Hausaufgaben machten. Sie ließen sich auch die Zimmer zeigen, in denen sie wohnten. Eine Gruppe führte ihnen Tänze vor, und ein Chor sang für sie deutsche und afrikanische Kinderlieder. Die Jungen spielten Fußball, und zu Ehren der beiden Besucher wurde zum Fahnenappell angetreten: «Die Kinder waren begeistert, wir sahen ihnen an, dass es ihnen Freude bereitete», erzählt meine Oma.

Das neue Zuhause erschien im ersten Moment durchaus das Richtige zu sein. Ich würde mit anderen Kindern in einer schönen und sicheren Umgebung aufwachsen, die Betreuer machten einen guten Eindruck. Da die Schmieders sich schon vor meiner Abschiebung nach Afrika intensiv um meine Gesundheit gekümmert hatten und obendrein ahnten, dass ich nach meiner Rückkehr wesentlich mehr Pflege brauchen würde, war es ihnen wichtig, mit dem Heimarzt zu sprechen. Als Waltraud Schmieder berichtete, welchen Aufwand sie mit mir betrieben hatten, gab ihr der Arzt eine denkwürdige Antwort: «Warum wollen Sie ein behindertes Kind zurückholen? Kümmern Sie sich doch um ein gesundes …»

Während der fast dreistündigen Heimfahrt im Trabant hatte das Ehepaar genügend Zeit, das Gesehene zu verarbeiten. Sie kamen letztlich zu dem Schluss, dass Bellin für mich ungeeignet sei. Nicht nur, weil ich mit meinen zwei Jahren zu klein war. Vor allem war ich zu stark behindert. Das sahen erstaunlicherweise auch die Funktionäre ein.

In einem offiziellen Schreiben protokollierte Rudi Schmieder kurze Zeit später, worauf sich David und Goliath geeinigt hatten: «In Abstimmung mit allen zuständigen Organen soll das Kind zur weiteren Behandlung in die DDR zurück und für vorerst zwei Jahre wieder in unserer Familie betreut werden.

Mit Genosse Engst wurden alle weiteren Fragen sowie Wege der notwendigen Kontakte zu afrikanischen Menschen beraten und abgestimmt.»

«Afrikanische Menschen», das waren die Jungen und Mädchen im Kinderheim Bellin. Aber noch wichtiger war die Formulierung «für vorerst zwei Jahre».

Eigentlich war nun alles klar. Doch dann läutete bei Schmieders das Telefon. Der Anrufer, ein Mitarbeiter des Volksbildungsministeriums, fragte, ob sie sich das auch tatsächlich genau überlegt hätten. Steffi sei nämlich wirklich sehr krank. Und als er aufzählte, was ihr alles fehlt, fragte wiederum Rudi Schmieder, ob er nicht sagen könne, welche Krankheit sie nicht hätte. Das gehe dann schneller.

Galgenhumor half nicht über die Tatsache hinweg, dass ich nicht reisefähig war. Schmieders, die nach diesem Gespräch mehr denn je in Sorge um mich waren, mussten das weitere Geschehen abwarten. Rudi Schmieder hatte zwar mit sportlicher Ausdauer den bürokratischen Hindernislauf um mich gewonnen, aber nun, kurz vor dem Ziel, drohte mein Gesundheitszustand alle Erfolge zunichtezumachen. Annähernd elf Monate in einem afrikanischen Lager waren anscheinend einfach zu viel gewesen.

Dennoch gelang es den Ärzten in Angola, mich wieder so weit gesundheitlich zu stabilisieren, dass ich das Land verlassen konnte: Am 30. Dezember 1980 nahm ein Mitglied des «Büros des Verwaltungssekretariats der SWAPO» in Luanda ein Heftchen zur Hand, auf dessen tiefblauem wächsernem Einband «*Card of Identity*» steht. Ich habe es noch heute: Links oben, auf der zweiten Seite, umgeben von inzwischen verlaufener blauer Tinte, klebt das Foto eines Kleinkindes. Es schaut leicht verschüchtert und etwas abwesend in die Kamera und trägt ein

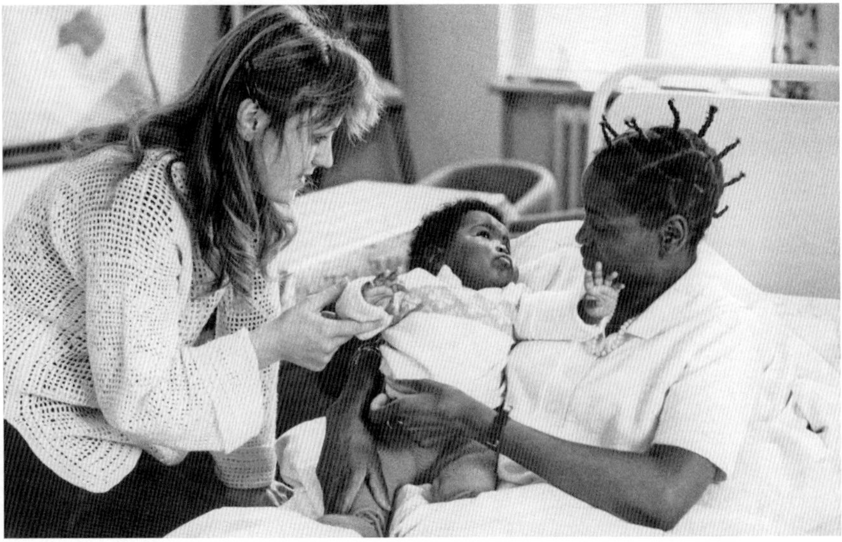

Täglich brachte Petra mich zu meiner Mutter Clementine auf die Solidaritätsstation im Klinikum Buch.

Durch die liebevolle Pflege von Petra und ihrer Familie entwickelte ich mich in meinem ersten Lebensjahr gut.

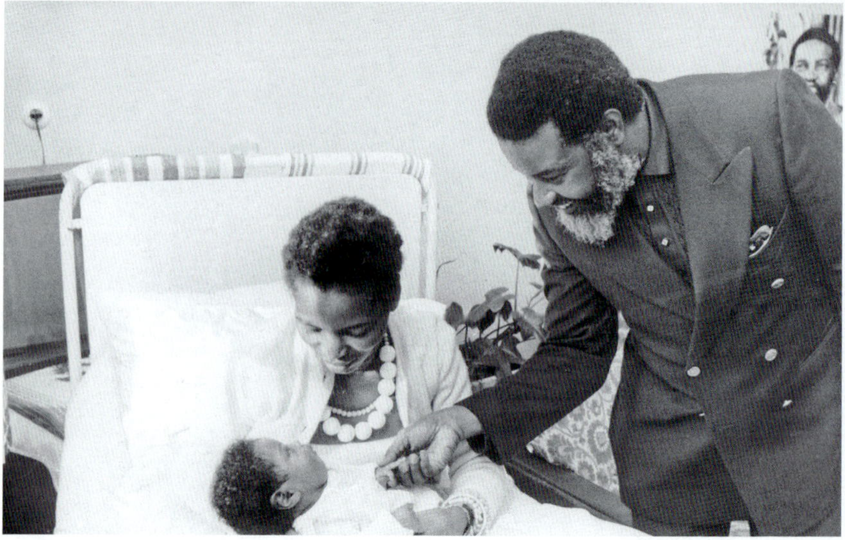

Als ich fünf Wochen alt war, besuchte Sam Nujoma, der Präsident der namibischen Befreiungsorganisation SWAPO, meine Mutter und mich auf der Solidaritätsstation im Klinikum Buch in Berlin.

Auf einem offiziellen Empfang für den Präsidenten stießen meine Pflegeeltern mit Sam Nujoma an. Links Dr. Kwiatkowski, den seine namibischen Patienten «Dr. Jesus» nannten.

Petra (l.) und Ines (r.), meine beiden deutschen «Mütter».

Waltraud Schmieder, die Mutter von Petra und Ines, war meine offizielle Pflegemutter. Ich nannte sie später Oma.

Rudi Schmieder, mein offizieller Pflegevater, wurde für mich zum Opa.

Ein Abschiedsfoto: Als es Ende 1979 aufgenommen wurde, wussten meine Pflegeeltern, dass ich wenige Tage später mit meiner Mutter Clementine nach Afrika zurückkehren musste.

Meine Mutter Clementine und ich in Ost-Berlin. Am folgenden Tag wurden wir nach Afrika in ein Flüchtlingslager ausgeflogen.

August 1981: Seit einem halben Jahr war ich zurück aus Afrika. Mit fast drei Jahren musste ich immer noch gefüttert werden.

1983: Jenny, die Tochter von Ines, und ich im Garten meiner Pflegeeltern am nördlichen Berliner Stadtrand, dem Paradies unserer Kindheit. Sie war zwei Jahre alt und ich vier.

Als sich meine Kindergartengruppe für den Fotografen aufstellte, spielte ich lieber mit Jenny. Für mich war sie eine Schwester.

1985: Jenny und ich am Tag meiner Einschulung.

In der Schule war ich ein stilles Kind. Denn ich hatte Angst, nach Afrika zurückgeschickt zu werden. (Rechts neben mir meine Freundin Synke)

1. Mai 1986: Rudi Schmieder und ich auf dem Weg zur Mai-Demonstration.

1988: Jenny mit dem blauen Halstuch der Jungpioniere, ich mit dem der Thälmann-Pioniere.

Die ganze Familie in der Gartenidylle am Stadtrand.

kariertes Trägerkleidchen. Bin das ich? Darunter wird als Name genannt: «Stefanie Nhinda».

Wer sich hinter dem Familiennamen Nhinda verbirgt, erfuhr ich erst wesentlich später.

Der Ausweis mit der Nummer 01115 enthält einen Ausreisestempel vom 7. Januar 1981. Als «Anlage» zum Pass 01115 hat Waltraud Schmieder ein fast doppelt so großes Blatt aufgehoben, das mich länger begleiten sollte, als es die DDR geben würde: das Visum Nr. 84/002 der Deutschen Demokratischen Republik. Ausgestellt am 8. Januar 1981 in Ostberlin, auf dem Flughafen Schönefeld.

Ich war zurück.

Wer beißt so ein kleines Kind?

Die Schmieders fuhren mit gemischten Gefühlen an jenem Donnerstag, dem 8. Januar 1981, zum Flughafen. In welchem Zustand würden sie mich zurückbekommen? Sie rechneten mit dem Schlimmsten. Doch ihre Befürchtungen sollten noch bei weitem übertroffen werden!

Ein Kollegen-Ehepaar der Journalistin Heike Schneider – der Mann arbeitete als Kameramann in Angola – übergab mich im Flughafengebäude meinen Pflegeeltern. Waltraud Schmieder blickte auf das in eine blaue Interflug-Decke eingewickelte Bündel Mensch in ihren Armen. Zwei Jahre und fast vier Monate alt. Und dennoch wie ein Baby: «Im ersten Moment habe ich dich gar nicht wiedererkannt», sagt meine Oma noch heute erschüttert. «Dein Gesicht war mit Beulen übersät, die du dir aufgekratzt hattest. Da waren nur hohle Augen.»

So wie auf dem Foto in meinem SWAPO-Pass habe ich demnach nicht ausgesehen.

Rudi Schmieder behielt in diesem Moment einen kühlen Kopf und befragte das Ehepaar. Was er erfuhr, berichtete er nach der «Wende» in dem einzigen Interview, das er über mich gab: «Sie erzählten, dass Clementine die Kleine einen Tag vor dem Abflug zu ihnen gebracht und fürchterlich geweint hat. Sie hat doch sehr an Stefanie gehangen, aber sie wusste, dass sie ihr nicht helfen konnte.» Und dass für sie selbst so schnell kein Weg fort aus Afrika führen würde, obwohl es ihr Sam Nujoma versprochen hatte.

Mit dem Volksbildungsministerium war ausgemacht, dass Schmieders ihren Schützling lediglich am Flughafen abholen durften. Danach mussten sie mich unverzüglich im Klinikum Buch abliefern. Sie waren also nicht mehr als ein Krankentransport.

In Buch trugen sie mich auf die Quarantänestation. In der Wärme eines Behandlungszimmers wurde ich aus der blauen Decke gewickelt. Die Ärzte und Schwestern starrten mich entsetzt an. «Was sollen wir mit diesem Häufchen Elend? Warum haben Sie nicht ein gesundes Kind gerettet?» Meine Oma hat diese Fragen nie vergessen. Ebenso deutlich erinnert sie sich an ihre Antwort: «Wir haben nur die Chance, für dieses zu kämpfen.»

Mein Bauch erschien ihnen wie ein «Riesenluftballon». Dies ließ auf eine Wurmerkrankung schließen, die eine Mangelernährung zur Folge hatte – mein Körper konnte das zugeführte Essen nicht mehr verwerten. Ines hatte zwar immer wieder Lebensmittel für mich nach Luanda gebracht; sie werden mich aber wohl in den seltensten Fällen erreicht haben. Was die Ärzte an meinen Armen entdeckten, übertraf jedoch alles, was sie bisher gesehen hatten: Bisswunden, kaum verheilt, eindeutig von Menschen stammend.

«Wer beißt denn ein kleines Kind?», fragten alle ratlos.

Eine Antwort werde auch ich niemals bekommen. Die Narben schmücken nicht gerade, und im Laufe der Jahrzehnte wuchsen sie mit. Eine, die sich auf meinem rechten Unterarm befindet, wurde am größten. Zwischen dem deutlich erkennbaren Abdruck eines Ober- sowie eines Unterkiefers liegen inzwischen zehn Zentimeter. Meistens verdecke ich die Narben mit langen Ärmeln. Ich stehe nicht so darauf, gefragt zu werden, was ich da habe.

Als meine Pflegeeltern mich verließen, wussten sie nicht, wie lange ich in Quarantäne bleiben musste. Anfangs durften sie auch nicht zu mir, konnten mich nur durch die Besucherscheibe sehen. Als man meine Oma endlich zu mir ließ, nahm sie mich hoch. «Du warst so schlaff, da waren keine Muskeln.» Ich schaffte es nicht mehr, allein zu sitzen, man musste mich mit dicken Kissen stützen. Für die Menschen, die mich gegen viele Widerstände in ihr Leben zurückgeholt hatten, war es kaum erträglich, mich in diesem Zustand zu sehen. Doch nie verloren sie die Zuversicht. Irgendwie würde ich wieder zu Kräften kommen, davon waren sie überzeugt. Immer wieder sagten sie zu ihrem Schützling: «Halt durch, kämpfe.»

Das tat ich auch, wenngleich auf meine Weise. Die betreuenden Krankenschwestern berichteten: «Die Kleine kann sich kaum bewegen, aber greift nach jedem Krümel, den sie erreichen kann.»

Welche Untersuchungen mit mir angestellt wurden, an was ich alles litt – meine Pflegeeltern erfuhren davon nichts. Nur das, was die Krankenschwestern sagten: dass ich in Angola wohl dem Tod sehr nahe war.

In Petras Zählung ist dies die sechste Chance, die ich hatte, am Leben zu bleiben. Unter «Nummer sieben» fällt für sie die große psychische Belastung, die für mich die Trennung von meiner Mutter bedeutet hat, an die ich mich in Angola gewöhnt hatte.

In Buch wurde neben den Kinderärzten ein Ohrenarzt hinzugezogen, denn ich litt unter einer Mittelohrentzündung, aus der ständig Eiter floss. Die Diagnose war niederschmetternd: Das Trommelfell war geplatzt. Die Ärzte erwogen eine Operation, verwarfen diesen Plan jedoch, weil sie die Verantwortung für eine Anästhesie nicht übernehmen wollten. Sie gingen davon aus, dass man mich vor dem Flug mit allen möglichen Antibiotika vollgestopft hatte. Damit ich diese Strapaze überhaupt überstehen konnte. Eine Krankenakte hatte man nicht mitgeschickt.

Später wurden verschiedene Anläufe gemacht, die Operation nachzuholen. Sie blieben alle im Ansatz stecken: Bei jedem Arzt, der mich in seiner Praxis erlebte, hinterließ ich einen bleibenden Eindruck. Leider einen sehr schlechten. Selbst bei einer harmlosen Untersuchung mussten mich mehrere Personen festhalten. So sehr wehrte ich mich.

Bevor ich nach Afrika abgeschoben wurde, war ich ständig bei Ärzten gewesen, immer freundlich, immer lächelnd. Umso erstaunlicher war die panische Reaktion, die ich gleich nach meiner Rückkehr zeigte. Meine Familie geht davon aus, dass in Angola schreckliche Dinge geschahen. Bis heute habe ich es nicht geschafft, diese Traumata zu überwinden. Es gelingt mir nicht einmal, eine Praxis zu betreten, ohne sofort Angstattacken zu haben. Auch Petra, inzwischen meine psychologisch geschulte Hausärztin, ist gegen meine tiefverwurzelte Furcht vor Medizinern machtlos. Obwohl sie es bei mir schon mit verschiedenen Therapien versucht hat.

Wer mir also Gemeinheiten zuflüstern möchte, möge bitte mein linkes Ohr ansprechen. Da bin ich taub. Woher diese Gehörlosigkeit kommt, ist eine andere Sache. Wurde ich etwa mit einer Mittelohrentzündung ins Flugzeug gesetzt, und dort platzte das Trommelfell, weil der Druckausgleich nicht möglich war? Meine Mutter meint, mein Ohr wäre vor dem Flug in Ordnung gewesen. Heike Schneider erinnert sich, dass sie mich in Angola einmal mit einem dicken Ohrverband gesehen hat. Die Ursache wird wohl auch in diesem Fall ein Rätsel bleiben.

Die bis dahin nur leichte Fehlstellung meines rechten Auges hätte unter normalen Umständen während des zurückliegenden Jahres behandelt werden müssen. Was in Angola nicht geschehen war. Nun war der schlaffe Augenmuskel überhaupt nicht mehr in der Lage, die Pupille zu zentrieren, sie rutschte nur noch nach außen. Ein ratloser Augenarzt verpasste mir eine Brille. Wohl eher nach Gutdünken ... Dass sich die Muskeln meines linken Beins immer wieder verkrampften, war noch ein kleineres Übel. Dafür standen Physiotherapeuten bereit.

Ich war wohl eine einzige Baustelle! Hätte der Staat doch nur auf die Bitten meiner Pflegeeltern und meiner Mutter gehört, mich in der DDR zu lassen. Wenn man Solidarität nicht nur als Mittel der Politik eingesetzt, sondern als wirkliche Menschlichkeit verstanden hätte, wäre all den lieben Menschen viel Arbeit erspart geblieben, die sich in der Folgezeit für mich aufopferten.

Drei Monate lang behielten mich die Ärzte schließlich in ihrer Obhut. Bis es im April hieß, dass ich – ich kann es nicht anders sagen – nach Hause durfte. Opa trug mich hinauf in die Wohnung an der Prenzlauer Allee und setzte mich im Wohnzimmer vorsichtig auf dem Teppich ab. Dem braun-orange-roten. Anschließend zog er die holländische Spieluhr auf: «Wenn der Frühling kommt, dann schick ich dir Tulpen aus Amsterdam. Tausend rote, tausend gelbe ...»

«Du hast mit den Händen gerudert, geschrien, geweint und gelacht, alles auf einmal», erinnert sich meine Oma. Sie und Opa wussten nicht, wie sie mich beruhigen konnten. Als sie mich vorsichtig berührten, begann ich am ganzen Körper zu zittern. Die beiden bekamen es mit der Angst zu tun. «Dieses Brüllen, Lachen, Schreien und Heulen ging mehr als eine Stunde. Wir dachten im ersten Moment, du bist verrückt geworden.»

Gäbe es eine Hitparade der ergreifendsten Momente meines Lebens, dieser Augenblick würde die Top-Position einnehmen.

Da mein Opa leider nichts mehr dazu sagen kann, greife ich noch einmal auf das Interview zurück, das er 1999 in meiner Gegenwart gegeben hat: «Ich hatte mich vor Steffis Rückkehr beim Arzt erkundigt, ob das Mädchen Erinnerungen an uns haben würde. Er meinte, dass das in diesem Alter unwahrscheinlich sei. Es sei denn, sie hätte sich ein Erlebnis ganz stark eingeprägt. Und genau das war der Punkt. Wir nehmen an, dass der Klang der Spieluhr die Erinnerung zurückgeholt hat. Wir hatten nach ihrer Rückkehr zwar nie das Gefühl, dass wir fremd für sie sind, aber nun war sie wieder richtig bei uns.»

Allerdings war die Familie gefordert. Ines seufzt, wenn sie an das denkt, was nun auf alle zukam: «Andere Kinder entwickeln sich vorwärts. Du hattest dich rückwärtsentwickelt.» Petra drückt es drastischer aus: «Du kamst als Pflegefall zurück.»

Ich seh genauso aus wie du

In den vierzehn Monaten meiner Abwesenheit hatte sich einiges in der Prenzlauer Allee 128 verändert. Vor allem im Leben von Ines: Drei Tage nachdem sie dreiundzwanzig wurde, brachte sie ihre Tochter Janine am Silvestertag 1980 zur Welt. Eine Woche vor meiner Ankunft in Berlin. Deshalb hatte sie mich erst nach einigen Wochen im Krankenhaus besuchen dürfen. Die Ärzte waren nicht sicher, ob ich nicht möglicherweise ansteckende Krankheiten mitgebracht hatte, die Janine gefährdet hätten. Als das ausgeschlossen war, konnte Ines mich endlich zu Hause willkommen heißen. Petra, noch immer Studentin, war zwar bereits im Sommer in eine eigene Wohnung gezogen, doch jetzt teilte sie sich mit ihrer Mutter die Arbeit mit mir, und die nahm erst einmal Urlaub. Schließlich war ich nicht mehr das pflegeleichte Kind, das man wider Willen hergegeben hatte.

Für Waltraud Schmieder begann, was sie salopp «die Rennerei zu den Ärzten» nennt. Aus dem Ohr floss beständig Eiter, jedes Waschen erforderte größte Umsicht. Geschah das nicht, weinte ich vor Schmerzen. Zugluft war ohnehin Gift. Man musste mich mithin in Watte packen. Mit der verordneten Brille wiederum wollte ich mich nicht anfreunden. Glücklicherweise fand sich ein Spezialist, der das Ding als Unfug enttarnte: Nur eine Operation würde das Auge wieder ausrichten können – später, wenn das Wachstum abgeschlossen war. (Tatsächlich waren es fünfundzwanzig Jahre, die bis dahin vergehen sollten.)

Noch immer hatte ich Eiterbeulen auf dem Kopf, folglich mussten die Haare runter, die nachgewachsen waren. Was wohl für keinen der Beteiligten ein Vergnügen war. Opa begann wieder mit der Therapie auf dem Wohnzimmerteppich. Und die zeigte schon bald erste Erfolge. Ich wurde schließlich so kräftig, dass ich wieder zu krabbeln begann.

Indem ich meinen Aktionsradius erweiterte, zeigte ich Eigenarten, die meinen Pflegeeltern Sorge bereiteten. Ich kroch in die Küche, warf den Mülleimer um und sortierte alles aus dem Abfall heraus, was ich in den Mund stecken konnte. Da ich vorher das absolute Gegenteil war – ein Kind, das sich nicht einmal das Fläschchen nahm, wenn es neben ihm lag –, bot sich als Erklärung dafür nur an, dass ich in Afrika entsetzlichen Hunger gelitten hatte. Also musste der Mülleimer vor mir in Sicherheit gebracht und nahrhafte Alternativen geboten werden. Der Erfolg ließ nicht lange auf sich warten: Ich nahm rasch zu.

Und ich plapperte. Teilweise war das schwer verständlich. In Angola hatte ich angefangen, Oshiwambo zu sprechen, die Sprache meiner Mutter. Meine Oma nannte ich *meme* – das Owambowort für «Mutter» –, Opa *dathe,* meiner eigenen Form von *tate,* «Vater». Später, als Janine sprechen lernte, übernahm ich von ihr «Oma» und «Opa».

Da Waltraud Schmieder ihren Urlaub nicht unendlich ausdehnen konnte, gab es keine andere Möglichkeit, als mich wieder in die Kinderkrippe zu schicken. Rudi Schmieder machte die Krippenleiterin schriftlich darauf aufmerksam, dass «geringste Erkältungen gegenwärtig noch zu entzündlichen Prozessen mit starkem eitrigem Ohrausfluss» führen. Und: «Wir hoffen, dass es mehr Freude als Probleme mit Stefanie gibt.» Mir wurde erzählt, dieser Wunsch hätte sich bewahrheitet.

Als ich ab Mitte August wieder in die Kinderkrippe kam, gab es natürlich Fragen. Seitens der Leitung, von anderen Eltern. Wo war Steffi denn so lange? Warum kann sie denn mit knapp drei Jahren noch nicht laufen?

Meine Oma wusste nicht recht, was sie antworten sollte. Denn die Lage war ein wenig kompliziert: Bis zu meiner Rückreise nach Angola war das Solidaritätskomitee für mich zuständig gewesen. Es hatte – zum Beispiel mit dem Bericht in *Für Dich* – dafür gesorgt, dass die Öffentlichkeit über mich informiert wurde. Denn das Solidaritätskomitee finanzierte seine Aktionen mit Spenden der Bevölkerung. Über die Jahrzehnte waren das mehrere Milliarden Ost-Mark.

Mit meiner Rückkehr war jedoch «die Volksbildung» für mich zuständig. Allerdings legte das von Margot Honecker geleitete Ministerium in meinem Fall überhaupt keinen Wert auf PR. «Wir hatten den Auftrag, das mit deiner Rückkehr nicht aufzubauschen. Im Ministerium wurde uns eingeschärft, deine Rückkehr sei eine Ausnahme. Eine rein private Sache», sagt meine Oma. «Wir erzählten dann auch niemandem, wie das abgelaufen ist. Das blieb in der Familie.»

Was nicht einfach war. Ich war nicht zu verstecken, sondern in meinem überschaubaren Kiez das einzige Kind aus Afrika: «Eine Integration war nicht gewollt. Dass wir ein schwarzes Kind aufnahmen, brach eine Regel», erklärt Waltraud Schmieder die Dimension der ungewöhnlichen Aktion. Opa habe sie damals gewarnt: «Du musst aufpassen, dass du nicht zu viel sagst, denn du wirst beobachtet.» Also schwieg sie.

Weil es offiziell hieß, ich dürfe nur für «vorerst zwei Jahre» bleiben, war ihr Motto auf lange Sicht: «Machen, bloß nicht fragen.» Sie befürchtete, dass man sonst auf mich aufmerksam werden könnte und meinen Fall wieder aufrollte, um mich erneut abzuschieben.

Diese Angst wurde zum Begleiter, zu ihrem und damit indirekt auch zu meinem.

Da Schmieders nichts vom Staat wollten, außer ihrer Ruhe, konnte ich nun gedeihen. Das hatte auch etwas mit Ines' Tochter Janine zu tun. Jenny, wie sie nur genannt wird, und ich kamen gleichzeitig in die Kinderkrippe, sie war acht Monate alt, ich knapp drei Jahre. Für uns beide war das ein Glücksfall. Mir wurde eine Schwester gewissermaßen geschenkt, und ihr blieb das Los eines Einzelkindes erspart.

Wir waren so unzertrennlich, dass Jenny einmal sagte: «Ich seh genauso aus wie du.» Mit «du» meinte sie mich. Dabei war sie das Gegenteil von mir: ein zartes blondes Mädchen mit blauen Augen. Als mein Opa, der natürlich unser gemeinsamer Opa war, versuchte, uns beiden unsere voneinander abweichenden Nachnamen beizubringen, fragte er Jenny: «Na, wie heißt du nun?» Sie antwortete: «Jenny Aukongo.»

Ines, die noch im Babyurlaub war, sprach sich mit ihrer Mutter so ab, dass die eine uns brachte und die andere uns abholte. Zwei Kinder, ein Aufwasch. Sosehr Jenny und ich uns liebten (und geliebt wurden), so unterschiedlich waren wir. Mich konnte man wie eine Puppe anziehen und absetzen; ich blieb wie gewünscht auf meinen vier Buchstaben sitzen. Jenny dagegen, kaum angezogen, fetzte sich die Kleidung wieder vom Leib und raste, sobald sie es konnte, davon. Die Brave und die Hyperaktive. Schwarz und Weiß. Ein sehr gemischtes Doppel.

«Dass ich ein eigenes Kind wollte», sagt Ines heute, «ist stark davon beeinflusst, dass du nach Afrika zurückgeschickt wurdest.» Sie wollte zurückhaben, was man ihr genommen hatte. Nun hatte sie an manchen Tagen schlagartig zwei Babys! In ihrer Einraumwohnung ging es eng zu, denn Ines wohnte dort mit Jenny und deren Vater. Für Ines bedeutete das zum

Beispiel doppeltes Windelwaschen. Weil es keine Wegwerfwindeln gab, musste sie die Windeln in zwei großen Töpfen kochen und auf dem Wäscheständer und am Ofen trocknen lassen.

Wenn bei Oma und Opa zu Hause das große Windelwaschen dran war, stand Opa morgens um drei auf. Um eine Stunde später mit seinem Trabant nach Karl-Marx-Stadt aufzubrechen, wo die Eisläuferinnen trainierten. Trotzdem sorgte er dafür, dass meine Therapien immer eingehalten wurden. Für die Gymnastik mit mir legte er die Schallplatte «Traumzauberbaum» auf. Mir kam es so vor, als würden wir uns dazu kabbeln und im Armdrücken versuchen. «Doller, Steffi, doller!», rief Opa. Ich merkte gar nicht, dass das eigentlich eine Physiotherapiestunde war.

Im März des folgenden Jahres musste trotz aller Gymnastik das linke Bein operiert werden. Ines gelang es, dass sie ein Bett in meinem Krankenzimmer bekam. Sie war da, als ich in den Operationssaal geschoben wurde und wieder aufwachte. Nun war meine Achillessehne ein gutes Stück länger. Wenngleich noch immer deutlich kürzer, als sie sein sollte. Jeden Abend vor dem Schlafengehen musste ich eine Plastikschiene anlegen, die meinen Fuß in einen bestimmten Winkel brachte. So wurde erreicht, dass ich endlich laufen konnte. Jahrelang benutzte ich die Schiene – und konnte sie selbstverständlich nicht leiden.

Da Ines die Einraumwohnung in Prenzlauer Berg, die noch in Laufnähe zu ihren Eltern lag, zu klein geworden war, zog sie mit Jenny und deren Vater in die Plattenbausiedlung Marzahn, den neuen Stolz der an Wohnungen knappen Hauptstadt. Kurz danach begann sie wieder ihren Dienst als Stewardess. Nun war meine Oma stärker gefragt, ebenso Petra. Jenny besuchte zum Glück weiterhin unsere alte Krippe und später den nebenan gelegenen Kindergarten, den ich bereits besuchte. Weit hatten wir es nicht – vorn aus dem Haus heraus, quer über die große Wiese, auf der im Sommer die Wäsche trocknete.

Wenn es morgens schnell gehen musste, kam ich mit meinem Humpelbein nicht so rasch voran. Dann tauschten Jenny und ich die Plätze: Sie musste laufen, und ich durfte in die Kinderkarre. Mit der Zeit merkte Jenny, dass ich auf Hilfe angewiesen war. Wenn ich etwa ganz dringend auf die Toilette musste und eine lange Schlange war vor mir, griff sie einfach meine Hand. Gemeinsam marschierten wir nach vorn. «Meine Schwester muss ganz dringend!», tönte Jenny.

«Meine Schwester …»

Oma stärkte unser Zusammengehörigkeitsgefühl, indem sie uns die gleichen hübschen Kleider schneiderte. Wenn wir etwas geschenkt bekamen, hatte Gleichberechtigung zu herrschen. Einmal erhielten wir zu Weihnachten zwei Kuscheltiere. Es waren niedliche, runde Nilpferde, groß wie Fußbälle. Das eine war hellblau, das andere grau. Nanu, die waren nicht identisch! Ohne groß zu überlegen, nahm Jenny das hellblaue Stofftier an sich, und ich freute mich über meinen neuen grauen Freund. Später fiel mir auf, dass eines seiner Ohren verstümmelt war. Es verbarg sich in einer Naht des Kopfes.

Begriffe wie «Perfektionismus» oder «Fehlbildung» – damit konnte ich noch nichts anfangen. Aber ich fühlte, dass es bei diesem Ohr auch um mich ging. Darum überprüfte ich, ob Jennys Nilpferd ebenfalls eine solche Unschönheit hatte, aber es sah «normal» aus.

Am nächsten Morgen erzählte ich unserer Oma aufgebracht von meinem kranken Nilpferd. Sie erklärte: «Gott liebt alle Menschen und Wesen. Gerade die, denen es nicht so gutgeht, die mag er besonders.» Wenn ich die Worte erst Jahre später richtig verstand, so berührten sie mich in diesem Moment tief.

Dieses Nilpferd wurde zu meinem Freund, und ich gab ihm den Namen «Mister Hugo».

Scheinbare Kleinigkeiten wie Mister Hugos schiefes Ohr sind mir so lebendig in Erinnerung, weil in meiner Welt ansonsten Harmonie herrschte. Wenn ich morgens aufwachte, hörte ich die Vögel zwitschern, und ich freute mich auf den Tag. Ich lauschte auf die Geräusche aus der Wohnung, wo Oma und Opa irgendetwas verrichteten, bis ich mich auf die Suche nach ihnen machte. Schliefen sie am Wochenende noch, wenn ich schon wach war, krabbelte ich zu ihnen ins Bett, um ein bisschen zu kuscheln.

Ich brauchte diese schützende Seifenblase, in der ich aufwuchs. Denn in meinem Seelenleben herrschte nach wie vor innerer Aufruhr. Das war mir natürlich nicht bewusst, ich kannte nur meine schrecklichen Albträume. Meine Pflegeeltern ließen nachts eine Lampe brennen, damit die Dunkelheit mich nicht allzu sehr ängstigte. Dass ich im Schlaf das Bett einnässte, bekamen sie dennoch nicht in den Griff. Da half nur, die Matratze mit einem dünnen Plastikschutz zu beziehen.

Ich war sehr lange ein Kind, das viel Liebe und Zuwendung beanspruchte. Wahrscheinlich musste ich etwas nachholen, das mir zuvor gefehlt hatte.

Anfangs hatte es geheißen, die «vorläufige Pflegschaft» sollte für zwei Jahre gelten. Inzwischen waren vier vergangen, denn die Taktik der Schmieders, keine schlafenden Hunde zu wecken, war aufgegangen. Was vor allem an der freundlichen Frau Gollnick vom Rat des Stadtbezirks Prenzlauer Berg lag, die als Sachbearbeiterin für mich verantwortlich war, nachdem das Volksbildungsministerium die Zuständigkeit für mich abgegeben hatte. Frau Gollnick hatte für meine ungewöhnliche Situation viel Verständnis.

Meine Oma drückt das so aus: «Das eine war der Staat, das andere waren die Menschen.»

Doch die Schmieders wussten, dass eine Zeit bevorstand, in der «der Staat» fragen würde, was aus Stefanie Aukongo geworden ist.

Nichts für die Elite

Für die Schule war ich eigentlich zu verspielt; ich orientierte mich lieber an meiner kleinen Schwester Jenny. Darum hätte meine Oma es lieber gesehen, wenn man mich noch ein weiteres Jahr im Kindergarten behalten hätte. Doch mit Beginn des Schuljahres 1985/1986 wurde ich sieben. Und das Volksbildungsministerium hatte festgelegt, dass ich spätestens zu diesem Zeitpunkt mit «afrikanischen Menschen» aufwachsen sollte, wie es Frau Honeckers Stellvertreter formuliert hatte. Das bedeutete, dass ich bei den namibischen Kindern in Bellin integriert werden sollte.

Ein solcher Wechsel hätte nicht nur mich betroffen, sondern ebenso Jenny. Denn wenn ich nicht mehr in der Prenzlauer Allee leben konnte, sondern viele Stunden entfernt, irgendwo auf dem Land in Mecklenburg – wie sollte man ihr das erklären? Sie war erst vier Jahre alt und so etwas wie mein weißer Schatten. Uns zwei für immer trennen? Wer wollte sich so etwas vorstellen? Oder es gar verteidigen?

Noch dazu, wo meine Pflegeeltern wussten, wie ungern ich mich von ihnen trennte. Das hatten sie bereits im Februar 1985 erlebt, als sie mich für acht Wochen zur Kur ins Erzgebirge schickten. Ich heulte wie ein Schlosshund und klammerte mich vergeblich an Oma und Opa.

Die bevorstehende Aktion mit den «afrikanischen Menschen» gingen meine Pflegeeltern deshalb umsichtig an: Sie schickten mich zunächst für einige Wochen zu den SWAPO-Kindern in den mecklenburgischen Weiler Bellin. In Prenzlauer Berg hatte ich nie einen schwarzen Menschen gesehen, mir war nie bewusst geworden, dass ich anders war. In Bellin waren auf einmal nur afrikanische Kinder. Und es erging mir dort wie allen, die keine schwarzen Gesichter gewohnt sind – für mich sahen die Mädchen und Jungen aus Afrika gleich aus.

Inzwischen lebten dort nicht mehr 80, sondern bereits 130 Jungen und Mädchen. Und weitere Veränderungen standen an: Die SWAPO und das Volksbildungsministerium hatten vereinbart, dass zusätzlich 50 Kinder in Bellin aufgenommen werden sollten. Das war aber zu viel für das außen zwar nobel wirkende, innen jedoch sehr schlicht eingerichtete Schloss aus der Jahrhundertwende. Aus diesem Grund sollten die 80 ältesten Jungen und Mädchen im Sommer nach Staßfurt in Sachsen-Anhalt umziehen.

Von den insgesamt 430 namibischen Kindern, die zwischen 1979 und 1989 in Bellin und Staßfurt lebten, war kein einziges behindert. Was erstaunlich ist, wenn man weiß, dass durch den Krieg – besonders durch das Massaker in Cassinga – unzählige Kinder verstümmelt wurden. Doch die SWAPO schickte ausschließlich Jungen und Mädchen in die DDR, die später einmal – wie es hieß – die «Elite» eines von Südafrikanern befreiten Namibias bilden sollten. Ein verschüchtertes, gehbehindertes Mädchen mit einer leicht gelähmten Hand und allen möglichen anderen Problemen erschien der Befreiungsbewegung dazu wenig geeignet.

Meine Unzulänglichkeiten tricksten den von offiziellen Stellen ausgeheckten Plan aus, mich bei den SWAPO-Kindern zu integrieren. Ich wurde nach Hause geschickt.

Beim in Berlin folgenden Einschulungstest hieß es: «Du bist ja ganz schön klein, und richtig konzentrieren kannst du dich auch nicht.» Schließlich fiel das Wort «Sonderschule».

Es stimmte zwar, dass ich mit allem reichlich langsam war. In diesem Moment war mir trotzdem klar, dass ich nicht in eine Sonderschule gehen wollte, sondern in so eine, wie sie demnächst meine Freundinnen aus der Vorschule besuchen würden. Meine Pflegeeltern unterstützten mich bei meinem Wunsch, wenn auch aus anderen Gründen: «Das Kind wäre mit Sicherheit auf der Sonderschule die Beste, aber das ist nicht der Anspruch, den wir haben. Sie soll sich auf einer normalen Schule durchboxen.»

Das ist der Vorteil von Eltern, die selbst ihr Leben lang gekämpft und dadurch gelernt haben, dass man etwas nur auf diese Weise schafft. Aber ich hatte natürlich keine Ahnung, auf was ich mich damit einließ! Steffi und kämpfen – das war damals nicht unbedingt ein und dasselbe.

Darum war der 1. September 1985, der Tag meiner Einschulung, ein schrecklicher Tränentag, den ich nie vergessen werde. Wobei er erst einmal mit einer positiven Überraschung begann. In Form einer Schultüte, die größer war als ich. Aber ich war ja auch nur ein laufender Meter. Die Tüte war eckig und bunt, mit einem aufgemalten Kindergesicht. Gehen konnte ich damit nicht, dafür war sie zu groß. Alle konnten ihre Schultüte tragen, ich nicht – was mich sehr ärgerte.

Zu den angenehmen Erinnerungen an diesen Tag gehört Synke, die sich an diesem Morgen ebenfalls zum ersten Mal auf den Schulweg machte. Ich hätte schon längst von ihr erzählen sollen. Sie war die zweite Schwester meiner Kindheit und wohnte zwei Stockwerke unter den Schmieders, im Erdgeschoss. In einem Fotoalbum gibt es ein Bild von einem Kinderwagen, der auf der großen Wiese vor unserem Haus steht. Zwei Beine hängen heraus – eines ist weiß, das andere schwarz: Synke und ich.

Synke hatte stets Angst, dass ich nach Afrika zurückmüsste und ihr somit «weggenommen» würde. Um uns auf ewig miteinander zu verbinden, wollten wir eines Tages Blutsschwestern werden. Die Zeremonie sollte der von Winnetou und seinem weißen Freund Old Shatterhand gleichen. Doch wir waren kleine Mädchen, und das Messer, das wir uns ausgesucht hatten, erschien uns plötzlich viel zu groß, um uns damit in die Finger zu schneiden. Wir saßen auf der Treppe vor dem «Konsum»-Laden mit dem Messer in der Hand und trauten uns nicht. Als Nächstes versuchten wir es mit einer Nadel. Schließlich sagten wir uns, sollten wir wieder mal hinfallen, was öfter geschah, würden wir das Blut von unseren Knien auf ein Taschentuch drücken und austauschen. Leider hat unser Hinfall-Timing nie gestimmt …

Und dann kam unser erster Schultag. Gemeinsam mit unseren Familien gingen wir die Straßen entlang, die unser späterer Schulweg sein würden. Schon von weitem sah ich die Menschentraube, all die Kinder, die Eltern, Großeltern und Verwandten. Da kam auf einmal dieses Gefühl hoch, von ganz tief unten aus meinem Bauch. Ich war ihm hilflos ausgeliefert, fing an zu heulen. Synke versuchte mich zu beruhigen: «Ist doch total schön hier, die ganzen Kinder, wir können hier spielen, lernen und schreiben.» Tränenüberströmt sagte ich: «Nein! Ich will wieder nach Hause!»

Zwei erste Klassen versammelten sich vor der Aula der Fritz-Große-Oberschule, der 11. Polytechnischen Oberschule in der Erich-Weinert-Straße. Jede mit rund dreißig Schülern. Und eine der Erstklässlerinnen weinte sich die Seele aus dem Leib und weigerte sich, in die Aula zu gehen – ich. Als ich mich endlich wieder einigermaßen beruhigt hatte, sagte jemand: «So, und nun reicht euch die Hände, damit wir hineingehen können.» Aber weil ich die Letzte war, konnte ich mich nicht neben Synke aufstellen, die ganz vorn stand.

Der Junge neben mir streckte seine rechte Hand meiner linken entgegen. Ich merkte, dass etwas nicht stimmte. Die Hand des Jungen hatte nur drei Finger! Ohne Vorwarnung brach mein komplettes seelisches Inferno los. Meine Tränen wollten gar nicht mehr aufhören. Ich dachte auch nicht an den armen Mitschüler, war verloren in meiner Welt aus Ängsten und Verzweiflung. Es war nichts mehr zu retten!

In dieser Minute trat Frau Wysotzki in mein Leben und sorgte dafür, dass ich Synke die Hand reichen durfte. Eigentlich war Renate Wysotzki nur meine Klassenlehrerin, doch mit diesem Augenblick wurde sie der gute Geist meiner folgenden vier Schuljahre.

Es heißt ja oft, dass man in der Schule den Ernst des Lebens kennenlernt. Mir war er schon lange zuvor begegnet. Zumindest in den vier Jahren, die Frau Wysotzki meine Lehrerin war, traf ich ihn nicht wieder. In dem braunen Plastikordner mit der Aufschrift «Zeugnisse» stehen in ihrer schönen Schrift verfasste «Gesamteinschätzungen»: «Stefanie ist sehr aktiv bei der Bewältigung schulischer und gesellschaftlicher Anforderungen. Sie verfügt über eine stabile ausgeglichene Gefühlslage und ist meist heiter. Im Klassenkollektiv nimmt sie einen geachteten Platz ein und hat viele Freunde, weil sie rücksichtsvoll ist, bereitwillig teilt und anderen gern hilft. Stefanie leistet eine vorbildliche Pionierarbeit. Dafür wird sie mit einem Buch ausgezeichnet.» Mit den Noten «sehr gut» in Betragen, Ordnung und Fleiß und «gut» in Mitarbeit wurde ich in die zweite Klasse versetzt. Alle anderen Noten fielen ähnlich aus, nur im Werken hatte ich eine Drei. Ein Schönheitsfehler, der schon im nächsten Jahr korrigiert wurde, da hatte ich dann eine Zwei. Fleißig und hilfsbereit war ich nach wie vor, sogar «konzentriert und zielbewusst».

Konzentriert und zielbewusst – ich? Eine «stabile ausgeglichene Gefühlslage»? Es gibt wohl kaum jemanden, auf den das weniger zutrifft als auf mich!

Auch wenn Frau Wysotzki ein etwas anderes Bild von mir hatte als ich selbst, so waren die Jahre bei ihr doch die schönsten meiner Schulzeit. Dennoch erinnere ich mich an so wenig, und darum rufe ich Synke an, um mehr von ihr zu erfahren.

«Super», sagt sie, «wir treffen uns bei meiner Mutter und quatschen über alte Zeiten. Vielleicht solltest du auch Frau Wysotzki anrufen und sie bitten, zu kommen?»

Unsere einstige Lehrerin zögert keine Sekunde mit ihrer Zusage.

Schmalzstullen

Wenigstens Blumen muss ich zu der Verabredung mitbringen, das hätte ich fast vergessen. Es ist schon lange her, dass ich aus der Prenzlauer Allee fortgezogen bin. Seitdem fahre ich nur gelegentlich mit dem Auto durch meinen alten Kiez, wenn die üblichen Schleichwege verstopft sind. Ich eile in den Kaiser's-Supermarkt. In meiner Kindheit hieß der «Konsum», und wenn die Verkäuferin mich entdeckte, rief sie fröhlich: «Da kommt ja die Steffi.» Und gab mir für ein paar Pfennige ein Softeis.

Den Häusern schräg gegenüber sieht man nicht mehr an, dass sie in den fünfziger Jahren rasch errichtet wurden; sie wurden nach dem Fall der Mauer aufwendig saniert. In dem Karree der fünfstöckigen Wohnbauten ist es ruhig, den Lärm der nahen Straßenkreuzung hört man nicht. Bevor ich mich auf den Weg zu dem Treffen mit Synke machte, kramte ich den alten Schulaufsatz heraus, der von mir verlangte:

«Schildere, was dich mit deiner Straße verbindet.» Ich hatte mit den Worten begonnen: «Meine Heimat ist Berlin, denn dort wurde ich geboren.» Danach schrieb ich: «Die Lage ist herrlich, hier gibt es viele Bäume und Büsche, eine große Wiese und einen noch größeren Spielplatz. Da ich dort seit meiner Geburt wohne und alle Leute mich kennen, fühle ich mich sehr wohl. Abends, wenn ich im Bett liege, höre ich die Geräusche der vielen Autos, das Quietschen der Straßenbahnen und das Tuten der Feuerwehren, der Polizeiautos sowie die Sirenen der Kranken- und Rettungswagen. Da weiß ich, dass irgendwo in der Stadt wieder etwas passiert ist, und ich fühle mich dann in meinem Zimmer richtig sicher und wohl, während in der Stadt das Großstadtleben abrollt. Da unsere Wohnung so schön im Grünen liegt, kann ich die vier Jahreszeiten immer verfolgen und unmittelbar miterleben. Im Winter, wenn bei uns große Kälte ist, sind die Eisblumen an den Fenstern zu bewundern, und Busch und Baum sehen wie mit Puder bestreut aus, wie eine Märchenlandschaft.»

Der Ort meiner Kindheit ist auch heute noch eine Insel in der Großstadt. Die schmale Zufahrtsstraße sperrt jetzt eine Schranke ab, die nur Anwohner öffnen dürfen. Auf dem kleinen Platz vor der Hausnummer 128, wo die Männer am Samstag ihre Trabbis und Mopeds putzten, kann man also nicht mehr parken. Die Wiese mit den gespannten Wäscheleinen ist inzwischen durch einen nagelneuen Zaun geschützt, aber man kann weiterhin die Wäsche zum Trocknen aufhängen. Auch das Müllhäuschen steht noch, neu verputzt. Als Kind kletterte ich mit Synke hinauf, und es waren mindestens fünf Stimmen, die gleichzeitig aus den Fenstern riefen, dass wir das nicht durften …

In den tief nach unten gezogenen französischen Fenstern brennt an diesem frühen Winterabend schon Licht. Ich sehe zwei Mädchen vor mir, die den Nachmittag auf dem Spielplatz hinter dem Haus verbringen. Wenn sie Hunger und Durst haben, bedienen sie sich aus den Eimern, die an Stricken aus dem Erdgeschossfenster von Synkes Wohnung hängen. In einem liegen die leckeren Schmalzstullen, die ihre Mutter geschmiert hat. Am anderen hängt eine Kelle, mit der wir den im Eimer befindlichen Himbeersirup in Becher schöpfen. Und die Kinder, die auch etwas haben wollen, werden immer mehr. Da muss man sich beeilen, will man nicht leer ausgehen. Aber Synkes Mutter füllt ständig nach.

Diese schöne Zeit endete, als Synke nach der ersten Klasse mit ihren Eltern wegzog. Sie wohnen noch immer ein paar Straßen weiter in dem Altbau. Inzwischen ist viel passiert. Synke und ich sahen uns einmal ein ganzes Jahrzehnt lang nicht, obwohl wir beide erst dreißig sind …

Ich bin zu spät dran. Aber das kennen sie von mir, irgendwer wird eine Bemerkung fallenlassen: «Klar, in Afrika ist Unpünktlichkeit normal.» Am besten, ich komme ihnen zuvor und sage es gleich selbst, wenn ich die Blumen abgebe.

«Ach, die Steffi, schön, dass du da bist!» Synkes Mutter öffnet sofort nach meinem Läuten die Tür, ihre Stimme ist dunkel und warm. Im Flur brennt Licht, die Möbel sind alt und gediegen. Ein vertrauter Geruch durchzieht die Räume, es ist wie nach Hause kommen. Synke ist mehr als einen Kopf größer als ich, wir umarmen uns lange. Ich kämpfe mit den Tränen und lache gleichzeitig – auch das ist ihnen nichts Fremdes bei mir. Synkes Mutter führt mich zur Wohnküche, auf dem rustikalen Holztisch steht ein dunkler Tontopf, bis oben gefüllt mit Schmalz. Die frischen Brotscheiben liegen daneben.

«Du magst doch noch mein Schmalz?», fragt Synkes Mutter, und Synke grinst breit: «Hüftgold!» Egal, ich bin nicht zum Abnehmen hier, sondern um in Schmalz und golden verklärter Erinnerung zu schwelgen. «Weißt du noch», beginnt Synke, «wie meine Mutter früher die beiden Eimer aus dem Fenster gehängt hat?» Wir seufzen beide gleichzeitig. Synke fährt fort: «Wir Kinder im Kiez sind total behütet aufgewachsen. Auf unserem Schulweg konntest du sicher sein, dass irgendeine Gardine immer wackelte, weil jemand dahinter stand und uns beobachtete. Auf dem Rückweg ging's oft zum Bäcker, der uns

Kuchen schenkte. Dir sah man's immer an, wegen des Mehls rund um deinen Mund. Dann gingen wir weiter durch die Kirschallee.»

Wir selbst gaben der schmalen Siedlungsstraße den Namen, weil die Zierkirschen im Frühling so schön rosa blühten, als hätte sie jemand für den «Traumzauberbaum» erfunden.

«Als wir klein waren», erzählt Synke weiter, «sagten wir allen, dass wir Schwestern seien. Wir verstanden nicht, wieso die uns nicht glaubten.» Und dann sagt sie noch: «Wenn ich malte, nahm ich nie braune Farbe.»

Aber schon mischt sich Melancholisches in unsere Zeitreise. «Wir ließen uns immer etwas einfallen. Nachdem das mit unserer Blutsschwesternschaft nicht geklappt hatte, wollten wir wenigstens eine Erinnerung an den anderen haben. Eine abgeschnittene Locke etwa. Gesagt, getan. Du hattest von mir auf einmal ein ganzes Büschel Haare in der Hand, was man aber bei der Länge gut verdecken konnte. Bei dir war es schwieriger, deine waren damals noch kurz und kraus. Am Ende hattest du ein paar kahle Stellen auf dem Kopf, die man deutlich sah. Da gab es richtig Ärger mit deinem Opa. Er ging in die Schule und verlangte von Frau Wysotzki, dass sie uns auseinander setzt.»

Meine Haare! Nachdem all die Eiterbeulen mühsam verheilt waren, wuchsen sie wieder nach, langsamer, als eine Schnecke kriecht. Wenn sie gekämmt werden mussten, ziepte es furchtbar. Bis eine Namibierin, die später in meinem Leben eine wichtige Rolle spielen sollte, meinen deutschen Müttern den Trick mit der Vaseline verriet, die krauses Haar kämmfreundlich macht.

An Opas Auftritt in der Schule kann ich mich nicht erinnern. Nur daran, dass erst in der dritten Klasse meine Haare so lang waren, dass sie für zwei kleine Knoten an den Seiten reichten.

Frau Wysotzki stößt nun zu unserer Schmalzstullenrunde

hinzu, eine schmale, zarte Frau mit wachen Augen. Im Vorjahr wurde sie pensioniert, mit fünfundsechzig. Doch sie versprüht noch die gleiche Energie wie früher. «Wenn Eltern nicht zum Elternabend kamen», sagt sie, «bin ich ein paar Tage später bei ihnen aufgekreuzt.» Sie erinnert sich an einen unkomplizierten Umgang der Menschen miteinander: «Jeder ließ jeden in die Wohnung. Wir hatten nichts zu verbergen.» Die Schmieders besuchte sie, weil sie erfahren wollte, woher ich eigentlich kam. «Du warst ein besonderes Kind», sagt meine einstige Lehrerin. «Du hast sehr gut gelernt, warst immer artig, hattest keinen Widerspruchsgeist. Eigentlich eine unauffällige Schülerin.»

Steffi, das stille Kind … Ich entgegne dem auch jetzt nichts, denke mir nur meinen Teil. Mit Beginn der Schulzeit entwickelte ich so etwas wie eine Strategie, um «unauffällig» zu sein: Irgendwann in der ersten Klasse beschloss ich, mich nicht mehr zu melden. Ich wollte einfach nichts Falsches sagen. Nicht weil ich befürchtete, deshalb ausgelacht zu werden. Es sollte nur niemand denken, ich passe nicht in diese «normale» Schule.

Gleichzeitig merkte ich, dass es mir schwerfiel, viele Informationen auf einmal zu verarbeiten. Das Einmaleins bis zur Sieben reicht aus, entschied ich. Bei den Schulaufgaben ließ ich mir spätestens ab der dritten Klasse nicht mehr helfen. «Ich mach das schon, kein Problem», sagte ich zu meiner Oma. Sie sollte nicht merken, dass ich beispielsweise das Einmaleins mit der Acht nicht konnte. Obwohl es mir irgendwie gelang, mich als selbsternannte glückliche Zahlen-Legasthenikerin halbwegs durchzuschummeln, stresste mich der Spagat zwischen den Anforderungen, die an mich gestellt wurden, und dem, was ich leisten konnte, enorm. Die Angst, im Fall meines Versagens nicht mehr geliebt und dann fortgeschickt zu werden, verschloss mir den Mund. Das einzige Ventil, das ich später für meinen Kummer fand, war das Tagebuch. Dort schrieb ich alles hinein, was mich bedrückte. Weder meine Familie noch meine Freunde und erst recht nicht die Lehrerin bekamen von meinen inneren Nöten etwas mit. Sie alle sollten nur die Fassade sehen – die freundlich lächelnde Steffi.

Die Gespräche am Küchentisch bestätigen, dass mein anstrengendes System funktioniert hat. Meine frühere Lehrerin bekräftigt, dass ich keinen Bonus für mein Anderssein bekommen hätte und somit bessere Zensuren. Durch meine Pflegeeltern wusste Frau Wysotzki, welche Bedeutung gute Noten für mich hatten. Denn wenn meine Oma jedes halbe Jahr meine Zeugnisse Frau Gollnick vom Stadtbezirk vorlegte, war es ihr wichtig, meine Lernerfolge schwarz auf weiß dokumentieren zu können. Solange über mich nichts Gegenteiliges bekannt wurde, durfte ich weiterhin im Schatten einer Bürokratie leben, die genügend anderes zu tun hatte, als sich um ein Schulmädchen zu kümmern.

Meine Angst, eines Tages wieder zurückgeschickt zu werden, war mir nicht bewusst. Sie lauerte vielmehr in meinem Hinterkopf. Wie ein Gewitter, das noch fern ist, von dem man aber weiß: Es wird kommen, dagegen kann man nichts machen.

Synkes Mutter stellt duftenden Zwiebelkuchen auf den Tisch, den sie gerade aus dem Ofen geholt hat. Meine kurzzeitig schwermütigen Gedanken verfliegen, als Synke sagt: «Opa Schmieder hat dich wirklich verwöhnt.» Vielleicht, weil er befürchtete, mich ein weiteres Mal Knall auf Fall in ein ungewisses Leben entlassen zu müssen? Ich muss an unseren Garten in Buchholz denken. Auf dem weitläufigen Grundstück am Stadtrand schuf Opa ein Paradies. Ich erinnere mich an eine Naturidylle mit Birken und Trauerweiden, Apfel-, Birn-, Pflaumen- und Kirschbäumen, Sträuchern voller Johannis- und Stachelbeeren und Gemüsebeeten.

Mittelpunkt des Grundstücks war der Teich, der vom Grundwasser gespeist wurde. Jenny wollte mich zum Züchten von Kaulquappen verleiten. Aber solche Sachen waren nichts für mich. Am liebsten baute ich mit ihr oder Synke aus allem, was es auf dem Grundstück gab, Wasserfahrzeuge. Wir benutzten etwa die alte Badewanne aus Zink, alte Autoreifen oder Holzteile, um daraus mit Opas Hilfe Flöße zu bauen. Damit konnten wir vier verschiedene «Häfen» ansteuern. Abends wurde oft gegrillt, und anschließend verleitete Opa sogar die Erwachsenen zum Versteckspiel. Es gab keine Zwänge, was an ihm lag, der sich seine Kindlichkeit bewahrt hatte.

Für ihn war der Garten der Ort, an dem er von seiner Arbeit als Nationaltrainer abschalten konnte. Wie erfolgreich er sie ausübte, davon erfuhr ich wenig. Ab und zu nahm er mich in die Eissporthalle des DTSB in Hohenschönhausen mit. Da sah ich zwar Karin Enke oder Gunda Niemann herumflitzen, aber ich hatte keine Ahnung, dass diese jungen Frauen weltberühmt waren. Soweit ich mich erinnere, fanden die Athletinnen mich niedlich. So ein kleines Wesen, dem Strümpfe über die Schuhe gezogen wurden, wenn es sich aufs Eis wagte. Mein Opa wäre nie auf die Idee gekommen, dass ich auch nur ansatzweise auf Kufen stehen konnte. Da überwog seine Sorge, mir könnte etwas passieren.

Ich freute mich überhaupt nicht, wenn Frau Wysotzki eine Klassenfahrt ankündigte – wenig verwunderlich ist das nicht. Ich liebte unseren Garten und meinen Kiez viel zu sehr. Bis zur letzten Minute sträubte ich mich, aber Oma ließ nicht zu, dass ich mich drückte. Allen Tränen zum Trotz. Als die Runde am Küchentisch nun von den Klassenfahrten schwärmt, höre ich meistens schweigend zu. Es kommt mir vor, als liefe ein Film ab, den ich zwar gesehen, an den ich mich aber kaum erinnern kann.

Synkes Mutter fuhr immer mit, und sie erzählt von Übernachtungen mit der ganzen Klasse in Dorfschulen, je zehn Tage im Sommer und im Winter, organisiert von der «Volksbildung». «Und dann das Neptunfest in Dranske auf Rügen!», ruft Synke begeistert. «Der Neptun kam mit Häschern aus dem Wasser. Wir rannten weg, die Häscher hinterher, natürlich fingen sie einen. Dann wurde man mit Wasser eingeseift, musste einen Mix mit Senfbrause trinken, am Ende erhielt man eine Urkunde. Schließlich war man getaufter Neptunanhänger.» Ihre Mutter blickt mich an: «Wenn du aus dem Wasser kamst, hattest du Perlen im Haar.»

Steffi, die Ostseeprinzessin aus dem afrikanischen Busch ...

«Du hast alles mitgemacht. Aber du warst vorsichtig», erzählt Synke weiter. «Doch es gab auch keine Sonderbehandlung, unsere Klasse war ein Kollektiv.»

Das klingt nach DDR. Aber ich verstehe, wie Synke es meint: Sie ließ mich nicht im Stich, wenn ich mich etwa beim Schulsport als Letzte dem Ziel entgegenschleppte.

Plötzlich sind wir bei Zusammenhängen, die über die Schule hinausreichen. Synkes Mutter sagt: «Die Lehrer haben genau gewusst, welche Schüler Defizite hatten, darum wurde sich gekümmert. Da gab es Lernpatenschaften, und eure Patenbrigade waren die Rentner im Altersheim, mit denen ihr Lesen üben konntet.» Ich sah in ihnen freundliche alte Menschen, aber Frau Wysotzki korrigiert: «Es waren Antifaschisten, von denen einige im KZ gesessen hatten.»

Die Senioren unterstützten uns auch in der «Woche der Altstoffsammlung», indem sie Altglas und Papier für uns bereitlegten. Die «Sekundärrohstoffe», kurz «Sero» genannt, klapperten im Handwagen, wenn wir sie – unser blaues Pionierhalstuch um den Hals gebunden – zur Sammelstelle brachten. Auf einer Wandtafel in der Schule wurde notiert, welche Klasse sich am erfolgreichsten beteiligt hatte; unsere schnitt stets am besten ab.

Die Sero-Sammlung war ein «Pionierauftrag», und ich war gern Jungpionier; bis auf wenige Ausnahmen wurde es jeder mit Eintritt in die erste Klasse. Ich beherzigte die «zehn Gebote der Jungpioniere» – die ersten drei lauteten: «Wir Jungpioniere lieben unsere Deutsche Demokratische Republik. Wir Jungpioniere lieben unsere Eltern. Wir Jungpioniere lieben den Frieden.» Meinen Eltern und der DDR verdankte ich ein glückliches Leben, es war leicht, sie zu lieben. Und das achte Gebot gefiel mir auch: «Wir Jungpioniere singen, tanzen und spielen gern.» Welches Kind hätte das nicht geschworen? Das neunte Gebot beinhaltete, dass wir Sport treiben und unseren Körper sauber und gesund halten sollen. Machte ich alles, und Frau Wysotzki notierte es lobend im Zeugnis.

Fast die ganze Klasse meldete sich zum Judo-Training an. Einmal pro Woche ließ ich mich umwerfen – ich war doch immer die Kleinste von allen. Mitfühlende Trainer erlaubten, dass ich als Achtjährige mit Fünfjährigen kämpfte. Allen Pioniergeboten zum Trotz – mehr als den gelben Gürtel schaffte ich nicht. Den kann man zwar schon mit sieben Jahren erkämpfen, aber ich hatte immerhin mitgemacht …

«Wir Jungpioniere sind gute Freunde und helfen einander» – damit waren auch die Menschen im Altersheim gemeint: Für Weihnachten wurde gebastelt, gefaltet und geklebt, damit die Senioren sich über Geschenke freuen konnten. Doch die Erinnerung an Weihnachten gehört in einen anderen Zusammenhang …

Bevor ich zu sentimental werde, verabschiede ich mich von der Schmalzstullenrunde.

Es nieselt, die Nacht ist kalt. In meinem Kopf klingen die Gespräche nach. Obwohl es nicht weit ist bis zu meiner einstigen Schule und dem Altersheim, in dem die Patenbrigade wohnte, fahre ich nicht hin. Synkes Mutter hatte gesagt, dass beide Gebäude vor kurzem abgerissen wurden. Die Schule wäre asbestverseucht gewesen, das Altersheim passte nicht mehr in die Zeit – so wolle heute niemand mehr wohnen.

Ich habe keine Lust, heimzukehren. Ich weiß, ich werde nicht schlafen können. So vieles ist an diesem Abend nicht gesagt worden. Kein schlechtes Wort fiel über die DDR. Doch unter der Oberfläche meiner heilen Kinderwelt gab es Risse. Die Wolken der Harmonie, auf die ich gebettet war, ließen mich die Wirklichkeit selten erkennen. Trat dieser Fall einmal ein, sah ich lieber nicht so genau hin. Und meine Familie tat alles dafür, dass es so lange wie möglich so blieb.

Wenn die Briefe aus Afrika kamen

Nachdem Synke aus der Prenzlauer Allee fortgezogen war, läutete morgens oft ein Nachbarsjunge an unserer Wohnungstür, über dessen Familie ich nicht viel wusste. Wenn meine Oma bereits zur Arbeit aufgebrochen war, frühstückte Steve mit Opa und mir. Opa erzählte währenddessen lustige Geschichten, und in guter Laune machten wir uns anschließend auf den Schulweg.

Gelegentlich legte ich mit Steve auf dem Rückweg ebenfalls eine kleine Pause in der Bäckerei ein. Es war seine Oma, die dort arbeitete und uns mit Schrippen versorgte. Steve wollte die frischen Brötchen jedoch nicht nur essen; er hatte dafür noch eine andere Verwendung: Er stopfte damit die Auspuffrohre geparkter Autos zu und machte mir weis, dass das nicht schlimm sei.

Gelegentlich sah ich Steve auf der Straße, wenn er mit seinem Vater unterwegs war. Der ging mit riesigen Schritten, sein Sohn konnte nicht mithalten und musste ihm hinterherlaufen. Das tat mir furchtbar leid für Steve, denn es war mir fremd, dass Erwachsene Kinder nicht liebevoll behandelten. Es verstörte mich, dass ausgerechnet mein Schulfreund einen Vater hatte, der so ganz anders war als meine Pflegeeltern.

In den Sommerferien sahen Steve und ich uns nie. Viele

Kinder verbrachten die acht Wochen in Ferienlagern, und da meine Oma bei der Sparkasse und Opa beim DTSB arbeitete, wurde ich abwechselnd in die Lager geschickt, die zu den Arbeitsstellen meiner Pflegeeltern gehörten. Für Oma und Opa bedeutete das, seitenlange Fragebögen ausfüllen zu müssen, damit die Betreuerinnen meine besonderen Gesundheitsprobleme berücksichtigten. Vor allem mein nach wie vor eiterndes Ohr war ein ewiges Übel, an das ich mich trotz immer wiederkehrender Schmerzen aber gewöhnte.

Gern fuhr ich zwar nie ins Ferienlager, akzeptierte es aber als unvermeidbar. Gelegentlich hieß es allerdings, dass ich einen Teil meiner Ferien gemeinsam mit den namibischen Kindern verbringen müsse. Obwohl es an die Ostsee gehen sollte, bat ich inständig, bei diesen Ferienwochen nicht allein fahren zu müssen. Leider durften weder Jenny noch Synke mit, was wir alle drei schrecklich ungerecht fanden. Synke kommentiert das kurz und bündig: «Wir hatten die falsche Hautfarbe.»

Meine Oma sagt heute: «Ob du wolltest oder nicht, du musstest zu deinen Kumpels.» Schließlich kam ich aus Afrika, und das durfte ich nicht vergessen. Wenn im Unterricht Afrika dran war, sagte Frau Wysotzki: «Es ist dort ganz warm, und die Leute sind braun. Die sehen da aus wie Steffi.» Ich fand es unangenehm, so im Mittelpunkt zu stehen, und war froh, wenn wir endlich einen anderen Kontinent durchnahmen.

Zu Hause standen drei Bücher über Afrika im Regal. Doch deren Texte waren auf Englisch abgefasst. Sie erzählten von den Menschen in Zeiten der Unabhängigkeit Angolas und Simbabwes oder von der Geschichte Namibias vor 1978. Das weiß ich heute, damals verstand ich kein Wort und konzentrierte mich folglich auf die Fotos. Daraus setzte sich ein Afrika-Bild zusammen, wie es andere deutsche Kinder zu jener Zeit wohl auch im Kopf hatten: Die Leute trugen Baströckchen, lebten in Strohhütten, hatten viel Spaß, und überall sprangen Äffchen herum. Genau so stellte ich mir meine Heimat vor.

Die SWAPO-Kinder, die ich im Ostsee-Ferienlager in Prerow traf, konnte ich damit nicht in Verbindung bringen. Die trugen wie ich Jeans, T-Shirts und Badeanzüge. Und sie sprachen inzwischen ebenso perfekt Deutsch wie ich. Meine Oma sagt dazu: «Wir hatten gedacht, du fährst zu den namibischen Kindern, damit deine Verbindung zu deiner Heimat bestehen bleibt. Aber die Jungen und Mädchen waren inzwischen ebenso europäisch wie du, die wussten ja auch nichts über Namibia. Viel gebracht hat das also nicht.»

Eine Namibierin konnte ich in den jeweils drei Wochen nicht werden, aber einige Worte Oshiwambo blieben bei mir hängen, die ganz lustig klangen: *walalapo* («Guten Morgen») etwa, oder *kaloponawa* («Mach's gut», «tschüss»). Der definitiv erste Begriff, den ich jedoch dort lernte, war *omatako*. Denn das wurde sehr oft gerufen. Und es war überaus praktisch, wenn die deutschen Erzieher nicht wussten, dass man damit das Gesäß in seiner unfeineren Bedeutung bezeichnet. Es gab aber auch Dinge, die man auf Oshiwambo nicht ausdrücken konnte. So war ein im heißen Sommer an der Ostsee gern geäußerter Wunsch: «Kauf mir bitte ein Eis!» In solchen Fällen musste man findig sein: *«Landelange o Eiscreme.»* Dieser Sprachmix, genannt «Oshideutsch», ließ meinen Kopf schwirren. Die anderen waren eine in langen Jahren zusammengewachsene Gemeinschaft; ich war nur Gast.

Ebenso wie meine Pflegeeltern versuchten, meine afrikanischen Wurzeln nicht verkümmern zu lassen, bemühten sich auch die Erzieher der namibischen Kinder darum. Wie sie das machten, war nach meinem Geschmack: mit Gesang und Tanz aus der uns allen fremden Heimat. Allerdings hatten die Lieder weniger mit Namibia zu tun als mit dem Kampf um dessen

Freiheit, doch sie waren melodisch und eingängig. Ich liebte sie und sang sie begeistert mit, obwohl ich nichts verstand, denn sie waren in Englisch, Portugiesisch oder Oshiwambo.

Als ich von einem dieser Ferienlager zurückkam und die Schule wie üblich am 1. September begann, tauchte Steve morgens nicht wie erwartet auf, um mit Opa und mir zu frühstücken. Er kam überhaupt nicht wieder, nie mehr. In der Schule wurde darüber kein Wort verloren. In meinem Kinderherzen, das Veränderungen nicht verkraftete, klaffte eine Leerstelle. Soweit ich mich erinnere, hieß es, Steve wäre mit seinen Eltern «in den Westen» gegangen.

Viel anfangen konnte ich mit dieser Information nicht, der «Westen» war bei uns kein Thema. Dass Opa gelegentlich dorthin reiste, um seine Eisläuferinnen zu betreuen, dass er darum kleine Geschenke wie etwa meine Matchbox-Autos mitbringen konnte, das stand für mich noch in keinem Zusammenhang. Insofern blieb von Steves plötzlichem Verschwinden nur ein Bild: Ein Sohn läuft seinem Vater hinterher. Der Grenze durch Deutschland, von der ich mit meinen neun Jahren noch nichts wusste, verdanke ich aber meine erste dramatisch verlaufene «Männergeschichte» ...

Meine Kindertage waren so mit Terminen ausgefüllt, dass mir kaum Zeit blieb, Steve nachzutrauern. Nach wie vor musste ich zu Ärzten, denen ich mit unveränderter Abneigung begegnete. Außer dem Judo-Training engagierte ich mich in der AG Singen und ging zur AG Keramik im Pionierhaus. Abends um sieben war ich fix und fertig.

Im Keramikkurs arbeitete ich ab Herbst gewissermaßen im Akkord, um zu Weihnachten genügend Geschenke unter den Tannenbaum legen zu können. Weihnachten war der Höhepunkt des Jahres, dem Jenny und ich stets entgegenfieberten.

Wir lernten Gedichte und Lieder auswendig und schrieben gemeinsam kleine Theaterstücke. Am Weihnachtsabend führten wir sie auf und ergänzten unser «Programm» noch mit artistischen Einlagen. Danach folgte die Bescherung, eine wahre Zeremonie.

Jede Bastelarbeit wurde sorgfältig ausgepackt, das Geschenkpapier zur erneuten Verwendung im nächsten Jahr von Petra sorgfältig gefaltet.

Man begutachtete die Präsente, und ich wartete auf die wichtigste Frage: «Das hast du selbst gemacht, Steffi?» Dann nickte ich glücklich und stumm, genoss die kleinen Triumphe, die ich meinen Händen abgerungen hatte. Obwohl die nicht immer so wollten, wie ich es gern gesehen hätte. Die Anerkennung durch die Familie war das Schönste am Heiligen Abend. Und zum Schluss wurde eine Platte von Frank Schöbel und Aurora Lacasa aufgelegt, die mit ihren beiden Töchtern sangen: «Weihnachten in Familie, sieh, wie die Kinder sich freuen, wir wollen in Gedanken alle beisammen sein.»

Heute wäre es mir zwar peinlich, solchen Kitsch schön zu finden, damals aber brachte das Lied nicht nur die Summe der Glücksgefühle eines solchen Abends ganz gut auf den Punkt. Sondern auch meine ausgeprägte Sehnsucht nach Harmonie.

Die Briefe aus Afrika trafen nie zu Weihnachten ein. Sie kamen aus heiterem Himmel, wenn ich gar nicht daran dachte, dass ich noch eine vierte Mutter hatte. Sie waren gerichtet an «*My dear beloved child*» oder an «*My dear beloved daughter*». Kaum mehr als zwölf Zeilen, die sich in schwungvoller Schrift nach den namentlich aufgezählten Mitgliedern meiner Familie erkundigten. Wenn ich Clementines Briefe heute durchlese, fällt mir auf, dass in vielen nicht ein einziges Mal nachgefragt wurde, wie es mir ging, ob ich gesund oder glücklich war.

Da die Schmieders Englisch nicht beherrschten, wurde gewartet, bis Ines Zeit für die Übersetzung fand. Ich saß danach vor einem weißen Blatt Papier und wusste nichts zu antworten. Meine Oma drängelte ein wenig, und irgendwann standen ein paar Alibiworte von mir da, die Ines ins Englische übertrug und die ich anschließend abschrieb. Ich atmete auf, vergaß die Sache – bis der nächste Brief aus Afrika eintraf.

Mit den Jahren wurden sie fordernder, dann stand in ihnen, ich müsse in der Schule gut sein und immer fleißig lernen. Spätestens ab der dritten Klasse war das – wohlgemerkt: aus meiner heutigen, so viel klügeren Weltsicht – nicht ganz verkehrt. Da meine Oma die Zeugnisse ja gegenüber Frau Gollnick vom Rat des Bezirks rechtfertigen musste, nutzte sie die Briefe meiner Mutter entsprechend: «Siehst du, Steffi, deine Mutti meint auch, dass du mehr lernen musst.» Und ich dachte: Welche Mutter? Die in Afrika? Die ist weit weg, was weiß die schon!

Als Jenny ihre ersten Zeugnisse nach Hause brachte, spürte ich, dass mir da jemand im Genick saß. Denn meine Schwester sammelte eine Eins nach der anderen, und ich bekam zu hören: «Schau dir mal Jennys Zeugnisse an!» Ich freute mich für meine energiegeladene kluge Schwester mit gemischten Gefühlen, konnte meine Einstellung der Schule gegenüber aber trotzdem nicht ändern. Gleichwohl blieben mir die Mahnungen meiner Oma im Ohr, denn ihre Worte hatten Gewicht. Somit ließ der Druck, wieder weggeschickt zu werden, niemals nach. Ich wollte immer nur ein artiges Kind sein, allen Freude bereiten, nie unangenehm auffallen.

Was aber nichts daran änderte, dass ich nachts noch das Bett einnässte. Das war mir entsetzlich peinlich, obwohl ich nie ernsthaft ausgeschimpft wurde. Mein Opa sagte allenfalls: «Mensch, Steffi, was hast du denn jetzt wieder gemacht! Du bist doch schon so groß!» Also riss ich mich so gut es ging zusammen, damit das nicht wieder passierte. Und dann geschah es doch. Mein Schlaf wurde so leicht, dass ich sofort danach erwachte, ins Bad schlich und versuchte, Laken und Schlafanzug zu trocknen. Die Erfolge dieser nächtlichen Aktionen waren leider oftmals bescheiden.

Mit neun Jahren rückte Afrika dennoch näher an mich heran. In der DDR musste man Russisch lernen, meine Pflegeeltern aber meinten: «Wenn Steffi nach Afrika zurückmuss, was nützt ihr da Russisch?» Es schien weitsichtiger, mich beizeiten jene Sprache lernen zu lassen, in der auch die Briefe meiner Mutter abgefasst waren. Englisch sollte laut Lehrplan von der siebten Klasse an unterrichtet werden. Unter Umständen war das zu spät für mich – bis dahin hätte ich schon fort sein können. Da kamen meine Pflegeeltern auf die Idee, mich an der Volkshochschule Englisch lernen zu lassen. Die Leitung wandte zwar ein, dass eine Volkshochschule der Erwachsenenbildung dienen würde. Und ich ging gerade in die dritte Klasse! Aber mir wurde eine Sonderregelung gewährt. Wieder einmal.

Von nun an verbrachte ich jeden Dienstagabend von 17 bis 21 Uhr in der Volkshochschule. Petra brachte mich hin, und anfangs war sie auch meine Mitschülerin. Englisch hatte sie zwar ab der siebten Klasse gelernt, aber Russisch, die Sprache des sowjetischen Bruderlandes, für wichtiger gehalten. Inzwischen hatte sie ihr Medizinstudium beendet und arbeitete als Ärztin in einer Poliklinik in Prenzlauer Berg. Die internationale Fachliteratur war auf Englisch verfasst, deshalb fand sie es gar nicht schlecht, mit mir diesen Kurs zu besuchen. Doch als ihre Arbeit dies nicht mehr zuließ, musste ich ohne ihren Beistand lernen.

Der späte Unterricht überforderte allerdings meine Leistungsfähigkeit: Gegen 19 Uhr lag mein Kopf schwer auf dem

Tisch. Meine älteren Mitschüler hatten Mitleid mit mir und brachten ein Kissen mit, auf das ich meinen Kopf legen konnte. Meine Oma meinte dennoch, dass ich den Kurs weiterhin besuchen sollte: «Wenn du nur ein Wort in jeder Stunde lernst, hilft dir das später weiter.»

Als meine Mitschüler und Mitschülerinnen von der fünften Klasse an in Russisch unterrichtet wurden, durfte ich in diesen Stunden in einer siebten Klasse im Fach Englisch mitmachen. Mit Erfolg: Schrieben die Siebtklässler eine Seite beim Aufsatz, machte es mir Spaß, dreimal so viel zu schaffen.

Der Volkshochschule blieb ich dennoch treu, auch als sich so einiges änderte. Nicht nur in meinem Leben.

Erich, du darfst nicht gehen!

Eine meiner beiden Gehirnhälften arbeitet wegen der Hemiparese nicht so gut wie die andere. Ein kluger Arzt hat mir das einmal attestiert. Ich vermute, in jener Hirnregion werden die nicht so angenehmen Erinnerungen gespeichert. Irgendwo in diesem Labyrinth aus grauen Zellen ist etwas verschwunden, das im Frühjahr 1988 geschehen ist. Das kam heraus, als wir bei unserem Schmalzstullentreffen über meine Mutter sprachen. Da sagte die Mutter von Synke: «Deine Mutter war ja auch mal mit deinen Eltern in der Schule.» Abgesehen davon, dass die Wortwahl schon erstaunlich ist, hat mich diese Information wirklich umgehauen.

Clementine Aukongo hinterließ wohl einen guten Eindruck bei meiner Lehrerin. Denn Frau Wysotzki fand ihre Einsicht klug, dass es mir in der DDR bessergehen würde. Der Eindruck, den ich von meiner Mutter in jenem schneereichen Februar 1988 bekam, war ein anderer. Mehrere Wochen lang war sie in Ostberlin, um eine Fortbildung zu besuchen. Sie wohnte nicht weit von Schmieders entfernt, in der Wohnung der damaligen Vizebotschafterin der SWAPO in der DDR. Meine Oma hilft meiner Erinnerung auf die Sprünge: «Ich habe immer gesagt, geh doch mal da hin und besuche deine Mutter.» Wie ich sie kenne, habe ich gewiss gehorcht.

Mit diesem Aufenthalt meiner Mutter verbinde ich einzig eine Reise ins Erzgebirge. Die Schmieders wollten Clementine die Schönheit eines deutschen Winters zeigen. Auf den Farbfotos, die von diesen Tagen noch existieren, sieht man eine schwarze Frau in einem türkisfarbenen Skianzug mit Moonboots, rosafarbener Strickmütze und Handschuhen. Sie zieht einen Schlitten durch dicken Schnee. Darauf sitze unverkennbar ich, warm eingepackt, mit einem dicken Schneeklumpen auf dem Schoß. Kein Wunder, dass meine Mutter ein verdrießliches Gesicht macht!

Im Grunde blieb nur eines von jenem Urlaub bei mir haften: Meine Mutter fror und verließ nach Möglichkeit nicht das Hotelzimmer, das ich mit ihr zwecks Familienzusammenführung teilen musste. Sie spielte oft Karten. Für «Solitär» braucht man – wie der Name schon sagt – keinen Mitspieler. Mir versuchte sie es beizubringen, doch ich langweilte mich mit meinen neun Jahren furchtbar. Ich wollte lieber bei Oma und Opa sein, aber die verlangten, dass ich bei meiner Mutter blieb. Womit die zwei aus ihrer Sicht sicher recht hatten – immerhin war es das erste Mal, dass für mich die Chance gegeben war, Clementine bewusst zu erleben. Doch warum nahm sie mich niemals wie meine deutschen Mütter in die Arme? Und warum interessierte sie sich so wenig für mein Leben? Ich fühlte mich regelrecht vor den Kopf gestoßen, als ich im Urlaub bei einem Faschingsfest an einem Kostümwettbewerb teilnahm. Da ging sie gelangweilt davon und bekam nicht einmal mit, dass ich bei der Siegerehrung immerhin auf dem dritten Platz landete. Und eigentlich mächtig stolz war …

Bei ihrer Abreise blieb ich mit dem Gefühl zurück, dass ich eine Mutter wie sie nicht brauchen konnte. Sie entsprach so gar nicht den Vorstellungen, die ich von einer wirklichen Mutter hatte.

Kurz nach unserer Rückkehr aus dem Erzgebirge musste Opa zu einer unvergleichlich viel größeren Reise aufbrechen. Wir Daheimgebliebenen konnten uns sogar im Fernsehen ein Bild davon machen, wo er war. Mit seinen Eisladys zog er bei der Eröffnung der Olympischen Winterspiele 1988 in Calgary ins Stadion ein, und gelegentlich erfasste ihn die Kamera, wenn er in Kanada seine Läuferinnen anspornte. Zu Hause hätte er sich damit brüsten können, dass Christa Rothenburger über 1000 Meter Weltrekord gelaufen und dafür die Goldmedaille gewonnen und sein weiteres Team den Medaillenspiegel der DDR um vier silberne gehoben hatte. Dafür war Rudi Schmieder zu bescheiden. Als Frau Wysotzki mich in der Klasse nach vorn rief und fragte, was der Opa von Calgary erzählte, wusste ich aus Schüchternheit kaum etwas zu sagen – und war froh, als ich wieder auf meinen Platz zurückkehren durfte. Meine besten Freunde versorgte ich allerdings mit Bleistiften und Ansteckern, die er mir für sie mitgebracht hatte. Mir selbst blieb als Andenken ein schicker kanadischer Pullover.

Gelegentlich lud die Schule Väter oder Mütter ein, damit sie etwas über ihre Arbeit berichteten. In diesem Rahmen wurde auch Rudi Schmieder gebeten, über Calgary Auskunft zu geben. Er kam dieser Aufforderung mit Maskottchen und olympischen Anstecknadeln für alle nach. Obwohl er in Calgary die damals berühmteste Sportlerin der DDR getroffen hatte, erzählte er kaum von Kati Witt, der Olympiasiegerin im Eiskunstlauf, oder von seinen erfolgreichen Athletinnen, sondern von Begegnungen mit ganz normalen Menschen. Das berührte uns viel mehr.

Rudi Schmieder war damals einundsechzig Jahre alt, und seine aktive Zeit hätte wohl auch nicht mehr lange angedauert. Dass Calgary seine letzte große Station war, konnte dennoch niemand ahnen. Ich am allerwenigsten!

Es kam das Jahr 1989, in dem alles anders wurde. Die Schule war der Mittelpunkt meines Lebens, doch es hieß zunächst einmal, Abschied von Frau Wysotzki zu nehmen. Sie hatte uns mit dem Ende der vierten Klasse abzugeben. Ein letztes Mal bewiesen die Schüler ihren Zusammenhalt und veranstalteten ihr zu Ehren eine große Feier. Danach folgte der absolute Höhepunkt des Jahres: meine Einweihung als Thälmann-Pionierin. Heute würde ich die Veranstaltung im Berliner Park Wuhlheide als mystisch bezeichnen, weil sie bei Dunkelheit stattfand und alles mit Fackeln beleuchtet war. Damals wird sie mir als sehr feierlich erschienen sein. Ich, die Zehnjährige, ahnte nicht im Geringsten, dass der Sturm, der sich über der DDR zusammenbraute, auch bald die Fackeln aller Thälmann-Pioniere ausblasen würde.

Wenige Monate später wurde ich elf. Oma, Opa, Jenny und ich verbrachten die Herbstferien wie so oft in Zinnowitz an der Ostsee in einem Ferienbungalow. Während Waltraud und Rudi Schmieder noch einen Abendspaziergang machten, wollten Jenny und ich fernsehen – und wurden mit den Nachrichten der *Aktuellen Kamera* konfrontiert. Es war der 18. Oktober 1989, und ein Sprecher verkündete, dass Erich Honecker nicht mehr Staatsratsvorsitzender sei: Er würde aus gesundheitlichen Gründen zurücktreten. So hieß es zumindest in der offiziellen Verlautbarung.

Jenny und ich waren völlig geschockt. Das war doch «unser Erich»! Der zur DDR gehörte wie der Schrank zu unserem Wohnzimmer. Sehr wahrscheinlich weinten wenige Leute Erich Honecker eine Träne nach, aber wir beide vergossen mehr als eine! Jenny malte augenblicklich ein Bild, auf das die Achtjährige schrieb: «Erich, wir lieben dich, du darfst nicht gehen.» Als Oma und Opa zurückkamen, überschütteten wir sie mit unserer Bestürzung.

Wir wussten nicht, dass mit Honeckers Rücktritt das letzte Kapitel der DDR geschrieben wurde. Drei Wochen später geschah das, was man heute die «Wende» nennt: Über Nacht gestattete die DDR ihren Bürgern in den Westen zu reisen. Wer immer es wollte, konnte sich diesen Traum plötzlich erfüllen. Für mich jedoch galt das nicht. Ich besaß kein einziges Dokument, das mich als Bürgerin der DDR auswies. Hätten meine Pflegeeltern im Falle einer Kontrolle in Westberlin meinen sorgfältig geführten «Ausweis für Arbeit und Sozialversicherung», meinen Pionier-Ausweis, mein «Teilnehmerheft für Schüler und Lehrlinge an der Feriengestaltung der Deutschen Demokratischen Republik» vorweisen sollen? Oder gar meinen dunkelblauen SWAPO-Pass mit dem zehn Jahre alten Babyfoto? Das wäre ein viel zu großes Risiko gewesen. Darum bekam ich von den Anfängen der sogenannten Wende kaum etwas mit und war darüber nicht einmal unglücklich. Meine kindliche Wahrnehmung beschränkte sich in erster Linie darauf, dass Mitschüler plötzlich «Duplo»-Schokoriegel besaßen.

Den Schmieders jedoch wurde bewusst, dass die radikale politische Veränderung in Deutschland für mich gefährlich werden konnte. Was sollte aus einem Kind wie mir werden, wenn es nicht mehr das System gab, das mich stillschweigend geduldet hatte? Alles würde früher oder später auffliegen. Und was dann?

Eine Antwort war auch deshalb nicht einfach zu finden, weil zwischenzeitlich in Namibia etwas Bedeutsames geschehen war. Davon wusste ich ebenfalls nichts – und wollte garantiert auch nichts wissen. Die Auswirkungen auf mein Schicksal wären mir außerdem völlig unklar gewesen: Bereits seit Anfang 1989 hatten sich die südafrikanischen Truppen aus dem besetzten Land zurückgezogen, Zehntausende von Namibiern waren in ihre Heimat zurückgekehrt. Am 9. November, an dem in Berlin nachts die Mauer fiel, fanden in Namibia die ersten freien Wahlen statt. Die SWAPO hatte ihren Jahrzehnte währenden Kampf um ein politisch unabhängiges Namibia gewonnen. Sam Nujoma, der einst in Berlin-Buch meine Babyhand gehalten hatte, wurde mit großer Mehrheit zum Präsidenten gewählt.

Nach Deutschland hatten meine Pflegeeltern mich zurückgeholt, damit ich dem Bürgerkrieg entkam und gesund werden konnte. Anschließend hatten sie gesagt, ich solle erst einmal die Schule machen. Wirklich gesund war ich zwar immer noch nicht, aber in der Lage, zu überleben. Und Schulen gab es letztlich auch in Namibia.

Opa und Oma fragten sich, wie sie jetzt noch argumentieren konnten: War es überhaupt länger zu verantworten, mich meiner Mutter vorzuenthalten? Und natürlich meiner Heimat? Musste ich nun endgültig nach Afrika?

Ansprechpartner unserer Familie bei der SWAPO war damals ebenso wie schon in den Jahren zuvor die Vizebotschafterin der Befreiungsorganisation in der DDR. In unserer Familie genoss sie nicht nur großes Ansehen, sie wurde in der kleinen Wohnung in der Prenzlauer Allee sogar wie eine Freundin empfangen. Dass ich es mit einer richtigen Politikerin zu tun hatte, wenn ich Panduleni traf, war mir nicht bewusst. Sie war jene freundliche Frau, die meinen Müttern zeigte, wie man meine krausen afrikanischen Haare mit Vaseline in Form brachte und kunstvolle kleine Zöpfchen flocht.

In ihrer Funktion als stellvertretende Botschafterin sorgte sie dafür, dass ich einen namibischen Pass bekam, der von der SWAPO-Vertretung ausgestellt wurde. Offiziell beanspruchte nämlich das neue Namibia Stefanie Aukongo als seine Bürgerin. Genau betrachtet beantwortete Panduleni damit auch die Frage nach meiner Zukunft.

Zwar war ich nicht länger ein Geschöpf, für das sich kein Staat zuständig fühlte, doch die Sache hatte einen Haken: Die deutschen Behörden sahen in mir eine Ausländerin. Bemerkt habe ich das nicht jeden Tag. Nur wenn ich dorthin gehen wollte, wo alle meine Freunde schon besuchsweise waren – nach Westberlin –, brauchte ich ein Visum für die Einreise. Immerhin konnte ein Grenzbeamter danach fragen. Und bei einem schwarzen kleinen Mädchen war das nicht ganz unwahrscheinlich.

Sollte man also ein Risiko eingehen, damit ich sah, wie der goldene Westen glitzerte? Das erschien meiner Familie ein wenig übertrieben. Denn sie waren sich nicht sicher, ob sie dieser Visum-Geschichte wirklich trauen konnten. Was, wenn ich Probleme bekäme? Und hatte man nicht in den vergangenen Jahren gelernt, dass es das Beste war, keineswegs auf mich aufmerksam zu machen?

Mithin musste «der Westen» weiterhin auf mich warten – und ich auf ihn. Die Wochenenden gehörten nach wie vor Jenny, dem idyllischen Garten am Stadtrand, dem selbstvergessenen Spiel. Außerdem hatte es in unserer Patchwork-Familie Zuwachs gegeben: Im ereignisreichen Wendejahr 1989 brachte Petra einen Sohn zur Welt, Benni. Mein kleiner Bruder war blond und sehr hübsch.

Um diese Zeit veränderte sich Rudi Schmieders Leben einschneidend: Sein Rücken hatte ihm schon längere Zeit Probleme gemacht, sodass er sich einer Operation unterzog. Doch die ging schief, und nach einer weiteren wurde es nicht besser. Das Laufen fiel ihm, der sein Leben lang für den Sport gelebt hatte, immer schwerer. Irgendwann kam für ihn der Punkt, an dem er feststellen musste, dass er seine Schlittschuhe an den Nagel hängen musste. Das war schwer genug, wenn es auch den DTSB durch die Wiedervereinigung nicht mehr gab. Somit verlor der erfolgreiche Nationaltrainer seine Arbeit in seinem dreiundsechzigsten Lebensjahr. Wenig später wurde er verrentet. Ich entsinne mich nicht, dass Opa geklagt hätte – er hatte ja uns, seine nunmehr drei Enkel.

Noch eine Veränderung zeichnete sich ab. Die Vizebotschafterin und Familienfreundin Panduleni war wieder einmal bei uns zu Besuch. Sie sagte mir, dass ich während der Sommerferien 1990 für drei Wochen zu den namibischen Kindern nach Staßfurt in Sachsen-Anhalt solle. Wie üblich war meine Freude sehr mäßig, aber ich widersetzte mich nicht, kannte ich dieses Ritual doch hinlänglich. Ich erinnerte mich an Schloss Bellin und das Singen und Tanzen, das ich dort erlebt hatte. All das lockte mich durchaus.

Bei meiner Ankunft in dem mir unbekannten Staßfurt war ich überrascht, etwas vorzufinden, das mit dem Schloss in Bellin nicht zu vergleichen war. Die namibischen Jugendlichen wohnten in der «Schule der Freundschaft», einem Neubaukomplex mit verschiedenen Hochhäusern, Mensa und Disco. Es war so ziemlich das Gegenteil von Bellin.

Auffällig war, dass die Zahl der aufgenommenen Jugendlichen noch weiter gestiegen war. Der Grund ist mir bis heute unklar: Trotz der Befreiung Namibias hatte die SWAPO kurz vor dem Fall der Mauer zweihundert Kindergartenkinder in die DDR geschickt. Ich reagierte auf die vielen schwarzen Gesichter, die ich nach wie vor kaum auseinanderhalten konnte, mit Verwirrung. Wer war denn bloß wer? Auch jene, die ich aus Bellin und Prerow eigentlich noch kennen sollte, hatten sich völlig verändert. Die Älteren befanden sich in der Pubertät oder fühlten sich schon wie Erwachsene. Sie trieben einen regelrechten Kult mit ihren Klamotten, spazierten mit einem Walkman herum, dem damals neuen und heute schon völlig vergessenen tragbaren Abspielgerät. Wir Mädchen – um die Jungen machte ich einen großen Bogen – fanden aber spätestens beim Thema

Haare Gemeinsamkeiten. Meine Güte, mit welcher Geschicklichkeit und Geschwindigkeit sie Haare flechten konnten! Da hatte ich viel nachzuholen.

Während dieser drei Wochen wurde mir bewusst, dass die anderen mir etwas voraushatten, wonach ich mich heimlich sehnte: Sie waren eine große Gruppe bester Freunde, die untergehakt durch die Straßen von Staßfurt liefen. Nichts schien diese verschworene Gemeinschaft trennen zu können. Dieser Eindruck täuschte jedoch gewaltig: Immer wieder wurde davon gesprochen, dass die «SWAPO-Kinder» – wie sie nach dem Mauerfall genannt wurden – zurück in die Heimat geschickt werden sollten. Aber niemand wusste etwas Genaues. Würde das tatsächlich geschehen, oder durften sie doch im vereinten Deutschland bleiben? Die ältesten achtzig Jugendlichen waren nach elf Jahren hier heimisch geworden.

Die meisten kannten ihre in Afrika lebenden Eltern ebenso wenig wie ich meine. Was würde sie in Namibia erwarten? Da sie die Antwort auf diese Frage nicht kannten, war das Thema «Heimkehr» mit großer Angst besetzt. Jene wenigen allerdings, auf die in Namibia ein Zuhause wartete, sahen einer möglichen Abreise entspannter entgegen.

Ich selbst hatte mich inzwischen daran gewöhnt, dass es immer wieder hieß: «Steffi, irgendwann musst du zurück nach Afrika!» Da dieser Fall glücklicherweise bislang nie eingetreten war, nahm ich die Bedrohung genau genommen nicht ernst.

Doch kurz nachdem ich wieder in Berlin war, schrieb mir ein Mädchen, mit dem ich mich in Staßfurt angefreundet hatte, die unglaubliche Nachricht: Sie und alle anderen Namibier müssten in zwei Wochen zurück. Ich verdrängte diese erschreckende Nachricht so gut ich konnte, hoffte, dass das mit mir nichts zu tun haben würde.

Kurz darauf besuchte uns Panduleni. Meine Pflegeeltern und

die Vizebotschafterin steckten die Köpfe zusammen und beratschlagten. Ich ging lieber spielen ... Meine Oma erinnert sich an das schicksalhafte Gespräch: «Panduleni sagte uns, dass alle bald nach Namibia fliegen würden. Sie fragte uns: ‹Sollten wir Steffi da nicht mitschicken? Dann ist sie gleich mit den anderen in Namibia. Die kennt sie doch.›»

Diese Überlegung wurde natürlich intensiv in der Familie diskutiert. Die Schmieders wollten mich, das noch immer unselbständige und verträumte Kind, das sie liebten, kein zweites Mal in eine ungewisse Zukunft entlassen.

Petra war da anderer Ansicht: «Ich dachte, dass man keine Sorgen haben müsste, wenn du nach Namibia gehen würdest. Im Zweifelsfall hätte man dich wieder zurückbekommen. Nach der Wende sah das ja viel leichter aus als zu DDR-Zeiten.» Ines teilte die Ansicht ihrer jüngeren Schwester, sie fand aber den Zeitpunkt zu früh.

Damals war es Jenny und mir nicht immer möglich, uns am Wochenende im Garten zu sehen. Deshalb hinterließen wir Nachrichten für den anderen. Wir schrieben sie in ein schwarzes Notizbuch, das wir gut versteckt hatten. Dieses Buch fand ich in meiner Kiste wieder, in der ich alle Dokumente aus meiner Vergangenheit aufbewahre. Meine blonde Schwester hatte einmal hineingeschrieben: «Steffi war ein Afrukaner, ich habe sie lieb, dann musste sie weg und von mir gehen, ich habe drei Tage geweint, ich brauche sie.»

Beim ersten Lesen der mit Blümchen verzierten Notiz fühlte ich mich meiner Schwester so nah, dass ich sie am liebsten sofort in den Arm genommen hätte, wenn sie bei mir gewesen wäre. Aber auf einmal stutzte ich: Was meinte Jenny damit? Sie war doch noch gar nicht geboren, als man mich nach Angola zurückschickte! Hatte sie etwa eine fremde Erinnerung zu ihrer eigenen gemacht? Weil in dieser unsicheren Phase der furchtbare Abschied von einst die Emotionen erneut hochkommen ließ?

Wie sollte es aber mit mir weitergehen? In die Entscheidung dieser Frage musste meine Mutter mit einbezogen werden. Aus Afrika war inzwischen die Nachricht eingetroffen, dass Clementine Aukongo wieder in Namibia war. «Na ja», sagt meine Oma rückblickend, «wenn sie angerufen und verlangt hätte, dass man dich zu ihr schickt, wahrscheinlich hätte ich zugestimmt. Aber wir hätten dich vorher gefragt.» Opa erkundigte sich tatsächlich bei mir, ob ich nicht mit den anderen jungen Namibiern mitgehen wolle. Meine wenig überraschende Antwort – ein deutliches Nein – wurde sofort akzeptiert. Immerhin herrschte in Namibia noch ein ziemliches Durcheinander. Und in der Familie hieß es allgemein: «Steffi soll erst einmal ihre Ausbildung fertig machen.»

Vizebotschafterin Panduleni akzeptierte, was meine Pflegeeltern beschlossen hatten. Wer meine Mutter davon unterrichtete, weiß ich nicht. Aber da sie nicht auf meiner Rückkehr bestand, gehe ich davon aus, dass sie genug damit zu tun hatte, ihr eigenes Leben in Zeiten des Friedens neu zu organisieren.

Wenige Tage bevor für mich die sechste Klasse begann, es war Ende August 1990, erfuhr ich, dass alle namibischen Kinder aus Deutschland abgeflogen waren. Nach elf Jahren Deutschland, was erwartete sie in Afrika?

Ich lebte weiterhin in einem Schwebezustand. Zwar besaß ich endlich eine Aufenthaltsgenehmigung, die aber Jahr für Jahr verlängert werden musste.

In die Nacht hinaus

Die wahre «Wende» kam für mich erst 1991. In dem Jahr, in dem ich dreizehn wurde, begann ich zu erkennen, dass an meiner Weltsicht etwas nicht stimmte. Zunächst war alles noch okay. Ich durfte erstmals nach Westberlin und bestaunte die exotischen Früchte des Westens. Ich kostete eine Nashi, eine japanische Birne, und wunderte mich in der Spielzeugabteilung des größten Kaufhauses über Unmengen von Baby-Born-Puppen. Doch dafür war ich inzwischen zu alt. Aber wie Millionen anderer junger Menschen war ich von meinem ersten Game Boy fasziniert.

Eigentlich kam die deutsche Einheit genau richtig für mich: Ich hatte noch eine Erinnerung an die frühere Zeit, zugleich befand ich mich in dem Alter, in dem man sich allmählich von der Kindheit verabschiedet. Im Grunde eine positive Entwicklung. Wenn da nicht die Sache mit David gewesen wäre.

Das neue, von der Bundesrepublik übernommene Schulsystem brachte es mit sich, dass ich mit Beginn der siebten Klasse die Schule wechseln musste. Sonst hätte ich bis zum Ende der zehnten Klasse auf der Fritz-Große-Oberschule bleiben können. Nun jedoch standen wir vor einer Entscheidung, die bei meinen Leistungen nicht einfach war. Hauptschule oder Realschule? Was war das Richtige? Die Lösung lautete am Ende:

Gesamtschule. Nicht zuletzt, weil sich zwei Schulfreundinnen ebenso für diesen Weg entschieden.

Am ersten Gesamtschultag saß ich neben ihnen in einer Aula voller Menschen und blickte mich scheu um. Die meisten Gesichter wirkten auf mich hart und abgestumpft. Doch auf einmal ging ein Junge nach vorn. Gebannt starrte ich ihn an, und er entdeckte mich. Mein Herz pochte wie verrückt. Ich dachte: Meine Güte, sieht der süß aus!

An der Gesamtschule waren Hunderte von Schülern, aber wir beide die einzigen Afrikaner. Es blieb nicht aus, dass wir bald die ersten Worte miteinander wechselten. Er war ein Junge, der keine großen Töne spuckte, sondern lieb und verständnisvoll war. Ein Freund für die Seele, alles andere lag noch weit außerhalb meiner Sehnsüchte.

Davids Vater stammte aus Nigeria, und seine Mutter war Deutsche. Die Ehe seiner Eltern existierte schon lange nicht mehr. David lebte in einem Wohnheim, weil er sich mit seiner Mutter überworfen hatte. Mein in Harmoniewatte gepacktes Herz entflammte in großer Zuneigung und wohl noch größerem Mitgefühl für den auf sich gestellten David. Obwohl ich selbst von meiner leiblichen Mutter nichts wissen wollte und mir damals noch keine Gedanken über meinen Vater machte.

Die neue Schule lag zwar in Laufweite zu unserer Wohnung, aber ihr Einzugsgebiet umfasste nicht allein den Bezirk Prenzlauer Berg. Das kleine Karree, in dem ich bisher gelebt hatte, öffnete sich auf einmal. Aber ich war überhaupt nicht vorbereitet auf das, was kam.

Eines Nachmittags sehe ich auf dem Schulhof eine Gruppe Mitschüler, sie johlen, feuern sich an. In ihrer Mitte David, er wird geschubst, gestoßen, zu Boden geworfen. Es ist niemand da, der ihm hilft, der ihm zur Seite steht. Noch nie zuvor war ich Zeuge einer solchen Gemeinheit. Was soll ich tun? Wie kann ich ihm zur Seite stehen? Ich, ein Mädchen, viel kleiner als all die anderen, die David zusetzen.

Dieses Mal gehe ich davon, schweigend, hilflos, tieftraurig.

Die Übergriffe auf David wiederholten sich fast jeden Tag, meist nach der Schule. Sie fielen über ihn her, sie waren in der Überzahl. Und er hatte keine Chance. Schließlich konnte ich es nicht mehr mit ansehen. Ich ging zu der Meute und sagte: «Lasst ihn in Ruhe! Er hat euch nichts getan.» Darauf Gelächter und missbilligende Blicke. Nun ging ich ins Sekretariat und bat um Hilfe. Die Lehrer forderten die Schläger jedoch nur auf, zu verschwinden. Für den Augenblick ließen sie auch von David ab, aber am nächsten Tag setzten sie ihr grausames Spiel fort, ohne Konsequenzen.

David zog sich immer mehr in sich selbst zurück. Er war wehrlos. Natürlich schämte er sich deshalb. Auch mir gegenüber, wenn wir nach solch einer Schlägerei irgendwo in der Nähe der Schule zusammensaßen. Welcher Junge will gegenüber einem Mädchen, das er mag, ständig in der Rolle des Opfers erscheinen?

Wenn ich mit meinen Freundinnen über David sprach, waren wir ratlos, warum er verprügelt wurde. Nur weil er eine dunkle Haut hatte? Und wieso griff niemand von den anderen Jugendlichen ein? War das die Pubertät? Weil man plötzlich Menschen mit ganz anderen Augen ansah? Oder war es die neue Zeit? Wir wussten keine Antwort. Von Rassismus sprachen wir nie, ich glaube, wir kannten das Wort nicht einmal.

Ich selbst wurde nie angepöbelt. Abfällige Blicke, wenig Kontakt zu den anderen – das ja. Aber keine offene Feindseligkeit.

«Kam so etwas denn auch in der DDR vor?», fragte ich meine Oma, als ich einmal aus der Schule nach Hause kam und wieder gesehen hatte, dass David gemobbt wurde. «Doch, es gab schon Vorfälle», antwortete sie, «damals die Sache in

Crimmitschau.» Das ist jene Stadt in der Nähe von Zwickau, in der Rudi Schmieders Karriere als Eishockeytrainer begonnen hatte. Es war die damals einundzwanzigjährige Ines, die in der Heimat ihres Vater mit mir im Kinderwagen spazieren ging. Aus heiterem Himmel pöbelte sie jemand an: «Guck mal die Hure, die hat es mit einem Schwarzen getrieben.»

Während meiner Grundschulzeit hatte es einen weiteren Zwischenfall gegeben. Eine Schülerin aus der Parallelklasse hatte ihre Armbanduhr auf der Schultoilette liegengelassen. Kurz darauf musste ich austreten, ich hätte die Uhr dort sehen müssen. Was aber nicht der Fall war. Als die Mitschülerin ihren Verlust bemerkte, war die Uhr verschwunden. Und obwohl noch viele andere Kinder nach mir die Toilette aufgesucht hatten, wurde nur ich verdächtigt, die Uhr gestohlen zu haben. Vor der versammelten Klasse forderte mich eine Lehrerin der Parallelklasse auf, meine Schultasche auszuleeren. Mein Opa beschwerte sich später: «Wie könnt ihr das mit dem Kind machen!»

Verglichen mit dem, was David geschah, klingen meine Erlebnisse lächerlich. «Vielleicht gab es in der DDR Leute, die fremdenfeindlich waren», meint meine Freundin Synke. «Aber die trauten sich nicht, das offen zu zeigen. Wir wurden zur Solidarität erzogen.»

David hielt die ständigen Demütigungen nicht auf Dauer aus. Er kam nicht mehr zur Schule. Und es war eines Nachts gegen 23 Uhr, als es bei uns an der Wohnungstür läutete.

Da ich einen extrem leichten Schlaf hatte, wachte ich sofort auf. Ich hörte meinen Opa an der Wohnungstür fragen: «Weißt du, wie spät es ist?» David antwortete: «Ich muss Steffi sprechen, bitte, es ist wichtig.» Rudi Schmieder wusste von Davids Schwierigkeiten. «Komm erst mal rein.»

In unserer Wohnung verlor David kein Wort über das, was ihn bewegte. Mein Opa gestattete uns, vor die Tür zu gehen: «Aber nur eine Stunde! Und seid leise.» Ich erbettelte zwei Stunden, ahnte ich doch, dass Davids Probleme für eine Stunde zu groß waren.

Im Nordosten Berlins gab es kurz nach der «Wende» nichts, wohin man zu dieser späten Stunde hätte gehen können. Wir nahmen die Straßenbahn, fuhren fast bis Mitte, irgendwo hatte ein McDonald's noch geöffnet. David redete stockend, immer wieder brach er in Tränen aus. «Ich kann so nicht weiterleben. Lass uns abhauen, Steffi.» Ich umklammerte meine eiskalte Cola. «Was? Wie? Wohin denn?» – «Weg, einfach weg, irgendwohin, wo es besser ist.» – «Wo ist das denn?» – «Keine Ahnung. Wo nicht so blöde Leute sind. Ich brauche dich, du musst mit mir kommen.» Die Cola in meinen Händen wurde immer kälter, Angst kroch in mir hoch. «Aber, David, ich kann nicht weg. Wir müssen hierbleiben!» Hilflos wie ich war, konnte ich nichts mehr sagen. Meine Gefühle lagen wie ein dicker Kloß in meinem Hals, den ich nicht hinunterschlucken konnte. Ich sah auf die Uhr: «Ich muss nach Hause.» Wir standen uns noch einen Moment schweigend gegenüber, anschließend ging er in die Nacht hinaus. Ein einsamer Junge von sechzehn Jahren.

David wechselte danach nicht nur die Schule, sondern gleich den Stadtteil. Fortan lebte er in einem Heim für Betreutes Wohnen in einem westlichen Bezirk, in dem schon zu Zeiten der BRD viele Ausländer gewohnt hatten. Unser Kontakt brach ab.

Möglicherweise endete nicht gerade meine Kindheit in jener Nacht bei McDonald's. Aber ich verlor meinen unbefangenen Blick auf die Welt, in der ich zuvor keine Bosheit hatte sehen können oder wollen. Wenn ein Vater seinem Sohn mit uneinholbar großen Schritten vorausgeeilt war, hatte ich das schon für den Gipfel der Ungerechtigkeit gehalten! Hin und wieder hatte man zu mir gesagt, dass ich die Augen vor der Wirklichkeit verschloss. Ich hatte nicht begriffen, was gemeint war. Zu mir waren doch alle lieb. Wenn sie es mal nicht waren, brach ich automatisch in Tränen aus. Dann konnte mich niemand mehr verletzen, dann war ich geschützt.

Bis zur Gesamtschule favorisierten Jenny und ich Kinderlieder und Schlagermusik. Wir johlten mit, wenn Karel Gott sang: «Fang das Licht und halte es fest für den Tag, an dem die Hoffnung dich verlässt. Und glaubst du, dass es für dich kein Wunder gibt, dann vergiss nicht, dass jemand da ist, der dich liebt.» Bei allem Spaß, den es uns machte, mitzukreischen, was das Zeug hielt – in solch einem Text lag für uns auch eine Wahrheit. Danach verehrte ich auch die schwarze Ikone der Achtziger, Whitney Houston, die ich ebenso wie Louis Armstrong und Stevie Wonder aus Opas gut sortierter Plattensammlung kannte. Und ich schwärmte für die Urband aller Boy Groups, die New Kids on the Block, die nach der Wende kein «dekadentes Westzeug» mehr waren, sondern unter den meisten Freundinnen sehr angesagt.

Aber die Musik jener Gruppen, die David für meinen Walkman überspielt hatte, räumte ich weg: das Hip-Hop-Duo Naughty by Nature mit seinem Song «Ghetto Bastard» oder Hits von Snoop Doggy Dog oder von Gangsta Rapper Ice-T. Coole Sachen für wunde Seelen, die ihren Schmerz nicht selbst in Worte fassen können. Aber ich war kein «Ghetto-Kid», nicht voller Rebellion. Ich brauchte Songs voller Musikalität, und die fand ich im Jazz, Funk und Soul. Und so versuchte ich auch die Erinnerung an David in jener Rumpelkammer meines Gedächtnisses abzulegen, in die ich meine unbewältigten seelischen Konflikte stopfte.

Aber diese Taktik half nur begrenzt, denn zu Beginn der Neunziger hörte ich immer häufiger von Überfällen auf Ausländer, von brennenden Wohnheimen. Stets hieß es, «Glatzen» seien dafür verantwortlich. Einmal saß ich mit meinen Freundinnen in der Straßenbahn, hinten. Wir kamen gerade vom Tanzen. Da sahen wir vier Männer der Straßenbahn nachlaufen, Kerle mit kahlrasierten Köpfen und Bomberjacken. Wir hofften, sie würden die Tram nicht erreichen. Doch sie schafften es. In Panik sprangen wir auf, liefen nach vorn zum Fahrer. An der nächsten Station hasteten wir aus dem Zug. Atemlos rannten wir zu Fuß nach Hause.

Waren wir hysterisch? Vielleicht. Aber jede von uns kannte Davids Geschichte, eine Geschichte, die niemals in einer Zeitung gestanden hat und in keiner Statistik über Gewalt an Schulen aufgetaucht sein dürfte. Aber sie geschah, Menschen waren Zeugen. Sie schwiegen, sahen weg oder lachten. Eine Keilerei unter Jungen, was ist schon dabei?

Der Traum meines Vaters

Wenn man einen Vater hat, der auf der anderen Seite der Welt lebt, von dem kaum gesprochen wird und den man noch nie gesehen hat, dann gibt es diesen Vater nicht wirklich. In dem einen oder anderen Brief meiner Mutter tauchte er als kurze Erwähnung auf: «*Greetings from your lovely Papa.*» In der siebten Klasse waren meine im Halbschlaf an der Volkshochschule erworbenen Englischkenntnisse weit genug vorangeschritten, um solche Floskeln schnell eindeutschen zu können.

Anfang April 1993 jedoch traf ein Brief ein, gerichtet an «Ms Stefanie (Aukongo) Nhinda». Zwei Seiten in einer gut leserlichen Schrift. «Na, Steffi, nun übersetze das doch mal für uns! Das ist eine gute Übung für dein Englisch», ermutigten mich Oma und Opa.

Und ich las: «Meine liebe Erstgeborene! Obwohl du weit entfernt bist, bist du nicht vergessen. Ich denke immer an dich. Ich liebe dich und bin stolz auf dich. Auch in meinen Träumen bist du bei mir. Ich habe geträumt, dich auf dem Namibia International Airport zu treffen. Das war ein wunderbarer Traum.»

Während ich mit den Worten in der fremden Sprache kämpfe, steigt in mir ein leichtes Gefühl der Panik hoch. Er hatte geträumt, mich in Namibia zu treffen? Nein, also da will ich garantiert nicht hin! Dorthin wurden die namibischen

Kinder geschickt. Eines der zurückgegangenen Mädchen hatte mir inzwischen geschrieben: «Es ist überhaupt nicht schön hier, und ich darf nie wieder nach Deutschland.» Bin ich erst in Namibia, überlege ich, wer weiß, ob ich nicht auch dort bleiben muss!

Bloß schnell weiterlesen! Aber es wird nicht besser: «Wir haben den dritten Jahrestag der Unabhängigkeit Namibias gefeiert, und du bist ein Teil dieser Unabhängigkeit. Ich hoffe, dass wir diesen Tag nächstes Jahr gemeinsam feiern werden. Ich wünsche dir Gesundheit und dass du später einmal einen Doktortitel machst.»

Doktortitel? Ich kann mich gerade so in der Gesamtschule behaupten. Eine Frau Dr. Aukongo? Das ist wohl eher ein Witz!

Meine Pflegeeltern waren sogar ein wenig empört, wie meine Oma sich erinnert: «Wir haben uns mit dir alle Mühe gegeben. Dann zu schreiben, du könntest mal deinen Doktor machen – das fanden wir schon seltsam.» Der Traum meines Vaters ließ sie jedoch nachdenklich werden. Und ich weiß noch, dass jemand sagte: «Das wäre doch schön, wenn du mal nach Namibia fliegen könntest ...»

Ein Flug nach Windhoek muss entsetzlich teuer sein, dachte ich. Aus ganzem Herzen hoffte ich, er sei unbezahlbar. Damit hakte ich das Thema ab. Und ahnte nicht, dass dieser Brief meine Pflegeeltern auf die Idee brachte, meine Mutter zu bitten, mich einzuladen. Denn sie meinten, ich müsse endlich erwachsen werden. Kein Wort erwähnten sie mir gegenüber davon. So fiel ich aus allen Wolken, als mir einige Wochen später ein Flugticket nach Windhoek präsentiert wurde.

Für mich stand damit fest: Jetzt ist alles vorbei, ich werde nach Namibia abgeschoben. Ich sah nicht einmal die auf dem Ticket eingetragenen Flugtermine, hörte aber jemanden sagen:

«Acht Wochen, Steffi! Das heißt, du darfst zwei Wochen nach Schulbeginn wiederkommen.»

Was waren zwei versäumte Schulwochen gegen acht ohne meine liebsten Menschen? Acht Wochen in Afrika bei einer Mutter, an die ich mich nur insofern erinnerte, als dass sie sich fünf Jahre zuvor nicht für mich interessiert hatte.

«Du musst da durch, Steffi! In Namibia sind deine Wurzeln», mahnte mich meine Oma. Leute in Baströckchen – wo sollten da meine Wurzeln sein? Meine leibliche Mutter ordnete ich darunter nicht ein. Ich kannte sie nicht, schon allein deshalb wollte ich nicht zu ihr, obwohl es hieß: «Aber sie ist doch deine Mutter!»

Was meinen Vater betraf, wusste ich nur: Da ich in Berlin geboren wurde, erhielt ich nach deutschem Recht den Nachnamen meiner ledigen Mutter und nicht den meines Vaters. Da ich über Afrika so schreckliche Geschichten von Übergriffen auf Frauen gehört hatte, hielt ich es dennoch für möglich, er wäre gar nicht mein leiblicher Vater. Ich besaß von ihm nur ein Foto, auf dem er als junger Mann sehr ernst in die Kamera blickt. Eine Ähnlichkeit mit mir konnte ich darauf nicht erkennen.

Mit meinen vierzehn Jahren stand mir also in verschiedener Hinsicht eine Reise ins Ungewisse bevor.

In der letzten Juniwoche fand ich mich auf dem Flughafen Berlin-Tegel wieder. Weil meine Familie, meine Klasse und meine Freunde es ganz toll fanden, dass ich in das weit entfernte, spannende Afrika fliegen durfte, freute auch ich mich ein kleines bisschen. Diese winzige Euphorie war nichts im Vergleich zu meiner Angst vor der Fremde. Sie äußerte sich in einem nicht versiegenden Tränenfluss. Der wiederum garantierte mir die Aufmerksamkeit aller Menschen, die mit derselben Maschine nach Frankfurt wollten. Da ich von dort ebenfalls mit Lufthansa weiterflog, konnte zumindest mein Gepäck bis Windhoek durchgecheckt werden. Aber ich doch nicht! Mich erwartete die Aufgabe, mir in Frankfurt meinen Anschlussflieger selbst suchen zu müssen – obwohl dies der erste Flug meines Lebens werden sollte.

Meine Familie hatte sich die Steffi-Verschickung leichter vorgestellt, als sie tatsächlich war. Mit vierzehn konnte man mich nicht mehr einer Stewardess als «allein reisendes Kind» an die Hand geben. Dafür war ich zu alt. Von meiner äußeren Erscheinung wirkte ich aber jünger, und was mein gefühltes Alter betraf … dazu hätte man am besten Mister Hugo befragt, mein kleines graues Nilpferd mit dem kaputten Ohr, das natürlich mitkam.

Meine drei Mütter schwärmten in Tegel aus, um jemanden zu finden, der ebenfalls nach Windhoek unterwegs war. Sie konnten nur nach dem Augenschein gehen, suchten also einen schwarzen Menschen. Sie fanden auch tatsächlich einen Afrikaner, der sich bereit erklärte, ein Auge auf mich zu haben. Ich packte die Kopfhörer des Walkmans fest auf die Ohren und versuchte tapfer zu sein. Beim Umsteigen in Frankfurt entdeckte ich den Afrikaner nicht mehr. Doch mit einem Zettel, der mir genau den Weg durch den Flughafen beschrieb, fand ich das richtige Gate.

Die drei Fotobände im Wohnzimmerregal hatten mich unzureichend auf Namibia vorbereitet. Veraltet wie sie waren, zeigten sie ein Windhoek, in dem es zwei Hochhäuser gab. Ich rechnete felsenfest damit, in einer Landschaft wie der Sahara zu landen. Aber Windhoek verfügte über einen modernen Airport mit einer gläsernen Halle, deren Fenster abgedunkelt waren. Das erschien mir geradezu utopisch.

Nach meiner Ankunft war ich einerseits übermüdet, da ich

während des Fluges nicht geschlafen hatte, andererseits machte mir meine Nervosität extrem zu schaffen. Und zusätzlich hatte ich die Ermahnungen meiner Oma im Kopf: «Denk immer daran, welch große Chance es für dich bedeutet, nach Afrika fliegen zu dürfen. Was du da alles lernen kannst! Und sei nett und höflich, mach uns keine Schande!»

Konnte ich den Erwartungen überhaupt gerecht werden, die alle in mich setzten? «... dass du später einmal einen Doktortitel machst ...» O Gott!

Lange Menschenschlangen standen an der Passkontrolle. Jetzt musste ich mich entscheiden: *«Residents»* oder *«Non-Residents»*. Was war ich – Einheimische oder Touristin? Die Menschen in der einen Schlange waren schwarz, die in der anderen überwiegend weiß. Der namibische Pass in meiner Hand, den Panduleni mir besorgt hatte, legte die Antwort nah, dass ich *Resident* war.

Auf einmal befand ich mich inmitten von schwarzen Menschen, die mich für eine der Ihren hielten, für eine Owambo. Folglich sprachen sie mich auf Oshiwambo an. Ich lächelte, verstand aber kein Wort. Die paar Brocken, die ich in Bellin und Staßfurt aufgeschnappt hatte, reichten nicht. Dem Zollbeamten blieb nicht verborgen, dass ich mich wie von einem anderen Stern fühlte: «Na, du bist wohl nicht von hier, was?», fragte er auf Englisch. Ich bejahte. Schon kam die nächste Frage, wobei er mich jetzt kritisch ansah: «Wieso hast du dann einen namibischen Pass?»

Gute Frage. Aber wie sollte ich ihm das erklären? Also blieb ich stumm.

Die Reaktion des Beamten war eindeutig: Ich musste mein gesamtes Gepäck auf einem Tisch ausbreiten, damit es durchsucht werden konnte. Und wieder einpacken, während von hinten die anderen Passagiere drängelten. Ich wurde immer konfuser. Schließlich war ich die Letzte, die verschüchtert durch die zur Seite schwingenden Glastüren ging.

Langsamkeit und Hilflosigkeit schafften zumindest ein Problem aus der Welt: die Frage, wie ich meine Eltern erkennen würde. In der Ankunftshalle war nur noch eine Gruppe von Menschen, geschlossen stürzte sie sich auf mich. Ich hörte ein Gewirr von Stimmen, in einem Mix aus Englisch und Oshiwambo, blickte in fremde Gesichter, die mich erwartungsfroh ansahen. Eines dachte ich in diesem Moment sicher nicht: Das also ist meine afrikanische Familie. Ich balancierte bereits am Rand der Überforderung und versuchte erneut, gegen meine Unsicherheit anzulächeln.

Meine Mutter war elegant gekleidet und hielt einen rosafarbenen Teddybären mit einem Lätzchen für mich als Willkommensgeschenk bereit. Was ich nicht gerade passend fand. Ich war innerlich zwar noch ein Kind, wollte aber nicht so behandelt werden. Da jemand meine Überforderung sah, wurde ich zumindest den kitschigen Teddy wieder los. So musste ich meine Mutter wenigstens nicht bei unserer ersten Begegnung vor den Kopf stoßen.

Nun fuhren wir in mehreren Autos zu ihrem schlichten, aber recht großen Haus. Sie zeigte mir mein Zimmer, danach trafen immer mehr Verwandte ein. Bei einer Willkommensparty mit Softdrinks begutachtete jeder den Import aus Germany. Menschen wurden mir vorgestellt, deren Namen und Gesichter ich augenblicklich vergaß. Es waren Onkel, Tanten, Cousins und Cousinen. Erst in den nächsten Jahren konnte ich sie alle auseinanderhalten. Eines verstand ich jedoch rasch: Hier wurde auf Benehmen Wert gelegt. «Wenn du ältere Leute begrüßt, muss du einen Knicks machen», schärfte meine Mutter mir ein. Und ich hielt mich daran, als wäre ich an einem Königshof.

Niemand war in meinem Alter, niemand sprach ein deutsches Wort. Ich kramte meine wenigen Worte Oshiwambo hervor und merkte an den Reaktionen, dass ich kaum etwas richtig aussprach. Da erschien es mir klüger, wieder nur zu lächeln …

Eines erleichterte mich sehr: Mein Vater hatte zwar keine Ähnlichkeit mehr mit dem jungen Mann auf der alten Fotografie. Doch schon bei unserer Begegnung auf dem Flughafen hatte mir meine innere Stimme gesagt: Dieser große und stattliche Mann da ist wirklich mein Vater. Als ich nun die Gelegenheit hatte, ihn genauer zu beobachten, bemerkte ich, dass er mir viel mehr ähnelte als meine Mutter.

Ihr Gesicht war schmal und ihre Haut heller als meine. Die Kopfform meines Vaters war jedoch so rund wie bei mir, seine Haut ebenso dunkel. Ich kam ins Grübeln: Offensichtlich sahen tatsächlich nicht alle Afrikaner gleich aus. Auch seine kräftige Statur glich eher meiner. Meine Mutter erschien dagegen groß, dünn und feingliedrig. Von den Äußerlichkeiten abgesehen, spürte ich sofort eine Seelenverwandtschaft zwischen meinem Vater und mir. Eine Wärme ging von ihm aus, die meiner Mutter fehlte. Und er machte nicht viele Worte um sich.

Mit meiner Mutter entdeckte ich kaum Gemeinsamkeiten. In einem Punkt hatte unser Schicksal uns allerdings zu Leidensgenossinnen gemacht: in unserer Gehbehinderung, die bei ihr wesentlich stärker als bei mir ausgeprägt war. Warum das bei ihr so war, darauf sprach ich sie während der Wochen, die wir zusammen verbrachten, nicht an. Zwischen uns war viel zu viel Fremdheit.

Überhaupt wurde ich mit einer mir völlig unbekannten Erwachsenenwelt konfrontiert. So konnte ich auch das Verhältnis zwischen meinen Eltern nicht einschätzen. Mochten sie sich noch? Ja, es machte den Eindruck! Sie neckten sich, fast so wie Verliebte. Dennoch wohnten sie nicht zusammen, obwohl mein Vater in den nächsten Wochen öfter zu Besuch kam.

Schon in den ersten Stunden im Haus meiner Mutter ballten sich in meinem Kopf lauter Fragen zusammen, die sich gleichzeitig widersprachen: Was ist, wenn meine Mutter mich so sehr liebt, dass sie mich nicht mehr gehen lässt? Oder will sie mich, wie in Namibia üblich, früh verheiraten? Kann es nicht auch sein, dass sie mich nicht mag und aus diesem Grund verhindern will, dass ich mein schönes Leben in Deutschland fortsetze?

Als Minderjährige fühlte ich mich dem Willen meiner Mutter ausgeliefert. Ich steigerte mich so sehr in diese Gedanken hinein, dass ich schließlich felsenfest davon überzeugt war, man hatte mich nach Namibia gelockt, damit ich blieb.

Folglich war mein Pass mein kostbarster Schatz, der einzige Ausweg, mein Schicksal selbst bestimmen zu können. Also hatte ich Vorsorge zu treffen. Das tat ich auch – und zwar gründlich. In den folgenden acht Wochen war mein wichtigstes Bestreben, meinen Ausweis sicher zu verstecken. Wenn mich die Panik am schlimmsten packte, versteckte ich das Dokument stündlich neu in meinem Zimmer. Unter dem Teppich oder dem Bett, hinterm Schrank, in der breiten Naht des Vorhangs. Es grenzte an Verfolgungswahn, was ich da anstellte. Und niemand bekam etwas davon mit.

Und weil ich an dem Misstrauen, das ich meiner Mutter gegenüber hatte, zu ersticken drohte, war es mir in der Anfangszeit unmöglich, mit ihr normal umzugehen. So gab ich ihr nicht die geringste Chance, Zuneigung zu mir zu entwickeln. Das wiederum verbaute ihr den Weg, auf mich zuzugehen. Ich war für sie ein fremdes eigenes Kind, für das sie zum ersten Mal wirklich sorgen musste. Niemals zuvor waren wir zu zweit gewesen, immer gab es jemanden, der zwischen uns vermittelt hatte. Anfangs, in Buch, die Schwestern, danach die Schmieders, und in Angola waren wir mit vielen anderen in einem Flüchtlingslager. Aber da war ich noch klein. Entsprechend knüpfte sie da an, wo sie aufgehört hatte – ich fühlte mich behandelt und bevormundet wie ein kleines Kind.

«Wasch deine Hände! Wie du deine Zähne putzt! Ich zeige dir mal, wie das geht!» Voller Empörung antwortete ich: «Mom, ich weiß, wie ich das machen muss!»

Unsere Kommunikation war nicht gerade einfach. Zwar konnte sie etwas Deutsch, aber sie weigerte sich, es zu sprechen. Mit dem Wissen, das ich heute über sie habe, kann ich sagen, dass diese sehr stolze Frau sich gewiss nicht dem Willen – und auch nicht den Bedürfnissen – ihrer vierzehnjährigen Tochter beugen wollte. Sie erwartete es stattdessen von mir. Und ich wollte nichts anderes als eine liebe- und verständnisvolle Mutter. Die sie mir nicht sein konnte.

Unsere gleichzeitige Unfähigkeit, in dieser ersten, so wichtigen Phase miteinander zu sprechen, machte es uns unmöglich, aufeinander zuzugehen. Wenn ich überhaupt etwas sagte! Meistens schwieg ich. Weil zwischen uns so viel Distanz war, dass Worte nicht mehr ausreichten, um die Leere zu füllen, zog ich mich immer mehr in mich selbst zurück. In meinem Zimmer weinte ich abends still vor mich hin. Wenn Besuch kam, riss ich mich zusammen und versuchte eine freundliche Steffi zu geben. Ich war keine so gute Schauspielerin, dass man mir meine bedrückte Stimmung nicht angemerkt hätte. «Warum bist du so traurig, Stefania?», fragten Verwandte, die meinen deutschen Namen nicht richtig aussprechen konnten.

Was sollte ich antworten? Ihnen meinen ganzen Seelenkollaps offenbaren? In der Pubertät ist das Leben ohnehin schon anstrengend genug! Und dann in einem fremden Land mit Eltern, die man kaum kennt. Welche Erwachsenen verstehen das? Ich wusste nur noch eine Zuflucht: Oma und Opa.

Bereits kurz nach meiner Ankunft hatte ich verlangt, zu Hause in Deutschland anrufen zu dürfen. Das war auch ausgemacht, weil ich Bescheid geben musste, ob ich heil angekommen war. Da meine Mutter kein eigenes Telefon besaß, mussten wir von ihrem Stadtteil, Klein-Windhoek, mit dem Taxi ins Zentrum fahren. Das waren etliche Kilometer, denn Windhoek ist eine Stadt, die sich über viele Hügel ausdehnt.

Wir fuhren oft zum großen Postgebäude an der Independence Avenue, und stets sorgten meine Auftritte für Aufsehen. Bereits wenn ich an der Seite meiner Mutter eintrat, weinte ich. Und das tat ich immer noch, wenn wir auf eine Verbindung warteten.

Nach der Wende hatte meine Oma ihren Arbeitsplatz in der Sparkasse am Alex behalten können. Sie war nun für die Rückübertragung von Immobilien an deren frühere jüdische Eigentümer zuständig. Wenn Waltraud Schmieder sich gerade mal wieder den Kopf über ein Problem zerbrach, läutete bestimmt das Telefon. Verzweifelt klagte ich ihr mein Leid: «Ich will nach Hause. Hier gefällt es mir nicht. Ich will zu dir, zu Opa, zu Jenny, zu Petra, zu Ines! Ich will hier weg!» Ich hatte mehrere Varianten des immer gleichen Wunsches, den Oma schon beim ersten Mal begriff. Aber Tausende von Kilometern entfernt, konnte sie auch nicht mehr erwidern als: «Steffi, halte durch. Du musst deine Mutter und deinen Vater kennenlernen. Und das Land, aus dem du letzten Endes kommst. Du wirst einmal in deinem Leben diese Erfahrung brauchen.»

Natürlich hatte sie schon 1993 recht. Ich benötigte noch etliche Jahre, um diese Erkenntnis zu gewinnen.

Meine Mutter sah schließlich ein, dass die Heulerei ein Ende haben und sie etwas unternehmen musste. Und da hatte sie eine Idee: Ich sollte mit Gleichaltrigen in Kontakt kommen. Sie packte mich ins Taxi, und gemeinsam fuhren wir auf die andere

Seite von Windhoek, in die Vorstadt Katutura. Hier lebten Verwandte, die Kinder hatten.

Mit keinem Wort erwähnte meine Mutter, was mich in Katutura erwarten würde. Auf staubigen, baumlosen Hügeln verloren sich klapprige Hütten in einem trostlosen, ausgedorrten Land. Oder drängten sich in Slumgebieten. Wie konnten Menschen so leben, wie hielt man das aus? Buden aus Brettern, aus Karton, Stroh, Wellblech und Plastikplanen. Das sollten Häuser sein? Hier sollte Verwandtschaft von mir wohnen? In diesem Elend, wo Kinder, kaum bekleidet, neben Müllbergen und Kloaken spielten, die spätestens gegen Mittag, wenn es warm wurde, stanken?

Was hatte das mit mir zu tun? Waren das etwa meine Wurzeln?

Ich traute mich nicht, meiner Mutter Fragen zu stellen. Ich ahnte, dass alles, was ich sagen würde, in ihren Ohren dumm klingen würde. Und ich wollte auf keinen Fall wie das verwöhnte Kind aus Deutschland wirken. Das sichtbare Elend und meine zunehmende innere Verkrampfung schnürten mir den Hals zu.

Natürlich hätte ich stolz auf meine Mutter sein können, die es geschafft hatte, in Klein-Windhoek ein Haus zu bewohnen, in dem es ein Bad und fließend Wasser gab. Bis heute ist es eine Gegend, in der vor allem Weiße leben. Doch darüber dachte ich damals nicht nach, fragte ebenfalls nicht danach, wie meine Mutter sich finanzierte. Dadurch wuchs der Berg an Unausgesprochenem ins Unendliche.

1993 gab es in Katutura bereits auch einige wenige Häuser aus Stein und mit Fenstern, wenngleich ohne Wasser- und Stromanschluss. In einem davon wohnte mit seiner Familie der einzige meiner Cousins, der Deutsch sprach. Ndeshipanda gehörte zu jenen Kindern, die von der SWAPO in die DDR geschickt worden waren. Dort mussten wir aneinander vorbeigelaufen sein, ohne von unserer Verwandtschaft zu wissen. Wegen dieser gemeinsamen Vergangenheit freundete ich mich mit meinem Cousin ein wenig an, und meine Mutter gestattete, dass ich bei ihm und seiner Familie wohnen durfte. Vielleicht war sie froh, mich einige Tage los zu sein.

Ndeshipanda war ebenfalls über die Verhältnisse in Katutura verunsichert. Denn er war in der DDR dazu erzogen worden, nach dem Abzug der Südafrikaner die zukünftige Elite seines Landes zu bilden. Nun wohnte er in einem Elendsviertel, dessen Name auf Oshiwambo bedeutete: «Der Ort, wo wir nicht leben möchten». Dennoch beeindruckte es mich, wie die Menschen hier trotz aller Armut fröhlich waren, sich von dem Dreck und dem Müll nicht stören ließen. Mich bewegte das so sehr, dass ich nach und nach etwas von meiner Kleidung verschenkte.

Von meinem Cousin erfuhr ich, dass zu unserer weitverzweigten Verwandtschaft auch Panduleni gehörte, die ich in Berlin als Freundin unserer Familie und Vizebotschafterin kennengelernt hatte. Sie war eine Halbschwester meiner Mutter. Und deshalb hatte sie für meinen Pass gesorgt und mich auch dann noch bei Schmieders gelassen, als alle anderen Kinder nach Namibia zurückgeschickt wurden.

Panduleni war einer der vielen Schutzengel in meinem Leben, die keine großen Worte über ihre guten Taten verloren.

Nachdem ich einige Tage bei meinem Cousin verbracht hatte, ging der Kleinkrieg zwischen meiner Mutter und mir weiter. Ich drängte darauf, meine Brieffreundin oder andere von den Jugendlichen zu treffen, bei denen ich 1990 drei Wochen in Staßfurt gelebt hatte. In Windhoek waren sie inzwischen als «DDR-Kinder» bekannt. Das war nicht freundlich gemeint, die Bezeichnung sollte deutlich machen, dass sie sich nicht in den Alltag einpassen wollten – was ich gut nachvollziehen konnte. Doch meine Mutter ließ es nicht zu, dass ich auch nur einen Schritt ohne sie in Windhoek unternahm.

«Hier ist es nicht sicher für dich», sagte sie.

«Mom», hielt ich ihr entgegen, «ich komme aus Berlin, da leben fast doppelt so viele Menschen wie in ganz Namibia!»

Trotzdem wich sie nicht von ihrem Standpunkt ab, ließ es nicht einmal zu, dass ich allein in der Windhoeker Innenstadt shoppen ging.

«Ich bin doch hier, um etwas von diesem Land zu sehen, aber jetzt sitze ich nur bei dir zu Hause rum», meckerte ich.

«Aber du siehst doch mich», sagte sie.

Und ich: «Du redest ja nicht mit mir.»

Sie: «Worüber sollen wir denn reden? Wir reden doch!»

Wahrscheinlich hätte die Situation zwischen meiner Mutter und mir entschärft werden können, wenn mein Vater sich mehr eingebracht hätte. Leider fiel es ihm schwer, eine eindeutige Position zu beziehen.

Wieder einmal waren meine Mutter und ich auf der Post, damit ich in Deutschland anrufen konnte. Da fand sie in ihrer Postbox einen Brief an mich vor. Mein Opa hatte ihn geschrieben, weil es ihm «gar nicht gefiel», dass ich ständig weinend anrief. Er sprach mir ins Gewissen: «Steffi, ich will, dass Du ein Kämpfer bist, der für sein Leben einen großen Schatz Erfahrungen sammelt. Deine ganze Verwandtschaft will bestimmt viel Gutes für Dich tun, aber es geht bestimmt nicht alles so, wie es jeder am liebsten hat. Anpassung, Toleranz, Verständnis für den anderen gehören dazu. Nicht dazu gehören Misstrauen, Beleidigtsein, empfindlich auf alles reagieren. Dabei kommt nicht viel raus, und man erschwert sich nur das Leben. Da Du wieder hierherkommst, ist es wie ein Ferienlager, in dem Du Dich mit den

Bedingungen abfinden musst und nicht einen ‹Heulmatzen› darstellst. Für Dich ist dies eine Schule des Lebens, und da gibt es auch komplizierte Stunden.»

Ich las den Brief zu Ende und steckte ihn erst einmal in meine Tasche. Das klang nicht nach dem, was ich erhofft hatte.

Nachdem ich immer wieder darum gebeten hatte, von Namibia noch etwas anderes als nur Windhoek zu sehen, eröffnete mir meine Mutter in der dritten Woche meines Aufenthalts: «Wir fahren in den Norden. Du sollst meine Mutter kennenlernen, deine Großmutter.» Zwar wäre es mir lieber gewesen, nach Hause zu fliegen, aber ich sah ein, dass ich mir das aus dem Kopf schlagen musste: Ich hatte zu bleiben, wo ich war. Da gab es nur eins – ein stetes Auge auf meinen Pass zu haben.

«Ferienlager», hatte Opa geschrieben. Vielleicht wäre es bei meiner afrikanischen Großmutter ein klein wenig so …

Im Busch

Das Taxi, das meine Mutter und mich in den Norden Namibias brachte, war so ungewöhnlich wie das meiste, was ich bisher in diesem Land gesehen hatte: Viele Menschen waren auf die Ladefläche eines Kleinlasters geklettert und eng zusammengerückt. Als ich dort kauerte, war mir noch nicht so ganz klar, wie weit die Fahrt sein würde. 750 Kilometer Landstraße! Anfangs schaute ich noch interessiert, aber Namibia kann im afrikanischen Winter sehr eintönig sein. Eine Landschaft zum Einschlafen. Was ich auch immer wieder tat.

Die kleinen Orte, die gelegentlich auftauchten, lagen Stunden voneinander entfernt. Dazwischen endlose Weite. Obwohl ich wusste, dass es auf der Erde riesige Gebiete gibt, in denen man kaum Zivilisation findet, so war es doch etwas ganz anderes, diese Dimensionen von der Ladefläche eines Pick-ups aus selbst zu erleben. Nach fast einem Tag Fahrt verließen wir das unbequeme Auto endgültig. Die lange Reise ließ mich jeden Muskel spüren. Ich sehnte mich danach, mich in einer schönen Umgebung entspannen zu können, aber danach sah es nicht aus: Wir befanden uns in einer eher trist wirkenden kleinen Ortschaft. Ringsum gab es viel Sand, kahle Büsche, und selbst die gigantisch anmutenden Palmen änderten nichts an der Monotonie der Gegend. Das also war «der Norden», wie meine Mutter das Owamboland immer nannte. Es war so flach, dass man annehmen konnte, die Erde wäre wirklich eine Scheibe.

In einem düsteren, vergitterten Tante-Emma-Laden kaufte meine Mutter ein, erklärte mir jedoch nicht, warum sie sich vor allem mit Trinkwasser eindeckte. Hatte meine Großmutter etwa keines? Oder lag noch eine weitere lange Fahrt vor uns? «Es dauert nicht mehr lange», sagte meine Mutter. Ich nahm an, dass sie das auch so meinte. Irgendwie schienen wir ja ohnehin schon am Ende der Welt angelangt zu sein. Wir kletterten mit dem Wasser und einigen Lebensmitteln in den nächsten Pick-up, der schon bald darauf die asphaltierte Straße verließ. Nun ging es endgültig hinein ins Nirgendwo.

«Wo wohnt denn meine Großmutter?», fragte ich unzählige Male. So weit ich blickte: Da war doch nichts, wo man wohnen konnte! Nur Wildnis, Gestrüpp, Büsche. Und ein sandiger Zickzackweg. Hin und wieder ein Baumriese mit urzeitlichen Ausmaßen, ein Baobab, ein Affenbrotbaum. Mit zunehmender Verzweiflung versuchte ich, mir wenigstens diese markanten Bäume einzuprägen. Doch wenn das Auto abbog, sah alles wieder gleich aus. Wie sollte ich jemals aus dieser Einöde herausfinden? Wäre meine Mutter plötzlich vom Erdboden verschluckt worden, ich hätte mich hingesetzt und wäre eingegangen wie eine Blume ohne Wasser.

«Wie lange bleiben wir bei meiner Großmutter?», fragte ich.

«In zwei Wochen holt dich dein Vater ab», antwortete meine Mutter, ohne zu erklären, ob sie selbst länger bleiben würde. Zwei Wochen – hier? Hatte ich mich im Haus meiner Mutter in Windhoek wie in einem Gefängnis gefühlt, so wähnte ich mich jetzt auf dem Mond. Meine Mutter wusste doch, dass ich aus einer Großstadt kam! Warum hatte sie mich nicht auf das vorbereitet, was mich hier erwartete? Wenn ich mich doch nur getraut hätte, sie zuvor zu fragen!

Endlich entdeckte ich dicht an dicht senkrecht im Boden steckende, von Sonne und Wind graugebleichte Holzpfähle, die einen undurchlässigen Zaun bildeten. Durch eine Lücke, die den Eingang darstellte, traten wir ein. Dabei rief meine Mutter etwas, das ich nicht verstand, Stimmen antworteten. Mom erklärte, dass man das hier so mache, wenn man um Einlass bittet.

«Das hier», fügte meine Mutter hinzu, «ist das Haus deiner Großmutter.» Auf mich wirkte «das Haus» wie eine Ansammlung runder, strohgedeckter Hütten, die eher an ein kleines Dorf erinnerten.

Kinder kamen uns jetzt entgegen, unglaublich viele Kinder, sie trugen verschlissene, ausgebleichte T-Shirts und löchrige Hosen. Schuhe hatte niemand an. Sie beäugten mich, eine typische Städterin, wie eine Außerirdische. Doch nachdem sie ihre anfängliche Scheu überwunden hatten, redeten sie auf mich ein. Leider verstand ich ihr Oshiwambo nicht. Ich versuchte es auf Englisch, aber nun blickten sie mich alle ratlos an. Ihnen war es unbegreiflich, dass ich – eine junge Owambo – ihre Sprache nicht beherrschte.

Ich erinnerte mich daran, dass Jenny und ich uns als kleine Kinder einen Spaß daraus gemacht hatten, so zu tun, als könnten wir uns in einer afrikanischen Sprache unterhalten. Wir hatten uns aber einfach nur etwas ausgedacht, und die Leute schienen zu glauben, dass wir uns tatsächlich verstanden. Damals hatte ich das sehr witzig gefunden …

Im «Haus» meiner Großmutter ging mit meiner Mutter, die zuvor so hart und schweigsam war, von einer Minute zur anderen eine erstaunliche Wandlung vor sich. Sie lachte, redete mit allen, tätschelte liebevoll Kinderköpfe. Sie bewegte sich auch anders, freier, als wäre eine Last von ihr gefallen. Und jeder freute sich, Clementine zu sehen; sie schien ausgesprochen beliebt zu sein. Was nicht verwunderlich war – immerhin war sie hier zu Hause.

Und schließlich tauchte auch meine Großmutter auf, *meekulu* Magdalena, Clementines Mutter. Eine kleine, zähe Frau, die mich aufmerksam musterte und nicht wesentlich größer war als ich, der laufende Meter. Sie ergriff meine Hand, ich machte den erforderlichen braven Knicks, danach drückte sie mich an sich. Sie sagte viele Willkommensworte, die zwar ernst und würdevoll klangen, bei denen ich aber spürte, dass sie liebevoll gemeint waren. Leider verstand ich sie nicht einmal ansatzweise. Und auch sie konnte nicht begreifen, dass ich Oshiwambo so gut wie nicht beherrschte. Meine Mutter übersetzte, was *meekulu* fragte: «Warum hat dich denn niemand gelehrt, die Sprache deiner Mutter zu sprechen?»

Was sollte ich darauf antworten?

«Komm mit, *meekulu* zeigt dir alles», sagte meine Mutter in mein ratloses Schweigen hinein.

Ich war beeindruckt von den vielen Hütten, die durch lange Gänge miteinander verbunden waren; dazwischen befanden sich immer wieder kleine Plätze. «Hier ist der Jägerbereich, in dem die Männer wohnen», erklärte meine Großmutter, nachdem wir schon eine Weile herumgegangen waren. Immer neue Hütten aus in den Boden gerammten Holzpfählen tauchten auf. Meine Mutter erklärte: «Da rechts ist der Arbeits- und Stampfbereich, da wird gekocht. Dort werden Vorräte aufbewahrt, und hier ist der Raum, in dem Gäste empfangen werden. Dies da ist der Bereich für die Frauen und hier der für die jungen Mädchen. Und in dem Haus in der Mitte wohnt *meekulu*.»

Für mich sah alles gleich aus, mal waren die Hütten größer, mal kleiner. War es nun ein «Haus», wie meine Mutter gesagt hatte? Oder ein Gehöft, gar ein kleines Dorf? Ich fand es zwar etwas verwirrend, mich zu orientieren, aber irgendwie wirkte alles auf exotische Weise faszinierend. Es war eine eigene kleine Welt, von der ich nichts wusste. Bei dem Rundgang begleiteten uns Kinder und Jugendliche in allen Altersstufen. Sie bestaunten mich ebenso neugierig wie die vielen Frauen und die wenigen Männer, die hier wohnten. Wie sie alle zusammengehörten, wurde mir nicht gesagt. Doch sie wirkten auf mich wie eine Art Dorfgemeinschaft.

«Und dort wirst du schlafen.» Damit war eine weitere der sich zum Verwechseln ähnlich sehenden Hütten gemeint. Ich warf einen Blick hinein, die Öffnung war so niedrig, dass wir die Köpfe einziehen mussten. Der einzige Raum hatte kein Fenster, und am Boden lagen nur Matten. «Du musst die Tür immer geschlossen halten, sonst kommen die Hühner hinein», sagte meine Mutter. Die Tür bestand aus miteinander verbundenen Hölzern und hatte kein Scharnier, ich sollte sie vor die Öffnung lehnen. Da gerade die Sonne unterging, war es innen dunkel. Ich suchte, ohne weiter nachzudenken, nach einem Lichtschalter. Da sagte meine Mutter: «Hier gibt es keinen Strom.» Das bedeutete, ich musste im Finstern schlafen! Trotz meiner übergroßen Angst vor Dunkelheit.

«Aber eine Öllampe gibt es doch?», fragte ich ungläubig. Kopfschütteln. «Was macht man denn, wenn es Nacht wird?» Meine Mutter gab sich leider keine Mühe, mich mit *meekulus* mir so fremdem Leben vertraut zu machen: «Dann gehen wir schlafen», antwortete sie ungerührt. Mehr nicht. Sie, die Vermittlerin zwischen den Generationen, gab auch in den nächsten Wochen nur die nötigsten Informationen weiter.

Die langen Fahrten über die Landstraßen und durch den «Busch», wie Mutter ihre Heimat nannte, hatten mich erschöpft. Ich war todmüde und zog mich in mein «Zimmer» zurück, solange es noch so hell war, dass ich mich nach einiger Zeit in ihm orientieren konnte. Zunächst suchte ich für meinen

Pass ein Versteck. Das war das Wichtigste. Dabei wurde mir bewusst, dass ich mich an einem Ort aufhielt, der mir nicht nur wegen seines mangelnden Lichts suspekt war.

In Berlin hatte ich die Geschichte eines Namibiers gehört, der mit seinem erst vier Jahre alten Sohn «im Norden» gewesen war. Der Kleine wurde von einer Schlange gebissen und starb. Bislang hatte ich an diese Horrorstory nicht gedacht, die Jenny und ich oft aufgewärmt hatten, wenn es um Afrika ging.

Vorsichtig untersuchte ich die Hütte, felsenfest davon überzeugt, dass eine hungrige Schlange nur darauf wartete, mich zu beißen. Wie sollte ich hier schlafen? Der Walkman! Welch ein Glück, dass das Gerät mit Batterien betrieben wurde. Ich hoffte inständig, die Musik würde meine Angst vertreiben. Aber Dunkelheit und die Möglichkeit (nein: die Gewissheit), meine Schlafmatte mit einer Schlange (viel wahrscheinlicher: mit mehreren) zu teilen, ließ mich kein Auge zumachen. Dabei hätte ich eigentlich dringend auf die Toilette gemusst. Aber auch so etwas gab es bei *meekulu* nicht. Ich hätte mich irgendwo in die Büsche hocken müssen. Wo, davon war ich vollkommen überzeugt, garantiert eine Schlange auf mich wartete.

Wenn es hell wird, wird bestimmt alles besser, hoffte ich …

Meine vielen Ängste hatten mich aber so müde gemacht, dass mir irgendwann doch die Augen zufielen. Ich hatte das Gefühl, gerade eingeschlafen zu sein, als mich *meekulu* weckte. Sie kam in meine Hütte und sagte: «*Walalapo,* Stefania – guten Morgen.»

Es wäre naheliegend gewesen, mit «*Walalapo, meekulu*» zu antworten. Und sich vielleicht noch einmal kurz umzudrehen – wenn man in Deutschland gewesen wäre! Doch schon in Windhoek hatte meine Mutter mir mit ihren Benimmregeln eingeschärft, dass Owambos alten Menschen tiefen Respekt entgegenbringen. *Meekulu* genoss darüber hinaus uneingeschränkte Autorität, weil sie als Älteste dieses Dorfes das Sagen hatte.

Folglich musste *meekulus* Weckritual genau eingehalten werden. Auf ihren allmorgendlichen Gruß hatte ich zu antworten: «*Ee-ee*», was «ja» heißt, doch letztlich so viel wie «Ich höre dich» bedeutet. Danach fragte *meekulu*: «Wie geht es dir?» Ich: «Gut. Guten Morgen, Großmutter.» Sie: «Ja.» Ich: «Wie geht es dir?» Sie: «Gut.»

Dieses Hin und Her machte mich wach, und ich fand es auch schön, so geweckt zu werden. Es wäre angenehm gewesen, sich jetzt in einem Badezimmer zu erfrischen, aber das einzige Wasser, das zur Verfügung stand, befand sich in einem Plastikkanister und sah sehr trübe aus. Also verzichtete ich auf die Morgentoilette. Meine Armbanduhr zeigte an, dass es noch nicht einmal sechs Uhr morgens war! Kurz darauf ließ ein gleichmäßiges Wummern den Boden sanft erzittern.

Neugierig ging ich dem Geräusch nach – und sah Frauen und Mädchen lange Holzstangen in ausgehöhlte Baumstümpfe hineinstoßen. Auf diese Weise wurde Korn zu Mehl «gemahlen». Im Laufe des Vormittags gab es schließlich Frühstück. Dazu hockte man sich auf den sandigen Boden, aus trockenen Blättern geflochtene Teller wurden hingestellt, darauf lag ein zäher, grau-brauner Brei. Der war fast geschmacklos, aber ich durfte etwas Zucker darauf streuen – eine Kostbarkeit. Der Brei bestand aus jenem Mehl, dessen Entstehen ich nach dem Aufstehen beobachtet hatte. Man aß mit den Fingern, und in Berlin hatte mein Opa mit unendlicher Geduld meine linke Hand trainiert, damit ich bei Tisch ordentlich die Gabel halten konnte.

Außerhalb des Owambogehöfts suchten magere Ziegen den Boden nach Gras oder anderem Essbaren ab. Einige blieben in einen engen Kral gesperrt. Den Grund erfuhr ich gegen Abend, als ein Junge von *meekulu* ins Ziegengehege geschickt wurde. Die Tiere sprangen meckernd auseinander, dennoch bekam er eines zu fassen. So eine hübsche Ziege, dachte ich, da wurde sie schon brutal zu den Hütten gezerrt und gefesselt. Ein Messer wurde hervorgezogen. Die Ziege schrie wie verrückt um ihr Leben, der Junge kniete sich auf ihren Hals, das Messer in der Hand, ein Mädchen hielt eine Blechschale darunter. Ich wandte mich ab und hielt mir die Ohren zu, um das Schreien des sterbenden Tieres nicht hören zu müssen. Schließlich lief ich von diesem Gemetzel fort.

Ich stand vor dem Hüttendorf meiner Großmutter und blickte mich verzweifelt um. Nur leere Weite. Ich wäre am liebsten von diesem Ort geflohen. Aber wohin? Hier gab es doch niemanden, der mir helfen konnte.

Was hatte mein Opa geschrieben? Ferienlager? Das hier erinnerte nicht im Geringsten daran!

Also kehrte ich zurück in die Mitte des Dorfes und fand meine Mutter im Kreis anderer Frauen. «Mom, muss ich die Ziege wirklich essen?», fragte ich.

Die Frauen saßen auf dicken runden Baumstücken und tranken aus Plastik- oder Emaillebechern eine gelblich grüne Flüssigkeit, die ich nicht kannte. Zwischen ihnen stand auf dem Boden ein aus Blättern geflochtener Korb, darin lagen wurmartige Dinger, grau-braun-schwarz, undefinierbar. Sie sahen aus wie dicke Raupen. Hin und wieder steckte sich eine der Frauen solch ein Teil in den Mund und aß es sichtlich mit Genuss. Mich schauderte.

Meine Mutter griff in den Korb und reichte mir eines der toten Viecher mit den Worten: «Wenn du keine Ziege essen willst, iss das.» Ich schluckte trocken, fragte, was das denn sei. «Mopane-Würmer», antwortete sie ungerührt. Alle sahen mein entsetztes Gesicht und kicherten über das dumme Mädchen aus Deutschland.

Auf die Bitte meiner Mutter hin nahmen die Kinder mich mit zu einem Termitenhügel, der sich nicht weit von dem Gehöft meiner Großmutter neben einem großen Baum befand. Mit geschickten Fingern kratzten sie den ockerfarbenen harten Lehm auf und hielten kurz darauf ein kleines Krabbeltier in den Händen, das in den Termitenhügeln lebte. Die Mopane-Würmer wurden in ein Gefäß gepackt. Mit Händen und Füßen erklärten mir die Jungen und Mädchen, dass sie darin langsam ersticken würden, anschließend kämen sie zum Austrocknen in die Sonne. Natürlich an einem Ort, wo die überall herumlaufenden Hühner sie nicht erreichten. Hatte das Sonnenlicht die Würmer «gegrillt», waren sie zum Verzehr bereit.

Ich musste an meinen Geschichtsunterricht vor einigen Jahren denken: Die Urmenschen wurden durchgenommen. Und ich hatte mich gefragt, wie Menschen so leben konnten. Ohne Zivilisation. Jetzt hatte ich das Gefühl, mich plötzlich mitten unter ihnen zu befinden!

Hatte meine deutsche Oma das gemeint, als sie von meinen «Wurzeln» sprach? Wahrscheinlich nicht. Denn in einem Brief, den sie mir damals nach Namibia schickte, räumte sie ein: «Ich konnte dich auf diese Reise nicht vorbereiten.»

Anstatt die Würmer zu probieren, zog ich es letztlich vor, mich dem Ziegenmahl zu stellen. In Deutschland aß ich schließlich auch Schnitzel. Aber das Schwein, von dem es stammte, hatte ich zuvor weder kennengelernt noch zugesehen, wie ihm jemand den Hals durchschnitt.

Inzwischen wusste wohl jeder, dass ich als Stadtmensch erhebliche Eingewöhnungsschwierigkeiten hatte. Der Erklärungsversuch meiner Mutter klang so: «Die Leute essen das dort nicht, wo sie herkommt. Sie kennt das nicht.» Denn ebenso wenig, wie ich den Verzehr von Mopane-Würmern gewohnt war, konnten sich *meekulus* Leute vorstellen, dass ein Stück Fleisch in Plastikfolie verpackt im Kühlregal liegt.

Großmutter Magdalena suchte für mich die besten Stücke von der gegrillten und nun zerkleinerten Ziege heraus. Fleisch, das nicht so zäh war. Es knirschte dennoch verdächtig zwischen meinen Zähnen. Sand! Er war überall, was auch nicht verwunderte, denn Tische gab es nicht. Die Mahlzeiten wurden am Boden eingenommen – und der bestand aus feinem weißem Sand. Sosehr ich auch wollte, aber ich schaffte es nicht, diese Sand-Ziege zu essen. Überall streunten Hunde herum, denen niemand etwas zu fressen gab. Die bekamen bestenfalls einen Tritt, wenn sie zu aufdringlich wurden. Still und heimlich manövrierte ich die Stückchen hinter mich. Es war meistens so dunkel, wenn wir aßen, dass ich hoffte, meine Trickserei würde nicht bemerkt.

Bei späteren Mahlzeiten achtete ich darauf, dass man mir nicht mehr die besten Stücke gab, die dann in den Mägen von Hunden landeten. Ich hatte mitbekommen, dass für all die vielen Menschen, die bei *meekulu* wohnten, eine einzige magere Ziege als Mahlzeit ausreichen musste. Also sagte ich zu meiner Mutter: «Ich will das Gleiche essen wie ihr!» Leider hatte ich nicht bedacht, dass einfach alles verwertet wurde, was an einer Ziege dran ist – auch die Augen und die Lippen.

Wenn ich durch die Hüttensiedlung streifte, machte ich nun einen Bogen um die «Küchen». Es gab davon mehrere. Die Hauptküche war eine luftig gebaute Hütte, in der zwischen runden, vom Ruß geschwärzten Steinen gekocht wurde. In einem brodelte meist Ziegenblut, bis es dunkel und klumpig war. In einer anderen «Küche» lagen gelegentlich in einer Schale blutige Ziegenbeine mit schwarzen Fellbüscheln an den Füßen. Oder Rippen mit wenig rotem Fleisch dran, aber vielen Fliegen drauf. Das alles landete auf einem simplen Grill, an dem noch die Reste vom vorherigen Mahl klebten. Entdeckte ich einen Ziegenkopf, aus dem die Adern und letzten Wirbel ragten, war dieser Anblick für mich das perfekte Diätprogramm.

Zu jeder Mahlzeit gab es den grauen *oshifima*-Brei, abends tunkte man ihn in das beim Zubereiten der Ziege aufgefangene und mit Wasser gestreckte Fett. Brot? Ich wagte nicht danach zu fragen. Gemüse? Ich sah selbst, dass man das nicht hatte. Schon während der Wochen in Windhoek hatte ich mich mit der Erkenntnis abgefunden, dass Menschen, die gerne Gemüse essen, in Namibia ein Ernährungsproblem haben. Menschen wie ich.

Wo auch immer ich stand oder saß, die Hühner waren nie weit. Aus Langeweile und Spaß taufte ich sie Wladimir, Eddie, Bärbel ... Eines Abends gab es Huhn, und wie gewöhnlich knirschte es sandig zwischen meinen Zähnen. Doch als ich realisierte, dass ich gerade an Wladimirs Herz kaute, bekam die Redewendung «Sie hat etwas Falsches gegessen» einen ganz neuen Sinn. Ich erbrach mich.

Wenn *meekulu* fragte: «Wer fängt heute ein schönes Huhn?», rannten sofort alle Kinder hinter den Geflügeltieren her. So viele Kinder sind garantiert eines Huhnes Tod. Wohl oder übel musste ich hinnehmen, dass auf meiner Speisekarte viele Wladimirs, Eddies und Bärbels standen. Mir erschien es die bessere Alternative zu sein, einem Huhn erst abgepackt im Kühlregal zu begegnen ...

Ähnlich verhielt es sich auch mit dem Wasser, das ich trank. Nicht jenes Wasser, das meine Mutter und ich in dem Tante-Emma-Laden gekauft hatten. Das war schon am selben Tag ausgetrunken. Einen Wasserhahn, den man mal eben aufdrehen konnte, gab es nicht. Auch keinen Brunnen. Das warf die Frage auf, woher das trübe Wasser kam, das alle tranken. Und natürlich auch ich. «Das wird aus einem Teich geholt», klärte meine Mutter mich auf. «Wenn die Kinder wieder Wasser holen, begleite sie. Du hast ja nichts zu tun.»

Ich wusste in der Tat nicht, wie ich den Tag herumbringen konnte. Und so ging ich beim nächsten Mal mit. Aber Clementine hatte nicht erwähnt, dass mich ein stundenlanger Marsch durch die Unendlichkeit des Owambolandes erwartete. Den Jugendlichen, mit denen ich unterwegs war, machte das nichts aus, sie waren es gewohnt. Sie mussten drei Stunden in den nächsten Ort gehen, wenn sie in die Schule wollten. Vorausgesetzt, sie waren nicht an der Reihe, *meekulus* weit verstreut lebende Rinder zu hüten. Das Überleben war wichtiger, als lesen, schreiben und rechnen zu können.

So gesehen war ich ein Luxusgeschöpf. Allerdings fiel mir wegen meiner verkürzten Achillessehne langes Laufen auf weichem Untergrund schwer. So litt ich an mir selbst und meiner Verdrossenheit über das primitive Leben viel zu sehr, um mich so zu empfinden. Und erreichte meinen Tiefpunkt, als ich die Herkunft unseres Trinkwassers mit eigenen Augen sah!

Der Käfer in meinem Bauch

In dem trockenen Land fanden wir tatsächlich den Tümpel, aus dem wir das Trinkwasser holten. Er war von zwei Seiten von Bäumen umstanden. Je näher ich kam, desto deutlicher sah ich, wie schmutzig das Wasser war, eine braune Brühe. Ich wunderte mich, dass eine Frau darin ihre Wäsche wusch. Sauber würde die wohl nicht werden, dachte ich. Die Jungen und Mädchen aus Großmutters Dorf begannen nun Wasser in die großen Plastikkanister zu füllen, die wir mitgebracht hatten. Das Wasser, das ich seit Tagen trank, stammte also von hier! Wo man Wäsche darin wusch?

Ein Hund trank aus diesem Tümpel, glücklich, nicht verdursten zu müssen. Und Esel standen darin. Nicht weit entfernt sah ich einen Mann, der hineinpinkelte. Mein anfängliches Erstaunen wich blankem Entsetzen. Wenn ich dieses Wasser weiterhin trank, konnte ich die Tage zählen, bis ich schwer krank wurde.

Die Kinder packten sich die vollen Kanister auf ihre Köpfe und machten sich fröhlich auf den Rückweg. Sie versuchten mir beizubringen, wie man aufrecht ging und dabei zehn Kilo auf dem Kopf behielt. Dieser Crashkurs im Lastentragen ließ jedoch die Lasten zu Boden krachen. Ich musste die Kanister, die zuvor noch federleicht waren, nun mit meinen Händen schleppen. Der Rückweg war weiter als alles, was ich mir vorstellen konnte. Und das für ein Wasser, das ich nie mehr trinken wollte.

Meekulu erklärte mir, ich könne das Wasser abkochen. «Das ist sogar viel gesünder», meinte sie. Sie selbst tat dies nicht. «Wir sind daran gewöhnt», sagte auch meine Mutter. Das war ihre übliche Redewendung, wenn mir etwas fremd und ungesund erschien. Also kochte ich das Wasser ab, wodurch die trübe Färbung oder die kleinen Teilchen, die in ihm schwammen, sich nicht auflösten. Aber was sollte ich stattdessen trinken? Etwa das grünlich gelbe Gebräu, das nicht nur meine Mutter und die anderen Frauen tranken, sondern auch die Kinder? Sie verdünnten es allerdings mit dem entsetzlichen Tümpelwasser.

Ich nippte an dem Getränk und stellte fest, dass es Alkohol enthielt. Mir wurde erklärt, dies wäre Owambobier. Alkohol, folgerte ich, würde hoffentlich auch alle sonstigen Keime töten. Mit dieser Überlegung stieg ich auf Bier um, nur zum Zähneputzen benutzte ich noch das trübe Wasser. Das hatte den Nachteil, dass ich bereits gegen Mittag beschwipst war. Dieser Zustand half aber nicht gegen die Langeweile und die Angst, im Owamboland bleiben zu müssen. Ich zählte jeden Tag, der verging, und hoffte, dass die zwei Wochen, bis mein Vater mich endlich abholen würde, bald vorbei wären. Wenn ich nun schon Alkohol trank, um zu überleben, dann musste ich wohl oder übel auch Mopane-Würmer essen. Bei näherem Hinsehen, also kurz bevor ich so ein Tierchen essen wollte, entdeckte ich: Die haben ja richtige Gesichter, die schauen mich an! Es half nichts: ab mit dem Kopf, anschließend das Hinterteil abzwicken. Wie die Dinger schmecken? Keine Ahnung, ich war mit Schlucken beschäftigt! Ein einziges Mal brachte ich das über mich. Soll ja niemand sagen, ich hätte es nicht zumindest probiert!

Eines Tages begann *meekulu* mit den Vorbereitungen zu einem Fest. Meine Mutter erklärte mir, das Rinderfest stünde vor der Tür, und fügte hinzu: «Unsere Verwandten reisen dazu von überall her an, sogar aus Angola werden sie kommen.»

Angola lag relativ nah, nach afrikanischem Ermessen. Man konnte dort hinlaufen, und wenn man nach ein, zwei Stunden angelangt war, sah man das Gleiche wie in Namibia. Büsche und Bäume und Sand. Es war nicht einmal notwendig, dieses Einerlei mit einem Grenzzaun zu trennen, einige Markierungen hier und da reichten.

Für mich begann das Fest damit, dass ich zu einem Kral mit Rindern geführt wurde. An die hundert Stück waren es bestimmt. «Die gehören *meekulu*», sagte meine Mutter. «Und du darfst dir jetzt eines aussuchen.»

Die schönen, wenngleich mageren Tiere sahen mich an aus großen, treuherzigen Augen. «Ich brauche kein Rind», sagte ich nichtsahnend. Ich wollte doch wieder fort aus Afrika und keine Zukunft als Bäuerin! Dass ich mit dieser Sorge gründlich falschlag, enthüllte meine Mom sofort: «Du sollst eines aussuchen, damit es geschlachtet wird.» Mir wurde auf einmal ganz anders zumute. Die Rinder wirkten so arglos, kauten ihr mühsam gefundenes Gras zum wiederholten Mal. Und nun sollte ich entscheiden, welches von ihnen sterben musste? Clementine bemerkte mein Zögern: «Das ist eine große Ehre, dass du eines aussuchen darfst.» Jetzt erst ging mir die ganze Tragweite auf: Mit dem Rinderfest wurde die Heimkehr der verlorengeglaubten Enkelin gefeiert!

Diese Erkenntnis beruhigte mich keineswegs, denn ich erinnerte mich an das traurige Los der Ziegen. Und so sollte auch eines dieser Tiere hier im Rinderkral enden? Und daran sollte ich schuld sein? In meinem Hals bildete sich ein Kloß.

Um mich herum standen zahlreiche Verwandte, die man

vermutlich damit gelockt hatte, dass es dieses Aukongo-Kind aus Deutschland zu bewundern gäbe. Ein Mädchen, das unter Weißen lebe, trotz seiner vierzehn Jahre immer noch die Schule besuchen dürfe und viel wisse. «Sie wird einmal Doktor …» Aber ich sah nur die Tiere, *meekulus* ganzen Stolz, denn viele Rinder zu haben bedeutete Reichtum.

Jedes schien mich anzuflehen, am Leben bleiben zu dürfen. «Hebe einfach die Hand und zeige auf eines», sagte Mom ungeduldig. Wenn ich mich jetzt nicht entschied, würde ich Schande über den Aukongo-Clan bringen. Das wollte ich nicht. Also drehte ich mich um und deutete blindlings in Richtung der Herde. Danach verließ ich den Kral – und spürte Verachtung in meinem Rücken wie ein Messer.

«Sie kennt das eben nicht», erklärte Clementine ein weiteres Mal.

Die Vorbereitungszeit für das Rinderfest hatte eine Woche gedauert. Es wurde gründlich gefegt und aufgeräumt, Baumstämme wurden zu Sitzgelegenheiten zerteilt, die Frauen brauten Bier und kochten verschiedene Gerichte. Das Fest selbst währte einen Tag, an dem ich unzähligen Menschen vorgestellt wurde. Wenn ich doch nur mit ihnen hätte reden können! So war es insgesamt eine eher frustrierende Erfahrung, zwar viele Angehörige zu treffen, aber nichts über sie erfahren zu können.

Als alles vorbei war, begann ich wieder die Tage zu zählen, bis mein Vater kommen sollte. Nach genau zwei Wochen packte ich meine Sachen in der düsteren Hütte zusammen und wartete darauf, dass er jeden Augenblick auftauchte. Doch das tat er nicht. Der Tag verging, ohne dass er eintraf. Jetzt haben sie mich, dachte ich, sie wollen also doch, dass ich für immer hierbleibe. Ich packte meine Habseligkeiten wieder aus und begann mich damit abzufinden, im Owamboland leben zu müssen.

Meiner Mutter ging ich langsam auf die Nerven. Sie hatte

keine Lust mehr, für mich zu übersetzen und meine Launen zu ertragen. Umgekehrt machte ich sie dafür verantwortlich, dass ich hier festgehalten wurde. Dass sie sich Urlaub genommen hatte, um diese Reise mit mir zu machen, auf die Idee kam ich nicht, weil sie nie sagte, was los war. Soweit ich mich erinnere, wusste ich zu diesem Zeitpunkt noch nicht einmal, dass sie in Windhoek als Sekretärin im Energieministerium arbeitete.

Fünf weitere Tage verstrichen, bis mein Vater endlich auftauchte, um mich in einem Auto abzuholen. Ich stürzte mich auf ihn und schrie ihn auf Englisch an, wie er es wagen könne, mich hier alleinzulassen! Er war vollkommen verblüfft und verstand im ersten Moment überhaupt nicht, wovon ich sprach: «Du bist hier bei deiner Familie, sie kümmert sich um dich. Du hast einen Platz zum Schlafen, und zu essen gibt es auch ausreichend», sagte er. Aber weil er mich so liebevoll umarmte, so, wie meine Mutter es nie tat, verrauchte meine Wut schnell.

Außerdem beruhigte er mich, was die nächste Zeit betraf: «Du wirst bei deiner Tante Lahya in einem richtigen Haus wohnen, und da sind auch Cousinen und Cousins in deinem Alter, mit denen du dich wie mit mir auf Englisch unterhalten kannst.»

Die Schwester meines Vaters lebte in Ondangwa, einer der größeren Ortschaften im Norden Namibias und mit dem Wagen fast drei Stunden von *meekulus* Dorf entfernt. Warum meine Mutter uns bei diesem Besuch nicht begleitete, fragte ich nicht. Ich hatte auch nichts dagegen, eine Weile von ihr getrennt zu sein.

Was Tante Lahyas Haus betraf, so hatte mein Vater nicht zu viel versprochen. Nicht nur dass es aus Steinen gebaut war, über eine Toilette und Möbel verfügte, vor allem war es von den sechs Kindern meiner Tante geprägt. Das Jüngste war gerade zur Schule gekommen, die Ältesten waren Teenager wie ich. Die Poster an ihren Zimmerwänden zeigten internationale Popstars. Über die Musik auf meinen Walkman-Kassetten fanden wir schnell zusammen. Und mein Vater organisierte zu meinem Empfang eine große Willkommensparty. Er lebte zusammen mit seiner Schwester, bis er später eine eigene Familie gründete.

In Tante Lahya lernte ich eine Frau aus der Generation meiner Eltern kennen, die mich tief beeindruckte. Trotz ihrer großen Kinderschar arbeitete sie als Krankenschwester und Hebamme. Sie war eine geachtete Frau, die ihr Hebammen-Diplom an einem prominenten Platz im Wohnzimmer aufgehängt hatte. Mein Vater erzählte, er hätte es gern gewollt, dass ich als seine Erstgeborene den Namen seiner Schwester trage. Da er jedoch in Berlin bei meiner Geburt nicht dabei gewesen war, hatte ich nur den deutschen Namen bekommen.

«Sonst hättest du Lahya geheißen», sagte mein Vater.

Ich fand, der Name gehörte zu mir. Er war wie ein Teil, das meinem Selbst fehlte. Von diesem Tag an war ich Stefanie-Lahya.

Erst später fand ich heraus, was Lahya bedeutet: «Geschenk». Nicht in der Sprache der Owambo, sondern auf Finnisch! Zurückzuführen ist dies auf Zeiten, als finnische evangelische Missionare sich im Owamboland niederließen.

Eine Woche blieb ich bei Tante Lahya und meinen Cousins und Cousinen, danach fuhren wir wieder zu *meekulu* Magdalena. Damit wir meine Mutter abholten, um anschließend gemeinsam zurück nach Windhoek zu reisen. Dachte ich. Aber meine afrikanische Familie plante zuvor etwas anderes. Wieder schlief ich in der fensterlosen Hütte, und obwohl ich noch keine einzige Schlange zu Gesicht bekommen hatte, war die Angst augenblicklich wieder da. Natürlich umsonst. Es war noch dämmrig, so gegen fünf Uhr in der Früh, als ich geweckt wurde. Wie so oft trug ich meinen Schlafanzug mit den kleinen Bären. Und meine Haare steckten noch in einer Mütze, damit während des Schlafens kein Insekt hineinkroch. So stellte ich mich dem, was folgte!

Meine Mutter übersetzte, was meine Großmutter sagte: Eine Frau wäre aus Angola gekommen, die ganze Nacht sei sie gelaufen, um mich einem Ritual zu unterziehen. Ich fühlte mich bei dem Gedanken, ohne weitere Erklärung einer Zeremonie ausgesetzt zu werden, nicht sehr wohl. Aber natürlich ging ich mit den beiden Frauen. Ich wurde in die Mitte der Hüttenansammlung geführt, zu jenem Platz, den ich mir angewöhnt hatte, als «Wohnzimmer» zu bezeichnen. Trommeln wurden geschlagen, alle anderen Dorfbewohner wachten auf und versammelten sich um uns.

Die alte Frau hatte eine Menge Utensilien mitgebracht. Etliche Zutaten tat sie in einen Topf, danach rührte oder stieß sie mit einem Stock in ihnen herum. Ich betrachtete die Alte und kam zu dem Schluss, dass sie mir nicht sympathisch war. Nun wurde mir mulmig. Welche Art von Ritual sollte das hier werden? Nur eine einzige Zeremonie war mir bekannt – das Verpassen von Stammesnarben. Damit ich für immer als eine Aukongo gebrandmarkt wäre. Ich bettelte und flehte, man möge mir das nicht antun. Mir kam gar nicht in den Sinn, dass es sich um etwas anderes handeln könnte. Schließlich trugen weder meine Mutter noch mein Vater Stammesnarben. Ich sah nur die Gerätschaften, die Zutaten sowie die Frau, die ich für eine Hexe hielt.

Die Frau forderte mich nun auf, mit ihr zu singen. Obwohl ich gern singe, fand ich den jetzigen Zeitpunkt nicht unbedingt optimal. Die «Hexe» hob meine Schlafanzugjacke an und begann mich mit dem Zeug einzureiben, das in ihrem Topf war. Ich hätte schwören können, dass da Froschaugen und ähnliche schreckliche Dinge drin waren. Aber das Beste kam noch: Plötzlich hielt mir die Alte eine Schale vors Gesicht. Ich solle trinken, forderte sie mich auf. Ich konnte sehen, dass in der grünlichen Brühe ein Käfer schwamm! Okay, dachte ich, ich werde ein wenig an diesem Gebräu nippen, danach wird die gute Frau mich bestimmt in Ruhe lassen.

Doch ich hatte nicht mit ihrem resoluten Vorgehen gerechnet. Sie setzte die Schale an meinen Mund und kippte mir die Suppe mit Schwung in den Hals. O Gott, dachte ich, dieser Käfer wird für immer und ewig in meinem Bauch bleiben …

Irgendwie überstand ich die Zeremonie, aber erst viele Jahre später sollte ich erfahren, was es mit dem Ritual auf sich hatte.

Noch an diesem Tag ging es zurück nach Windhoek. Dort angekommen, erlaubte mir meine Mutter sogar, einige «DDR-Kinder» zu treffen. Sie erzählten mir von ihren Erfahrungen im Owamboland. Niemand, mit dem ich sprach, reiste damals freiwillig «in den Norden», um Familien zu treffen, die auf eine Weise lebten, die wir nicht verstehen konnten. Während genau das von uns erwartet wurde.

Die DDR-Kids gingen mit der Situation auf ihre Weise um – sie gründeten den «Ossi-Club». Da trafen sie sich regelmäßig und ließen die Vergangenheit aufleben. Ihre Erinnerungen konnte ich aber nicht mit ihnen teilen, es waren nicht meine. Ich hatte in der DDR ein völlig anderes Leben geführt. In einem Punkt jedoch glichen sich unsere Erfahrungen: Wo wir auch waren, wir waren nirgendwo wirklich zu Hause.

Als das Ende meiner zwei Monate in Namibia gekommen war, nahm ich einen der vielen Briefe zur Hand, die meine Pflegeeltern mir geschrieben hatten. In einem meinte meine Oma: «Keiner weiß, wie sich in Deutschland alles entwickelt und ob du hier noch sicher leben kannst. Vielleicht kommt mal die Zeit, wo du für immer nach Afrika gehst.»

Wegen der Erfahrungen, die ich in diesen acht Wochen gemacht hatte, bekamen diese Worte, die ich so ähnlich schon oft gehört hatte, ein neues Gewicht. Sollte meine Zukunft tatsächlich in Namibia sein, so durfte ich diese Möglichkeit nicht länger leugnen. Ich musste zu einer eigenen Meinung finden. Was also sollte ich von den vergangenen Wochen halten? War es nun eine gute oder eine schlechte Erfahrung?

Elvis lebt in Swakopmund

Schon bei dieser ersten Rückkehr aus Namibia geschah mit mir etwas Seltsames: Obwohl ich mich im *meekulu*-Land nicht wohl gefühlt hatte, übte es von Deutschland aus betrachtet doch einen eigentümlichen Reiz aus. Als ich sofort mit meinem Schulalltag konfrontiert wurde, den meine Mitschüler bereits seit zwei Wochen lebten, fand ich, dass sie sich wie mit einem Panzer schützten. Sehnsüchtig dachte ich an die entspannte Atmosphäre in Afrika, wo ich solch ein Verhalten – außer bei meiner Mutter – nicht erlebt hatte. Die Menschen dort hatten noch einen Sinn für die kleinen Dinge, über die sich Deutsche nur schwer freuen konnten. Wer entschied eigentlich, ob ein am Wegesrand um sein Leben kämpfendes Gänseblümchen weniger wert ist als eine hochgezüchtete Orchidee? Ich stellte diese Frage nur meinem Tagebuch, denn ich wollte vermeiden, dass man mich für etwas überdreht halten könnte, würde ich über solch eine Nebensächlichkeit laut nachdenken.

Meine Klassenkameraden wollten möglichst cool wirken. In namibischen Gesichtern hatte ich Freude gesehen, wenn etwas schön war, und Enttäuschung, wenn es nicht so gut lief. Man lebte dort seine Gefühle. Gewiss, auf den ersten Blick schienen die ausgemergelten Züge meiner *meekulu* hart. Aber von einer Sekunde zur anderen wich diese Härte einer Weichheit, einem

Mitgefühl, einer Ehrlichkeit, die ich nicht in Worte fassen konnte, die aber mein Herz berührte.

Noch lagen meine Empfindungen für Namibia hinter einem Schleier, durch den ich nichts Genaues erkannte. Aber ich spürte: Da ist etwas, das ich noch nicht richtig begreife. In der Prenzlauer Allee vermisste ich auch die Natur, denn erst in der Erinnerung wurde mir bewusst, wie schön ein Sonnenaufgang sein kann. Wenn man sieht, wie die Erde atmet. Wie sich am Abend mit der untergehenden Sonne alles langsam zur Ruhe begibt.

Gut, ich hatte während meiner Wochen in diesem Land kaum ein Wort verstanden, das gesprochen wurde, hatte zeitweilig keine Toilette, musste ohne Radio und Fernsehen auskommen. Als ich jedoch zu Hause den TV-Apparat anstellte und Werbung für Sahne aus der Sprühdose sah, erschien es mir lächerlich, dass Menschen so etwas haben mussten! In meinem Inneren war ich tief gespalten, wohin ich gehörte. Aber weil diese Überlegungen so schwer in Worte zu fassen waren, sprach ich sie nicht aus. Stattdessen gab ich meiner Familie einen Reisebericht, der fast alles ausließ, was mir weniger gefallen hatte. Ich suchte jene Begebenheiten aus, die interessant waren, und davon erzählte ich voller Begeisterung. Zumindest empfanden es meine Zuhörer so. Und prompt fragten meine Pflegeeltern, wann ich denn wieder nach Namibia wolle.

Wenn ich darauf doch nur eine eindeutige Antwort hätte geben können! Seitdem ich denken konnte, erinnerte man mich daran, dass ich «eigentlich» Namibierin sei. Deshalb hatte ich das Gefühl, ich sei verpflichtet, meine Heimat zu lieben. Ich kam ja irgendwie von dort, und vielleicht würde ich tatsächlich nach dem Ende meiner Schulzeit dort leben müssen. Schon allein deshalb hätte ich nicht antworten können: Da will ich nie wieder hin.

Aber Namibia, das war auch meine Mutter. Und so sagte ich vorsichtig: «Für zwei Wochen könnte ich mir das schon nochmal vorstellen.» Darauf meine Oma: «Das ist so eine weite Reise, das lohnt sich nicht für zwei Wochen.» Meine Antwort enthüllte mein gesamtes inneres Desaster: «Das ist mir völlig egal. Und wenn ich meine Mutter nie wiedersehe!»

Was meine Pflegeeltern wirklich über Clementine Aukongo dachten, wie sie sie erlebt hatten – darüber sprachen sie damals noch nicht mit mir. Sie wollten mich nicht verletzen und öffneten sich erst, als ich alt genug war, eine eigene Meinung zu haben. Sie regten allerdings auch nie wieder an, dass ich für einen Zeitraum nach Namibia fliegen sollte, der zwei Wochen überschritt. Wir verabredeten, dass ich künftig jedes Jahr dorthin reisen könnte, wenn meine Mutter den Flug bezahlte.

Aber war ich nun eine Afrikanerin in Berlin? In mein Tagebuch schrieb ich: «Ich bin weder deutsch noch namibisch. Ich bin so hin und her gerissen. Zu den Leuten hier gehöre ich nicht, und nach Afrika ebenso wenig.»

Anderthalb Jahre später, im Januar 1995, musste ich mich entscheiden, was ich offiziell war: Deutsche oder Namibierin. Denn noch immer war ich eine Ausländerin, deren Aufenthaltsgenehmigung jedes Jahr verlängert werden musste. Mir wäre zwar die doppelte Staatsbürgerschaft am liebsten gewesen, aber das war nicht erlaubt. Da meinten meine Pflegeeltern: «Du kannst immer noch in Namibia leben, Steffi. Besser, du machst erst mal in Deutschland eine Ausbildung und gehst danach dorthin.» Weil ich noch minderjährig war, musste ich die Genehmigung meiner Eltern einholen. Darum brach ich im Februar, in den Winterferien, zu meiner zweiten Reise nach Namibia auf. Mit dem klaren Ziel, mit dem elterlichen Einverständnis zurückzukommen.

Wie viel entspannter ich dieses Mal flog! Ich hatte keine Angst mehr, dort bleiben zu müssen. Mich erwartete keine Ungewissheit mehr. Dieses Mal war ein Reiseführer mein Begleiter, der mir für die verschiedenen Kulturen und den geschichtlichen Hintergrund die Augen öffnete: Namibia bot so viel mehr als das Owamboland und Windhoek.

Meine Mutter begegnete mir jetzt unverkrampfter und ließ mich ganz allein mit dem Überlandbus «in den Norden» fahren, um meinen Vater zu besuchen. Inzwischen hatte er geheiratet und einen Sohn bekommen. Mit der Gründung seiner Familie vollauf beschäftigt, sah er keinen Grund, mich davon abzuhalten, Deutsche zu werden: «Du kannst mich ja jederzeit hier in Namibia besuchen!» Meine Mutter hatte meinem Wunsch ohnehin nichts entgegenzusetzen – sie wusste, dass ich sonst bei ihr in Windhoek wohnen müsste. Was ihr nach den Erlebnissen, die sie 1993 mit mir gemacht hatte, wohl kaum wünschenswert erschien …

Am lebendigsten ist mir von dieser Reise eine Fahrt nach Swakopmund in Erinnerung, zu der mich Clementine einlud. Die Landschaft westlich von Windhoek sah völlig anders aus als im Norden. Erst ging es durch das wildromantische Khomas-Hochland, danach dehnten sich Savannen und die weiten Ebenen und Dünen der Namibwüste, die in endlosen Sandstränden am Atlantik endete.

In Swakopmund wohnte eine Freundin meiner Mutter. Die Aussicht, sie wiederzusehen, machte meine Mom unerwartet gesprächig. Sie erzählte, dass sie sich in Cassinga kennengelernt hätten. Weil sie beide schwanger waren, gaben sie sich im Flüchtlingslager ein Versprechen: «Wenn wir einen Jungen und ein Mädchen bekommen, müssen die beiden heiraten.» Sie sah mich ganz seltsam an: «Ihr Sohn ist in deinem Alter. Du wirst ihn kennenlernen.»

Ich erschrak: Für die Verhältnisse der Owambo war ich mit sechzehneinhalb Jahren bereits im heiratsfähigen Alter! Wollte sie mich etwa verkuppeln? Meine Mutter grinste übers ganze Gesicht: «Ja, du wirst Elvis heiraten!»

Elvis? Der Junge hieß wie der «King»! «Nein», sagte ich, «kommt nicht in Frage! Ich heirate keinen Elvis aus Namibia. Auf keinen Fall!»

«Doch, doch, du wirst schon sehen. Du bist alt genug.»

War das jetzt Ernst oder Spaß? Bei Müttern, die Ziegenaugen aßen, konnte man das schwer einschätzen.

Der Elvis von Swakopmund war recht niedlich. Ich war aber weit entfernt davon, mehr für ihn zu empfinden. Er selbst hatte glücklicherweise auch noch nichts mit Mädchen am Hut, ausschließlich interessierte er sich für Sport. Sein Name hatte ihn leider nicht zu einem an Musik interessierten Menschen gemacht.

Als ich wieder zurück in Berlin war, machte ich meinen Freundinnen gegenüber das Beste aus der Sache: «Der King lebt! Wirklich, ich habe ihn getroffen!» – «Wie, wo?» – «Na, er lebt *undercover* in Namibia. Und meine Mutter will sogar, dass ich Elvis heirate!»

Da meiner Deutschwerdung nichts mehr entgegenstand, konnte die Sache auf bürokratischer Ebene vorangetrieben werden. Die namibische Botschaft wurde mit der Bitte angeschrieben, mich aus ihrer Staatsbürgerschaft zu entlassen. Die Antwort verblüffte: Man könne Miss Stefanie Aukongo nicht ausbürgern, da es keine Bürgerin Stefanie Aukongo gäbe.

Ein Irrtum vielleicht? Der Pass, mit dem ich 1981 in die DDR gelangte, hatte auf den Namen meines Vaters gelautet: Nhinda. Der zweite Ausweis, den ich von Panduleni erhalten hatte, war auf Aukongo ausgestellt. Doch selbst die Nummer dieses Dokuments war nicht registriert. In den hektischen Nachwendezeiten hatte Panduleni vermutlich vergessen, mich in das offizielle Register des namibischen Staates eintragen zu lassen.

Die Verwirrung um den Pass erschien in gewisser Weise logisch, denn eine echte Namibierin war ich nie. Ich war stets ein Kind der SWAPO, ein Kind der Befreiung. Und nun eine befreite Jugendliche. Wieder einmal war ich unbemerkt durch die Maschen des Verwaltungsnetzes geschlüpft. Für die Deutschen hieß das: Ich war staatenlos. Da aber mein Aufenthalt seit meiner Geburt belegt war, gab es keine Einwände, mich sofort als eine Bürgerin der Bundesrepublik anzuerkennen.

«Wenn es anders gewesen wäre, hätten wir dich gehen lassen müssen», sagt meine Oma heute.

Ich hatte nun meinen deutschen Ausweis und kurz darauf auch meinen Realschulabschluss in der Tasche. So gesehen schienen Zukunftssorgen grundlos. Dass im Sommer 1995 dennoch eine lange Orientierungsphase in meinem Leben begann, ahnte ich nicht.

Zunächst machte ich am Oberstufenzentrum in Kreuzberg ein kaufmännisches Schuljahr – und wurde achtzehn. Meine Pflegeeltern gaben ihrem Leben noch einmal eine private Wende: Dort, wo sich der paradiesische Garten meiner Kindheit befunden hatte, bauten sie ein Haus gemeinsam mit Petra, ihrem Mann Frank und Benni. Ich konnte mir nicht vorstellen, vor den Toren der Stadt zu wohnen, und wäre am liebsten mit Jenny in eine eigene Wohnung mitten in Berlin gezogen. Wofür sie mit fünfzehn zu jung und ich zu mittellos war.

Wir beide sahen uns in diesem Jahr wieder öfter. Meine Gefühle zu ihr waren leicht schizophren. Ich liebte sie heiß und innig, konnte sie aber nie einholen, weil sie in allem, was sie tat, besser als ich war. Je älter wir wurden, umso deutlicher bildeten wir beide ein gegensätzliches Paar. Es war nicht mehr mit der gleichen Leichtigkeit verbunden wie früher, wenn wir uns jetzt als Schwestern bezeichneten. Die eine war zierlich, groß, blond, mit blauen Augen – die andere war all das nicht. Sie war die Begehrte, der die Jungen nachsahen. Die sich aber ihrer Wirkung nicht bewusst war. Als wir einen gemeinsamen Urlaub auf Hiddensee verbrachten, verliebte ich mich in einen Jungen, der aber nichts von mir wissen wollte. Meinen Liebeskummer behielt ich für mich. Und dann funkte es zwischen ihm und Jenny an unserem letzten Abend. Ich litt und schwieg, wie ich es schon immer getan hatte.

Am Oberstufenzentrum diskutierten meine Freundinnen und ich die Frage, wie es mit unserer Ausbildung weitergehen sollte. Einige hatten bereits Bewerbungen geschrieben – und sich Absagen eingehandelt. Doch die Berufsberatung wusste von meinen zahlreichen Behinderungen und riet mir deshalb, mich bei den darauf spezialisierten Berufsbildungswerken zu bewerben.

Zuvor waren meine Handicaps für mich niemals ein Thema gewesen – ich lebte mit ihnen. Sie schränkten mich zwar in manchem ein, aber das hatte ich gelernt zu kompensieren. Nun erwiesen sich meine Behinderungen sogar als unerwarteter Vorteil, denn ich bekam im Gegensatz zu vielen meiner Freundinnen sehr bald einen Ausbildungsplatz. Das versöhnte mich mit der Einstufung als Behinderte.

Allerdings befand sich das Berufsbildungswerk, das BBW, im multikulturellen Neukölln. Und damit ziemlich weit vom inzwischen fertiggebauten Haus meiner Familie am Stadtrand. Für den Hin- und Rückweg wäre ich jeden Tag stundenlang unterwegs gewesen. Da bot sich eine Lösung an, die mich von meiner Familie abnabelte: das Wohnheim des BBW mit einem eigenen Zimmer.

In meinem neuen Umfeld war alles anders: Erstmals lebte

ich mit behinderten Menschen zusammen, lernte alles, was ich in meinem angestrebten Beruf als Bürokauffrau an Theorie wissen musste, und arbeitete im praktischen Teil in einem Handel für Autoteile. Gleichzeitig bot mir das BBW die Möglichkeit, einer bislang wenig ausgelebten Leidenschaft nachzugehen: dem Gesang. Ich gründete dort einen kleinen Chor, der Popsongs sang. Außerdem gab es im BBW bereits eine Rockband, der ich mich anschloss. Das klappte bald so gut, dass wir auf Geburtstags-, Jahres- und Weihnachtsfeiern auftraten. Ein Musikpädagoge gab mir zusätzlich Einzelunterricht im Gesang, und ich entdeckte, warum ich die Musik so sehr brauchte: Wenn ich sang, dann war es, als fegte eine Putzfrau alle Sorgen, Ängste und Albträume aus meiner Gehirn-Rumpelkammer hinaus. Und die Auftritte bewirkten mit der Zeit, was keine Therapie erreicht hätte: Ich lernte, meine Schüchternheit abzulegen. In meinem Körper wohnte etwas, das nicht nur mich glücklich machte. Meine Stimme war ein Geschenk, das ich nutzen konnte.

An den Unterrichtsstunden in der Berufsschule nahmen auch Azubis teil, die nicht im Heim wohnten. Einer von ihnen war Thomas, und er führte sich auf eine Weise ein, die mir ganz und gar nicht gefiel: Er gab den Klassenclown, als er drei Monate nach Ausbildungsbeginn im Dezember 1996 zu uns kam. Dennoch: Thomas hatte ein offenes Gesicht mit großen braunen Augen und roten Wangen. Und ich Herzklopfen. Obwohl er immerzu Blödsinn machte, mit dem er den Unterricht störte. Alle lachten über seine Scherze, doch ich fand es angebracht, ihm strafende Blicke zuzuwerfen. Aber witzig war er schon …

Ich brauchte eine Weile, bis ich merkte, dass Thomas weit mehr draufhatte als seine Clownerien. Dass er ein nachdenklicher Mensch war, der viel las, mit dem ich tiefschürfende Gespräche über die Unzulänglichkeiten dieser Welt führen konnte. Im Grunde war er genau das Gegenteil eines Klassenclowns. Dass Thomas sich in mich bereits verliebt hatte, das merkte ich lange nicht. Doch er schaffte es, in kleinen Schritten mein Herz für sich zu gewinnen. Seine kluge Art, sein Charme und seine Sicht auf die Welt bezauberten mich. Er gab mir das Gefühl, dass die Welt einem riesengroßen *happy meal* glich.

Als er mich das erste Mal küsste, musste ich lachen, weil ich nicht fassen konnte, dass er es tat. Ich verstand nicht, warum er so gern mit mir zusammen war. Und als ich ihn danach fragte, gab er mir eine Antwort, die mich umwarf: «Weil du du bist.»

Es war eine wunderbare Zeit. Es wurde Sommer, und alles lief rund. Zum ersten Mal in meinem Leben hatte mich die Liebe erwischt. Aber auf einmal hieß es, ich solle wieder nach Namibia reisen.

Eigentlich sollte ich meine Mutter jedes Jahr besuchen. Doch das hatte sich in den vorangegangenen Jahren zerschlagen, weil sie meine Flüge nicht bezahlen konnte. Obwohl ich inzwischen knapp zwanzig war, protestierte ich nicht. Denn trotz meines Alters war ich immer noch so «programmiert», folgsam sein zu müssen. Dabei wäre es so schön gewesen, die Sommerferien verliebt in Berlin zu verbringen. Nach Namibia zu fahren, um meine afrikanischen Wurzeln zu nähren, darauf hatte ich nicht wirklich Lust. Entsprechend ungern flog ich nach Windhoek. Und fühlte mich schneller bestätigt, als mir lieb war.

Kalungas Kind

Überall auf der Welt ist Reisen auch eine Frage des Geldes. Wenn man in Afrika keines hat, gerät man als Europäerin schnell in die Nähe eines Kulturschocks. So erging es mir zumindest, als ich mich im kalten Morgengrauen auf dem Windhoeker Busbahnhof mit dem Linienbus konfrontiert sah, der meine Mutter und mich ins *meekulu*-Land bringen sollte. Auf dem Dach stapelten sich die Lasten noch einmal so hoch wie der Bus. Im Innern herrschte Gleichberechtigung zwischen Mensch und Tier. Das mit dieser Behandlung zufriedene Schwein neben mir grunzte vergnügt, die Hühner fühlten sich beengt und flatterten, die Menschen schwatzten durcheinander und fühlten sich wohl. Eine große Owambofamilie, von frühmorgens bis zum späten Abend zusammengepfercht in einen Linienbus.

Die Leute merkten rasch, dass sich bei ihnen eine Mogelpackung eingeschmuggelt hatte: Ich war außen schwarz und innen weiß. Clementine versorgte mich mit gebratenem Hühnchen, während alle anderen sich an Ziegenaugen und ähnlich interessanten Dingen labten. Meine Mutter und ich benutzten unseren eigenwilligen Sprachenmix aus Deutsch und Englisch. Und ich gab zwischendurch meinem Walkman den Vorzug vor jeder Konversation mit meiner mir immer noch fremden Mutter. Auf diese Weise mutierten wir im Handumdrehen zur

Attraktion. Was verband diese junge, gutaussehende Frau (also meine Mutter) mit dieser Person, die auch ihre jüngere Schwester hätte sein können (also ich)?

«Was, das ist wirklich deine Tochter aus Deutschland?»

«*Ee-ee.*»

In Namibia war wieder einmal Winter, aber Mensch und Tier transpirierten und hechelten im vollgestopften Bus um die Wette. Zwei Stunden vor unserem Ziel Ondangwa stoppte unser Gefährt an einer der vielen Polizeikontrollen. Die Beamten nahmen ihre Aufgabe besonders ernst und ließen sich jeden einzelnen Ausweis zeigen. In Namibia sind alle Polizisten sehr würdevolle Erscheinungen, die viel Autorität verströmen. Einem von ihnen reichte ich nichtsahnend meinen deutschen Personalausweis. Ein heftiger Wortschwall brach über mich herein.

«Ich spreche kein Oshiwambo», sagte ich.

«Er will deinen Reisepass sehen», übersetzte meine Mom.

«Der liegt bei dir zu Hause.»

«Wie konntest du den in Windhoek lassen!»

«Ich dachte, mein Personalausweis reicht.»

Ich verstand die ganze Aufregung überhaupt nicht. Und brach leider auch nicht in Tränen aus, was mir sonst immer gegen meinen Willen passierte, wenn Autoritäten mich streng ansprachen. Das hatte sich gelegentlich als nützlich erwiesen. Dieses Mal fühlte ich mich nicht im Unrecht, und unechte Tränen kann ich nicht auf Kommando produzieren.

Der Polizist befahl mir auszusteigen. Umständlich schob ich mich an Mensch und Tier vorbei, meine Mutter mir nach. Draußen wurde die Debatte fortgeführt, die ich immer noch nicht verstand: Wieso brauchte man einen Reisepass, um innerhalb eines Landes zu reisen?

Und dann sah ich den Bus: Er neigte sich gefährlich zur Seite. Alle Reisenden drückten sich neugierig an den Fenstern die

Nasen platt. Ich hatte wirklich Sorge, der altersschwache, turmhoch beladene Linienbus könnte jeden Moment umkippen wie ein im Meer kenterndes Boot. Die Neugier meiner Mitreisenden erschien mir verständlich, denn vermutlich hatten die Leute nie geglaubt, dass wir Mutter und Tochter waren. Die Extrabehandlung bestätigte für sie jeden Verdacht. Aber welcher war das?

Die schnurgerade verlaufende und kaum befahrene Asphaltstraße zerteilte den Busch. Am Rand der Überlandstrecke stand einsam ein grünes Armeezelt, in das ich unsanft hineingeführt wurde. Jetzt wurde es langsam ungemütlich. Wenn der Linienbus seine Fahrt ohne uns fortsetzte – was dann? Es war später Nachmittag. Und unser Ziel, Ondangwa, wo mein Vater uns erwartete, war viel zu weit entfernt, um von diesem Punkt aus dorthin laufen zu können.

Das Armeezelt war eine Dauereinrichtung. Mit elektrischem Licht, Schreibtisch, Stühlen. Und einer winzigen Zelle mit Gittern, die eher einem Käfig glich. Ein Gefängnis. O Gott.

In mir stieg Panik auf. Was hatte ich nur verbrochen? Ich musste auf einem Stuhl Platz nehmen, ein Polizist setzte sich mir an einem Schreibtisch gegenüber. Er sprach Englisch, strenges Verhörenglisch. Die Fragen kamen wie aus einer Pistole geschossen: «Wo kommen Sie her? Aus welchem afrikanischen Land? Sie sprechen kein Deutsch, das glauben wir nicht. Das ist kein Pass. Den haben Sie gefälscht! Wie? Das ist Ihre Mutter? Das kann doch nicht Ihre Mutter sein!»

Clementine Aukongo mischte sich endlich ein: «Das ist meine Tochter!»

Der Polizist: «Das ist nicht Ihre Tochter!»

Meine Mutter wurde wütend: «Das ist meine Tochter! Mein Fleisch und Blut!» Aber das nahm ihr niemand ab.

Es war längst dunkel geworden, drei Stunden waren in der

Zwischenzeit vergangen. Der Bus wartete weiterhin, niemand hatte sich bislang beschwert. Das ist die berühmte afrikanische Gelassenheit, dachte ich. Schließlich meldete der Fahrer aber doch seine Bedenken an, irgendwann müsse er mal seine Fahrgäste abliefern. Da man mich und meine Mutter partout nicht gehen lassen wollte, wurden wir aufgefordert, unsere Koffer aus dem Bus zu holen. Angesichts der turmhohen Beladung war dies ein kompliziertes Unterfangen. Immerhin gelang es meiner Mutter in diesem Moment, den Busfahrer zu bitten, meinen wartenden Vater zu benachrichtigen. Als das passiert war, entfernte sich der Bus allmählich in der kühlen Winternacht. Nur die Grillen sangen. Wir saßen fest. Das heißt, ich saß – und zwar von jetzt an hinter den Gittern des engen Käfigs.

Zwischenzeitlich war mir die Dimension meines Fehlers aufgegangen: Man hielt mich für eine Illegale. Von wegen Solidarität unter afrikanischen Brüdern und Schwestern! Auf illegalen Aufenthalt wusste die namibische Polizei nur eine Antwort. Jene, die mir gerade widerfuhr.

Meine Mutter schimpfte laut oder bat mit leiser Stimme die Polizisten, es sich doch noch einmal zu überlegen. Ergebnislos. Jetzt gab es auch kein Halten mehr, und Fluten von Tränen schossen aus meinen Augen. «Ich bin so müde, bitte, lassen Sie mich gehen!», bettelte ich. Die Antwort: «Wir sind auch müde. Was wollen Sie überhaupt in diesem Land?» Eine Frage, die ich nicht mehr beantworten konnte.

Es ging auf Mitternacht zu, und mein Vater tauchte nicht auf. Hatte der Busfahrer ihn auch wirklich informiert?

Gegen drei Uhr nachts fuhr endlich ein Auto vor. Eine energische Männerstimme polterte: «Wo ist meine Tochter?! Was machen Sie hier mit ihr! Lassen Sie Stefanie sofort frei!» Mein Vater, mein Retter. Seine männliche Präsenz ließ alle Vorwürfe nichtig werden, keinen einzigen Beweis musste er vorlegen.

Clementine Aukongo hatte neun Stunden lang nichts anderes getan, als ihre mütterlichen Bande zu beschwören – ohne Erfolg. Mein Vater brauchte nur eine einzige Minute.

Die zuvor äußerst strengen und unnachgiebigen Polizisten sagten zu ihm: «Tut uns leid, dass Sie Unannehmlichkeiten hatten, Mr. Nhinda.»

Kurz darauf stand ich als freier Mensch in der kühlen afrikanischen Nacht.

Ein paar Tage später brachte mein Vater Clementine und mich mit dem Auto «in den Busch». Und dieses Mal war alles anders. Weil ich nicht mehr Angst hatte, hier auch bleiben zu müssen, fiel es mir leicht, mich zu öffnen. Gelassen erkundete ich die Welt meiner Verwandten mit großem Interesse. Von früh bis spät durchstöberte ich jeden Winkel des Gehöfts und lernte auch die richtige Bezeichnung dafür: *eumbo*.

Glücklicherweise lebten inzwischen junge Leute dort, die Englisch sprechen konnten. Es hatte sich die Erkenntnis durchgesetzt, dass an Schulen des Nordens nicht nur Oshiwambo, sondern auch Englisch zu unterrichten war. Ich fragte meine Verwandten Löcher in den Bauch, um *meekulus* Kultur zu verstehen, und ich merkte, dass man sich über meine Neugierde freute. Ich half auch auf den Feldern mit, wobei meine körperlichen Kräfte nicht ausreichten, um mit einer simplen Egge aus Stahl den harten Boden aufzubrechen. Aber das Saatgut musste sorgfältig gesät und mit einer dünnen Schicht Erde bedeckt werden. Diese Aufgabe übernahm ich gern. Erstaunt registrierte ich, dass *meekulu* durchaus Gemüsesorten auf ihrem weiten Land anbaute. Wassermelonen, Kürbisse, Bohnen und Zwiebeln. Selbst ein kleines Zuckerrohrfeld gab es, und ich lernte, wie man aus diesem Süßgras das Mark heraussaugt – ein herrlicher Bonbonersatz, und ganz natürlich.

Am wichtigsten war meiner Großmutter die Perlhirse, *mahangu* genannt, die mit wenig Wasser auskommt. Sie wächst so hoch wie Mais, die Ähren sitzen in langen Kolben an der Spitze. Man zeigte mir, wie mit den stabilen Halmen die Hütten gedeckt werden. Kleine Mengen der runden Körner werden frühmorgens im Holzmörser zerstoßen. Für größere steht das Stampfhaus bereit. Bevor man es betritt, wäscht man sich die Füße. Hirse oder auch Maiskörner liegen am Boden und werden mit den Füßen in ein Loch geschoben, in das die Stange mit beiden Händen hineingestoßen wird. Das ist nicht nur sehr anstrengend und garantiert einen Muskelkater, sondern verlangt auch Konzentration, will man das Loch nicht verfehlen. Aus Maismehl wird ein *pap* genannter Brei, aus Hirsemehl *oshifima* gemacht, der zu jedem Essen gereichte, mir doch sehr bekannte graue Brei.

Mahangu ist auch die Basis für das legendäre Owambobier, genannt *oshikundu*. Mein beschwipst machender Wasserersatz! Ich sah zu und half, als die Frauen es in den sogenannten *shebeens* brauten, den kleinen fensterlosen Steinhäusern, die überall im Owamboland zu finden sind. Sie stehen mitten in der Wildnis.

Das Phantastischste an den *shebeens* sind ihre Namen: *Paradise Island No 1, Beach Bar, Africa House … Shebeens* sind zudem Treffpunkte der Landjugend, ein Ersatz für Disco, Kino oder Theater. Das Programm, das gegeben wird, heißt Anbaggern, Flirten, Abhängen, Quatschen, Zeit totschlagen.

Die *shebeens* sehen alle mehr oder weniger gleich aus. Im Innern herrscht ein Chaos aus Fässern, Kanistern und Kisten; in der Luxusvariante gibt es noch einen mit Gas betriebenen Kühlschrank. Darin wird vorzugsweise Coca-Cola gelagert, die bei der Landjugend sehr beliebt ist. Um die Häuschen herum liegen leere Kisten und Fässer, die als Sitzgelegenheiten dienen.

Wenn ich mit Gleichaltrigen meine Zeit verbrachte, hörte ich von ihren Ängsten und Hoffnungen. Sorge Nummer eins: Wo bekam man hier im Nirgendwo Geld her? Hoffnung Nummer eins: ein Job in Windhoek. Sorge Nummer zwei: Wie schaffte man es, nach Windhoek zu gelangen? Mit anderen Worten: Da, wo sie waren, wollten sie alle nicht sein. Weil mir mein erster Aufenthalt bei meiner Großmutter noch lebendig in Erinnerung war, konnte ich das nachvollziehen. Deshalb erschien es mir auch angebracht, möglichst nicht zu viel von meinem Leben in Berlin zu erzählen.

Meekulu hatte ihre Not, die jungen Leute am Weglaufen zu hindern. Kaum jemand wollte sich mehr dem harten Landleben aussetzen. Das war die Kehrseite der Tatsache, dass es inzwischen mehr Schulen gab und die Jugend damit Hunger nach mehr Bildung und einem modernen Leben entwickelte. Doch sie war wiederum *meekulus* einzige Hoffnung, ihre aufwendige Landwirtschaft weiter zu betreiben. Da man über gar keine Maschinen verfügte, wurde jede Hand gebraucht, um die Felder zu bestellen, die sowieso nur wenig abwarfen. Aber ausgerechnet die männlichen Jugendlichen, die für die harte Arbeit gebraucht wurden, zogen als Erste zum Geldverdienen in die Städte.

Und die jungen Frauen blieben frustriert zurück, weil sie meist nicht so viele Jahre zur Schule gegangen waren wie ihre Brüder und Cousins und deshalb keinen anderen Ausweg sahen. Lebenslang schienen sie an das Dorf gebunden zu sein. Da konnte man schnell das Leben als Sackgasse empfinden. Und um ihm einen Sinn zu geben, hatten Frauen meines Alters bereits mindestens ein Kind, das sie auf ihrem Rücken herumtrugen. Wäre ich im Owamboland aufgewachsen, hätte mein Dasein vermutlich so ausgesehen wie das meiner Cousinen.

Wie viel Förderung mir dagegen in Deutschland zuteilgeworden war! Ja, ich humpelte, mein rechtes Auge rutschte zur Seite, meine linke Hand würde nie schwere körperliche Arbeit leisten können, und mein Ohr schmerzte gelegentlich und war taub. Aber in Deutschland hatte ich die Gelegenheit bekommen, meine körperlichen Defizite durch Bildung auszugleichen. Das hatte mir stets die Zuversicht gegeben – neben der Liebe, die ich erfahren hatte –, dass mein Leben Spannendes für mich bereithielt. Und nicht allein aus Feldarbeit, *shebeen* und Kinderkriegen bestand. Jetzt, für zwei Wochen Ferien, genoss ich das Landleben. Aber für immer? Hätte ich das ausgehalten?

Schon bei meinem Besuch fünf Jahre zuvor hatte mich meine *meekulu* fasziniert. Richtig würdigen konnte ich sie erst jetzt, als ich weniger mit mir selbst beschäftigt war. Woher nahm meine Großmutter die Kraft zu einem Leben, bei dem man auf Gedeih und Verderb der Natur ausgeliefert war?

In diesem Moment erinnerte ich mich an die Zeremonie, für die sie extra die «Hexe» aus Angola gerufen hatte. Warum hatte sie das getan? Was war der wahre Hintergrund dazu? Als wir eines Abends beim Schein eines offenen Feuers zusammensaßen, fragte ich sie. *Meekulu* schien nur darauf gewartet zu haben, dass ich mehr über diesen Tag in Erfahrung bringen wollte, und einige Mädchen übersetzten, was sie sagte.

Es wäre eine rituelle Reinigung gewesen, erzählte Großmutter Magdalena. Man würde sie durchführen, um Krankheiten zu vertreiben, Unglück oder Widrigkeiten aus dem Alltag zu verbannen, aber auch um einen Todesfall in der Verwandtschaft zu verhindern. Es sei eine Art von Erneuerung, um in übertragenem Sinne wieder «rein» zu sein.

Meine Großmutter eröffnete mir eine Welt, die ich zwar erlebt, aber bislang in ihrer Tiefe nicht verstanden hatte, weil sie mir nie nähergebracht worden war. Ich fragte *meekulu,* ob sie denn auch an Gott glaube. Mit ernster, aber dennoch liebevoller Stimme begann sie nun von Kalunga zu berichten, jener großen Kraft, die weder Mann noch Frau ist. Kalunga sei die Schöpfungsgottheit der Owambo, die Kraftquelle für alles auf Erden und würde überall sein. In sämtlichen Pflanzen, Tieren und Menschen. Kalunga sei weise und barmherzig, würde alles sehen und hören.

«Wenn wir schlechte Ernten haben», fuhr meine Großmutter fort, «glauben wir, Kalunga habe dies so gewollt. Im umgekehrten Fall, bei einer reichlichen Ernte, nehmen wir das als Hinweis, dass Kalunga uns nicht vergessen hat.» Mich faszinierte der Gedanke, dass die Gottheit gleichzeitig das Gute und das Schlechte repräsentiert. *Meekulu* war davon überzeugt, dass es das eine nicht ohne das andere geben könne.

«Auch dich hat Kalunga nie vergessen», sagte nun meine Großmutter. «Denn du bist Kalungas Kind. Du weißt es nur nicht. Aber du wirst es herausfinden.» Eindringlich blickte sie mich an und hielt meine Hände fest.

Nein, ich hatte keine Ahnung gehabt, dass ich Kalungas Kind war. Gott, Glaube, Religion – was hatte das mit mir zu tun? Meine Sozialisation hatte im real existierenden Sozialismus stattgefunden. Ausgerechnet ich sollte ein Kind Gottes sein?

Meine Skepsis währte nicht lange. Danach sagte mir mein Gefühl: *Meekulu* hat recht. Nur so ergab alles einen Sinn – wenn alles miteinander verbunden war. Das Gute und das Schlechte. Der Krieg und die Liebe. Das betraf direkt mein Leben. Es hatte einen Bürgerkrieg gegeben, Hunderte von Menschen waren gestorben, aber viele auch gerettet worden. Meine Mutter und ich zählten dazu. Daraus war etwas Gutes entstanden: Menschen hatten uns geholfen, ein neues Leben zu finden. Meines hatte lange nichts mit Afrika zu tun gehabt, aber ich empfand es als wunderbar, voller Glücksmomente. Den Glauben beiseitegelassen, konnte man daraus eine Formel für Wirtschaftswissenschaftler ableiten: Aus einer Krise erwächst eine neue Chance. Ich glaube daran, dass es nur so sein kann. Wenn sich eine Tür schließt, öffnet sich eine neue. Nicht sofort, das darf man nicht erwarten, aber irgendwann.

Als ich mit meiner *meekulu* am Feuer saß, war es noch zu früh, um diesen großen Bogen zu spannen. In diesem Moment war ich derart aufgewühlt, dass ich unfähig war, meiner Großmutter weitere Fragen zu stellen. Ich würde herausfinden, dass ich Kalungas Kind bin, hatte sie gesagt. Aber nicht, auf welche Weise.

An einem der nächsten Morgen putzte ich wie immer meine Zähne mit dem trüben Wasser aus dem Tümpel und goss den Rest fort. Am Abend war an dieser Stelle die kleine Blume erstanden. Ich beugte mich über dieses Wunderwerk der Natur. «Wo kommst du denn her?», fragte ich das Pflänzchen. «Hast du die ganze Zeit unter dem harten, trockenen Sandboden geschlafen? Woher hattest du nur die Kraft, so lange auszuhalten?»

Regen ist ein Zeichen, dass Kalunga die Menschen nicht vergessen hat – die zarte Pflanze erschien mir wie die Bestätigung von *meekulus* Worten. Jeden Tag wuchs sie, zauberte eine Blüte hervor, die Insekten besuchten sie. Nun war sie nicht mehr nur ein ansehnliches, sondern auch ein nützliches Geschöpf in Kalungas endlosem Reich.

Mit meiner Mutter konnte ich nicht über Kalunga reden. Sie ging auf das Thema gar nicht erst ein. Doch da ich nun von Kalunga wusste, fragte ich mich, welche Mächte eigentlich an den Fäden zogen, die unser Leben steuern. Warum wurde ich in der DDR geboren? Warum bestellte ich nicht bereits mit einem Kind auf dem Rücken ein Feld im Owamboland?

Die einzige Antwort auf diese Fragen war das Massaker von Cassinga, von dem immer nur in Andeutungen die Rede gewesen war. Und dazu befragte ich meine Mutter: «Was war dort geschehen, Mom? Warum bist du an diesem Ort gewesen? Was hast du da gemacht?» Ich wusste so gut wie nichts von ihrem Leben, wer sie war und was sie fühlte.

«Wir wollen nicht über die Vergangenheit reden», antwortete sie in ihrer üblichen abweisenden Art. Ihr Gesicht wurde sogar noch eine Spur härter als sonst. Und meine Fragen verstummten. In ihrer Gegenwart wurde ich die afrikanische Tochter, die nicht das Recht hat, etwas einzufordern. Nicht einmal das Recht auf meine eigene Vergangenheit mit ihrer komplexen Vorgeschichte. Die Deutungshoheit darüber lag bei meiner Mutter, aber sie erstickte die empfindsame Pflanze Wahrheit mit Schweigen. Mir blieben nur die Albträume, in denen ich Tote sah. Aber wenigstens hatte ich jetzt einen Trost: Kalunga hatte mich nicht vergessen.

Ich flog mit der Absicht zurück nach Berlin, bald wieder nach Namibia reisen zu wollen. Nicht wegen meiner sich spröde gebenden Mutter. In Afrika hatte ich Kalunga gefunden, aber auch noch etwas anderes: Ich fühlte mich jetzt als Owambomädchen. Ich gehörte einem Stamm an. Das empfand ich als etwas unglaublich Spannendes.

Es hatte lange gebraucht, bis Omas Beschwörung meiner afrikanischen Wurzeln funktioniert hatte. Nun konnte mir diese Entdeckung niemand mehr nehmen.

Das Leben, das ich nie hatte

Mit Leidenschaft nahm ich wieder mein altes Leben auf. Die Ausbildung am BBW und die Musik machten mir Spaß, aber Thomas gab allem erst einen wahren Sinn. Er akzeptierte mich so, wie ich war. Obwohl ich mich lange nicht traute, ihm zu sagen, was ich für ihn empfand. Weil mir solche Worte so endgültig erschienen.

Ich war mit dem unbestimmten Gefühl aufgewachsen, dass Liebe nichts war, das man auf Dauer bekam. Sondern etwas, das nur auf Zeit vergeben wurde. Meine Oma und mein Opa hatten zwar nur mein Bestes im Sinn, aber so oft davon gesprochen, dass ich irgendwann wieder zurück nach Afrika müsste. Folglich hatte ich stets versucht, nicht anzuecken und niemanden mit meinen Sorgen zu belästigen. Denn die oberste Regel, die tief in meinem Herzen verborgen war, hieß: Verärgere niemanden, denn du bist austauschbar, nur auf Abruf hier, die Liebe zu dir kann enden. Als Pflegekind wollte ich alles richtig machen, verbog mich, um nicht aufzufallen, um kein Außenseiter zu sein. Und war es natürlich schon wegen meines Aussehens. Ich hatte Liebe, Wohlwollen und Zuwendung erhalten, und dennoch war ich immer wieder voller Zweifel und Traurigkeit.

Das konnte ich mir selbst gegenüber nun eingestehen – und Thomas ließ es mich vergessen. «Weil du du bist», hatte er geantwortet, als ich ihn fragte, warum er mich liebte. Seine Zuneigung hatte vier einfache Worte gefunden, die mich in meiner ganzen Kompliziertheit akzeptierten. Ohne Wenn und Aber stand er zu mir. Das war es, was Thomas mir zeigte. Und genau deshalb liebte ich auch ihn. Er machte mich glücklich, ließ mich zu einer Person werden, die weniger Angst hatte. Unsere gemeinsame Zeit war voller Momente der Sehnsucht, der Suche nach der Lebenswahrheit und der zarten Gefühle.

Endlich erlangte mein Leben eine Unbeschwertheit, die ich an anderen Menschen immer mit Staunen betrachtet hatte. Die ungewohnte Leichtigkeit ließ mich die Veränderungen kaum wahrnehmen. Thomas kränkelte plötzlich, wurde dünner, machte eine Kur, kam wieder, es ging ihm besser, anschließend jedoch schlechter. Immer wieder fragte ich ihn, was mit ihm sei. Aber er verriet mir lange nicht, woran er litt. Und als er es tat, als er sagte: «Ich muss dir etwas erzählen», da sprach er davon, dass er wieder gesund wird.

Als er mir aber schließlich gestand, dass er an Lungenkrebs erkrankt sei, wollte ich es nicht glauben. Er hatte nie geraucht, sondern Sport getrieben und einigermaßen auf seine Ernährung geachtet. Also konnte es doch nichts wirklich Ernstes sein! Daran hatte ich keinen Zweifel. So oft hatte es in meinem Leben danach ausgesehen, als ob alles schiefgehen könnte. Und dann war doch ein Wunder geschehen, weil Kalunga mich nicht vergessen hatte. Es konnte gar nicht anders sein, als dass es auch dieses Mal so sein würde.

Anfang 1999 musste Thomas ins Krankenhaus. Da würde er wieder herauskommen, das kannte ich schon. Ich besuchte ihn oft. Aber durch die tief in meiner Psyche verwurzelte Abneigung gegen alle Kliniken und Arztkittel musste ich mich jedes Mal überwinden, die Klinikpforte zu durchschreiten. An einem Wochenende Anfang Februar merkte ich, dass ich krank wurde.

Mittlerweile kannte ich mich gut genug, um zu wissen, dass das immer passierte, wenn mich etwas hoffnungslos überforderte. Also ließ ich mich am Montag von einem Arzt krankschreiben und verkroch mich danach ins Bett. Am Dienstagnachmittag fühlte ich mich wieder fit genug, um die erste Brille seit meiner Kindheit beim Optiker abzuholen. Die zeige ich am Mittwoch Thomas, dachte ich.

Es war bereits dunkel, als ich aus der U-Bahn stieg, um zum Wohnheim des BBW zu gelangen. Da begegnete mir ein Mädchen, das ich kaum kannte und das nichts von der Beziehung zwischen mir und Thomas wusste. Ohne Vorwarnung sagte sie: «Hast du schon gehört? Thomas ist letzte Nacht gestorben.»

Ich hatte das Gefühl, als würde mir jemand die Luft zum Atmen nehmen. Mir wurde schwarz vor Augen, und ich fiel einfach nur um. Ich erinnere mich noch daran, dass ein Krankenwagen kam und dass ich nicht mitgenommen werden wollte. Ich schleppte mich zum Wohnheim. Der Weg erscheint mir heute noch wie der durch einen langen dunklen Tunnel. Denn mit der Nachricht «Thomas ist letzte Nacht gestorben» verschwand das ganze Licht, das er in mein Leben gebracht hatte, auf einen Schlag. Er, der mich um meiner selbst willen geliebt hatte, war fort und hinterließ in meinem Herzen eine große Leere. Warum war der Mensch nicht mehr bei mir, den ich so sehr brauchte? War denn alles nur ein Traum gewesen?

Noch viel schlimmer waren die Vorwürfe, die ich mir machte. Ich hatte ihn am Montag besuchen wollen. Wie egoistisch ich war, mich nur um mein eigenes Befinden zu kümmern – anstatt bei ihm zu sein, als er starb.

Auf Thomas' Beerdigung wurde sein Lieblingssong gespielt: «You Were There» von Eric Clapton. Ich hielt es kaum aus, dieses Lied zu hören. Es klang, als wollte Thomas mich nachträglich beschwören, bei ihm zu sein. Aber so war es nicht, und das verzieh ich mir nicht.

Jahre sollten vergehen, bis ich verstand, dass ich nicht nur zusehen darf, wenn das Lebenslicht eines Menschen flackert. Die Angst um eine geliebte Person ist letztlich nichts anderes als die Angst vor der Leere in einem selbst. Sie nützt niemandem. Hätte ich Thomas doch einfach aus dieser Klinik herausgeholt! Hätte ich doch nur zu ihm gesagt: «Wir bleiben nicht in diesem Krankenzimmer, sondern verbringen einen Tag nochmal ganz anders. Damit dieser Tag der tollste von allen Tagen bleibt.»

Hätte, könnte – Wunschdenken nützte nichts mehr. Es war zu spät für Reue, Selbstanklagen, Wut. Aber gerade diese unfassbare Wut wollte nicht vergehen. Sie machte mich zu einem brodelnden Vulkan, der dennoch nicht ausbrechen konnte. Dieses innere Programm, niemandem zur Last fallen zu wollen mit meinen Sorgen, das konnte ich nicht abschalten. Je mehr ich darüber grübelte, desto mehr sehnte ich mich danach, mit Thomas darüber zu sprechen …

Da ich niemals jemandem aus meiner Familie von meinem Kummer erzählte, wussten sie alle nichts davon. Mein ständiges Schweigen kehrte sich in dieser Krise gegen mich. Ich wusste keinen Ausweg und wäre am liebsten vor mir selbst davongelaufen. Da das nicht ging, sah ich nur noch eine Alternative: Ich musste weg aus Deutschland – und zwar für lange, lange Zeit. Wohin, das stand sofort fest.

Auf der gerade stattfindenden Internationalen Tourismus-Börse (ITB) mischte ich mich in das Gedränge der urlaubshungrigen Berliner mit dem Wunsch, gleich nach Ende meiner Ausbildung nach Namibia aufbrechen zu können. Und zwar mit einem Job in der Tasche.

Zahlreiche Veranstalter nutzten die ITB, um ein Reiseziel in

Afrika ohne Kriminalität, aber mit traumhaften Landschaften und wilden Tieren vorzustellen. Ich setzte mein während so vieler Gesangsauftritte trainiertes Bühnenlächeln auf, sodass ich mich den Reiseanbietern als perfekte Werbung für «Afrika light» empfahl. War es der Mut einer zu allem Entschlossenen, der meine Strategie aufgehen ließ? Am Ende dieses Tages hatte ich jedenfalls den Geschäftsführer eines großen namibischen Logistik- und Tourismusunternehmens überzeugt. Nach weiteren Gesprächen unterschrieb ich einen Arbeitsvertrag, der vom Dezember an gelten sollte.

Während ich meine Ausbildung zu Ende machte, klammerte ich mich an die Aussicht auf ein neues Leben in Afrika. Die Disziplin, auf die ich früher stolz war und mit der ich jeden Tag zur Berufsschule und zu meiner Ausbildungsstätte gegangen war, konnte ich nicht mehr aufrechterhalten. Immerhin erschien ich bei allen Prüfungen und Klausuren. Ich spulte jedoch nur das Pflichtprogramm ab, die schönen Dinge in meinem Leben waren mit Thomas' Tod bedeutungslos geworden. Vor allem die Musik, der Gesang. In mir war es totenstill. Aber ich schaffte meinen Abschluss als Bürokauffrau, eine der Voraussetzungen für die Stelle in Namibia. Nun rotierte ich, um mich darauf einzurichten, auf Jahre in Namibia zu leben.

Die Hiobsbotschaft erreichte mich im September kurz nach meinem einundzwanzigsten Geburtstag: Das namibische Unternehmen fusionierte mit einem größeren. Und für mich war in der neuen Allianz kein Platz mehr. Ich war draußen. Meine Hoffnung, in Namibia zu leben und gleichzeitig meine deutschen Wurzeln weiterhin zu behalten, war geplatzt. Ich dachte bloß: Wie soll ich, zusätzlich schwarz und behindert, jetzt eine Arbeit finden, wo schon meine Freundinnen die größten Probleme hatten? Ohne Netz und doppelten Boden stand ich nun auch noch vor einem beruflichen Abgrund.

Glücklicherweise nahm mich meine Familie in ihrem neuen Haus am Stadtrand auf. Es tat gut, wieder in meiner emotionalen Keimzelle zu leben. Im Souterrain des großen Eigenheims bezog ich ein kleines Apartment, in das ich mich zurückziehen konnte und dennoch allen nah war, wenn ich sie brauchte.

Irgendwann erhielt ich eine Einladung: Namibia weihte in Berlin seine neue Botschaft ein. Das stellte sich als ein Zufall heraus, der genau passte. Ich kam mit den wenigen Mitarbeitern der Botschaft ins Gespräch – und kurz darauf war ich bei ihnen Praktikantin für ein knappes halbes Jahr.

Die Arbeit in der Botschaft schulte mein Wissen über politische und geschichtliche Zusammenhänge. So erlebte ich im Juli 2000, wie Berlin und Windhoek im Roten Rathaus die Städtepartnerschaft beschlossen. In den feierlichen Reden wurde betont, dass beide Hauptstädte eine lange Geschichte verbindet. Aber so freundschaftlich war die keineswegs immer. Reichskanzler Otto von Bismarck erklärte 1890 das heutige Namibia zum «Schutzgebiet Deutsch-Südwestafrika». Die Deutschen waren ihren «Schützlingen» gegenüber rücksichtslos gewesen: Als die Völker der Herero und Nama ab 1903 einen Aufstand wagten, endete der ein Jahr später in der Schlacht am Waterberg mit Tausenden von toten Afrikanern. Knapp hundert Jahre später war das unterdrückte Volk ein «Partner», mit dem ein Kulturaustausch vereinbart wurde.

Durch all das wurde in mir der Wunsch geweckt, mich in der afrikanischen Community in Berlin einzubringen. Indem ich zu verschiedenen Gelegenheiten Vorträge erarbeitete und hielt, erkannte ich, dass Völker sich nur gegen stärkere Nationen behaupten können, wenn sie nicht allein sind.

Da in der namibischen Botschaft eine Frau als Wirtschaftsrätin die Interessen Namibias vertrat, kam mir ein neuer

Gedanke: Warum nicht in den diplomatische Dienst dieses Landes gehen? Aber ich besaß die deutsche Staatsbürgerschaft, und die wollte ich nicht aufgeben. Ich stellte mich deshalb dem Test, mit dem man in den deutschen diplomatischen Dienst aufgenommen wird. Und fiel durch. Leider wiederholte sich das auch beim zweiten Mal.

Die nächste böse Überraschung erlebte ich, als ich mich für den Führerschein anmeldete: Mein Antrag wurde abgelehnt! Mit meinen Behinderungen sei ich nicht tauglich, ein Auto zu fahren. Meine Familie machte mich auf das Kleingedruckte in der Ablehnung aufmerksam: Ich könne Widerspruch einlegen. Der ärztliche Dienst, dem ich mich präsentieren musste, fand heraus, dass ich durchaus fahrtauglich sei. Ich benötigte einfach nur eine Automatik. Und so schaffte ich meinen Führerschein, und wenig später war ich stolze Besitzerin eines italienischen Kleinwagens, natürlich mit Automatik. Betsy – wie hatte ich sie ersehnt! Endlich nicht mehr die vielen langen Fußwege, die mir so zu schaffen machten! Und nun konnte ich auch abends unterwegs sein, ohne Angst vor Überfällen haben zu müssen. Betsy war ein Stück neuer Freiheit.

Für die zeitlich befristeten Jobs, die ich nun nach dem Praktikum in der namibischen Botschaft übernahm, war meine neue Mobilität ebenfalls praktisch. Zufrieden war ich mit meiner beruflichen Situation allerdings nicht. Eine feste Anstellung hätte mir mehr innere Ruhe gegeben. Also schickte ich Bewerbungen los. Das Feedback war eine Katastrophe. «Sie hören von uns» war noch die freundlichste Form des Desinteresses.

In meiner Familie meldeten sich Stimmen zu Wort, die meinten: «Wenn dich hier niemand haben will, vielleicht sieht es in Afrika besser aus. Womöglich wirst du dort gebraucht.» Nach Thomas' Tod hatte ich das zwar in Betracht gezogen, aber jetzt wollte ich mich hier beweisen, wollte nicht mehr vor Problemen davonlaufen, wollte kämpfen – wie die Schmieders es mir eingeschärft hatten. Ich gab auch nicht auf, als mich keiner der rund dreihundert möglichen Arbeitgeber, die ich anschrieb, haben wollte. Während ich wieder einmal eine befristete Stelle als Lohnbuchhalterin hatte, fiel mir eine Zeitungsanzeige auf. Sie warb für ein Abendstudium als staatlich geprüfte Betriebswirtin. Als schwarze behinderte Frau war mir klar, dass ich in einer Welt, die nach dem Prinzip «Höher, schneller, weiter» funktioniert, ohne eine bessere Qualifikation keine Chance hatte. Dreihundert Bewerbungen waren zwar extrem viel. Aber eben nicht genug!

Die Zusage für das Studium kam ausgerechnet an dem Tag, als ich erneut nach Windhoek flog. Ich war nach den vorangegangen Niederlagen über diese neue Chance glücklich, aber meine Mutter holte mich rasch auf den Boden der Tatsachen zurück, indem sie gleich nach meiner Ankunft fragte: «Was machst du eigentlich beruflich?» Sie erwartete anscheinend etwas, das in Richtung «Frau Doktor Aukongo» ging. Entsprechend schroff fiel ihre Reaktion auf meine Antwort aus, dass ich gerade keine Arbeit hätte: «Du musst dich bemühen und fleißig sein. Warst du nicht fleißig?» Ich: «Mom, auch in Deutschland findet man nicht so einfach einen Job.» Sie: «In Deutschland findet den jeder!» Ihre Meinung war geprägt durch die DDR, die angeblich keine Arbeitslosigkeit kannte.

Inzwischen war meine Mutter in ein kleineres Haus in Katutura umgezogen. Ein einfaches Siedlungshaus von einem Typ, von dem es dort inzwischen viele gab. Als Ministeriumsangestellte ging sie mit gutem Beispiel voran: Die Regierung wollte Menschen mit fester Arbeit in den einstigen Slum locken. Aber die Sandstraßen der ganzen Gegend waren bislang nicht asphaltiert, sondern je nach Wetterlage staubig oder schlammig.

Schaute ich hinter Moms solides Steinhaus, sah ich einfache Hütten, die sich aus dem Owamboland Zugezogene aus dem Abfall der Zivilisation erbaut hatten. Und viele Kinder, die mit dem spielten, was sie fanden. Aber am Fuß des Hügels, auf dem meine Mutter wohnte, stand eine große neue Kirche, natürlich aus Stein.

Clementine Aukongo hatte sich seit unserer letzten Begegnung verändert, sie hatte Gott entdeckt. Nicht Kalunga, sondern den christlichen. Sie ging nun regelmäßig in den Gottesdienst und tat etwas, das ich ihr nicht zugetraut hatte: Nachdem ihre Halbschwester gestorben war, hatte sie deren Tochter adoptiert. Denn Maggie, meine neue Schwester, vierzehn Jahre jünger als ich, hatte keine weiteren Verwandten, die sie aufnehmen wollten. Ich fragte nicht, warum das so war. Ich ahnte, dass meine in persönlichen Dingen zugeknöpfte Mutter darüber nicht reden würde.

Durch Maggie erlebte ich Clementine von einer mir fast unbekannten Seite – als Mutter. Beide verband eine Herzlichkeit, die wir nie hatten. Sie spielten zusammen im Wohnzimmer Karten, unterhielten sich oder machten einander die Haare. Darin war Maggie eine Begabung! Mit geschickten Händen flocht sie unglaublich schnell Zöpfe.

«Unglaublich schnell» ist bei einer afrikanischen Frisur relativ: Da sitzt man schon mal bis zu zehn Stunden, wenn eine völlig neue Pracht aus kleinen Zöpfchen entstehen soll! In dieser Zeit wird zudem geredet, gekocht, gegessen, ferngesehen. Freundinnen werden gerufen, die helfen, damit es «rascher» geht.

Und ich, die keine Ahnung vom Flechten hat, weil meine Feinmotorik das nicht zulässt, hatte Zeit, meine Mutter und Maggie zu beobachten. Ein Gedanke, mehr noch ein Gefühl kam in mir hoch: Das könnten wir beide sein, meine Mutter und ich. Maggie führte das Leben, das ich an Clementines Seite gehabt hätte. Es gab mir einen schmerzhaften Stich, die beiden in einer Vertrautheit zu sehen, die ich nie mit meiner Mutter aufbauen konnte. Was natürlich auch an der Sprache lag. Selbst in meiner Gegenwart unterhielten sie sich auf Oshiwambo. Ich erfasste nur Bruchstücke und bat darum, dass sie Englisch redeten. Oft setzte meine Mutter Oshiwambo als Waffe gegen mich ein – wenn sie nicht wollte, dass ich etwas verstand, wechselte sie in die mir nicht vertraute Sprache. Ich konnte nichts erzwingen und blieb in der Rolle, die mir meine Mutter zugewiesen hat: Ich war eine Besucherin.

Mit der neun Jahre alten Maggie, einem schmalen Mädchen mit großen, lieben Augen, lernte ich Katutura näher kennen. Wir besuchten die bunten und chaotischen Märkte, auf denen alles verkauft wurde. Vom Ziegenmagen bis zum Kleid. Und natürlich die «leckeren» Mopane-Würmer, die massenhaft angeboten wurden. Bergeweise lagen sie in geflochtenen Körben.

Bevor ich wieder abreiste, bat ich Maggie, mir meine Haare zu flechten, einschließlich künstlicher Zöpfe. Sie bewältigte die Premiere an meinem Kopf perfekt. Und ich konnte perfekt gestylt zurück nach Berlin fliegen.

Buslinie 154

Das Abendstudium beendete ich erfolgreich, dennoch fand ich keine Festanstellung. «Na, dann studieren wir eben diesmal an einer richtigen Hochschule!», sagte eine Freundin. Im ersten Moment hielt ich das für eine sehr gewagte Idee, ich und ein Vollzeitstudium. Aber hatte ich mir nicht immer wieder neue Herausforderungen gesucht? Die überforderten mich zwar oft, aber gerade das spornte mich erst recht an, denn meine Pflegeeltern hatten mir beigebracht, nie aufzugeben.

Unser Mut wurde belohnt: Wir bekamen von der Fachhochschule für Verwaltung und Rechtspflege (FHVR) eine Zusage. Mein Studiengang lautete «Public Management», kurz PuMa. Die Absolventen können damit national oder weltweit im mittleren Management von Stadtverwaltungen, Ministerien oder auch Organisationen arbeiten. Während des Grundstudiums erkannte ich, dass ich in die Entwicklungspolitik wollte. Projekte, die Hilfe zur Selbsthilfe leisten, das interessierte mich. Auf internationaler Ebene machen das zum Beispiel Non-Profit-Organisationen, kurz NPO genannt.

Als ich mein Studium im April 2005 begann, gab es die DDR seit fünfzehn Jahren nicht mehr und das Wort «Solidarität» war weitgehend aus dem Denken der Menschen verschwunden. Dennoch waren die Probleme auf der Welt die gleichen geblieben. Man löste sie nur anders. Etwa durch private Hilfsorganisationen, die die Bürokratie minimal halten und auf Spenden angewiesen sind. Geld für kostspieliges Marketing und wirksame Öffentlichkeitsarbeit haben viele nicht. Doch wie ist das zu vereinbaren? Wie kann man helfen, ohne groß Worte darüber zu verlieren? Aber war es in meinem Leben anders gewesen? Meine Oma hatte immer gesagt: «Machen, nicht reden.»

Gern hätte ich darüber mit meinem Opa gesprochen. Doch er war schon seit Jahren bettlägerig und sagte nur noch selten etwas. Es tat weh, meinen starken, liebevollen Pflegevater so zu sehen. Auch dass ich kaum in der Lage war, ihm das an Hilfe zurückgeben zu können, was er für mich getan hatte.

Wir ahnten schon lange, dass sein Leben zu Ende ging. Und eines Nachts, Ende Juli 2005, wachte ich in meiner Souterrainwohnung auf und spürte, dass etwas nicht stimmte. Ich ging hinauf in sein Zimmer, und da saßen meine Oma und Ines an seinem Bett. Sie hatten viele Kerzen angezündet; er war gerade gestorben. Rudi Schmieder, der Mann mit dem großen Herzen, wurde achtundsiebzig Jahre alt.

Nach und nach strömte die Familie zusammen und versammelte sich ein letztes Mal um ihn. Jenny, die inzwischen eine der jüngsten Pilotinnen Deutschlands war, und ich pflückten im Garten Blumen und brachten sie ihm. Er hätte nicht gewollt, dass wir um ihn trauerten. So wurde der Abschied von Rudi Schmieder ein Tag, an dem gelacht wurde.

Meine Pflegeeltern hatten mich stark gemacht, um meinen eigenen Weg gehen zu können – und so setzte ich mein Studium fort. Am Vortag einer Statistikprüfung, im Februar 2006, versagte Betsys Getriebe seinen Dienst. Eine Reparatur machte keinen Sinn, und somit war ich auf die öffentlichen Verkehrsmittel angewiesen, um quer durch den Osten Berlins zur Uni zu fahren. Die Busstrecke führte eine Stunde und zwanzig Minuten lang durch Pankow, Weißensee, Hohenschönhausen, Marzahn nach Lichtenberg – ausgerechnet jene Bezirke, in denen immer wieder Menschen mit einem anderen ethnischen Hintergrund angepöbelt und angegriffen wurden. Ich übte mich deshalb im «Pseudolesen». Also: Buch raus, Blickrichtung nach unten und dennoch wachsam sein. Unsichtbar wurde ich davon trotzdem nicht.

Wenn eine Kindergartengruppe den Bus stürmt und irgendeine Stimme ruft: «Guck mal, die da, die ist ja braun!», da spürt man die Blicke aller auf sich. Wie soll man reagieren? Lächeln? So tun, als verstünde man nichts? Mit einem Witz antworten?

Einmal war der Bus sehr voll. Eine alte Dame stieg zu, die sich auf einen Stock stützte. Der Mann neben mir stand sofort auf, um den Platz für sie frei zu machen. Da sagte sie: «Ich setze mich doch nicht neben eine Negerfrau! Niemals. Lieber falle ich durch den ganzen Bus.» Ich war wie gelähmt, aber der Mann reagierte souverän: «Na, das haben Sie dann ja wohl auch verdient.» Er setze sich wieder hin. Ich hatte mich bei ihm bedanken wollen, bekam aber keinen Ton heraus und lächelte nur schüchtern. Von da an war es im Bus still, totenstill.

Am liebsten wäre ich gar nicht mehr in die Hochschule gefahren, so unwohl fühlte ich mich auf dieser Strecke der Buslinie 154. Eines Nachmittags fuhr ich zurück zu meiner Wohnung. Ich setzte mich vorn ans Fenster, neben einen Mann. Nach einigen Stationen stiegen fünf Männer meines Alters zu. Sie trugen Lederjacken, aber sie sahen nicht wie Rechtsradikale aus. Die werden mir nichts tun, dachte ich und entspannte mich, so gut ich konnte. Der Mann neben mir stand eilig auf, ich nahm an, er hatte vergessen, dass er aussteigen wollte. In diesem Augenblick setzten sich zwei der Typen in die Reihe hinter mir, zwei andere in die vor mir. Der fünfte stand direkt neben mir.

Und der fing an: «Was willst du hier? Was machst du in unserem Bezirk?» Er packte mich an der Jacke, einer der Typen, die mir im Rücken saßen, stieß meinen Kopf immer wieder nach vorn. «Lasst mich in Ruhe!», protestierte ich. Ein Feuerzeug flammte auf und hinterließ braune Flecken auf meiner Jacke. Ein anderer riss an meiner Tasche, wie üblich lag sie halb geöffnet auf meinem Schoß. Ich versuchte vergeblich, sie festzuhalten. Alles, was darin war, verteilte sich im gesamten Bus. Darauf achtete ich aber erst einmal nicht, sondern bemühte mich, die Hände dieser Männer von meinem Körper fernzuhalten. Aber so richtig gelang mir das nicht.

«Hey, das willst du doch nur, ihr seid alle so!»

Nein, ich schrie nicht. Ich hätte gar nicht schreien können. Ich sagte verzweifelt, sie sollen aufhören. Die Feuerzeugflamme näherte sich nun meinen Ohrringen, ich schlug die Hand weg.

«Keiner von euch hat in unserem Bezirk was zu suchen!», blaffte mich einer der Kerle an.

Am S-Bahnhof Hohenschönhausen sprangen sie schließlich aus dem Bus. Endlich. Drei oder vier Stationen waren sie mitgefahren.

Mir liefen die Tränen übers Gesicht, und ich mühte mich, meine überall im Bus zwischen den Füßen der Leute herumliegenden und -rollenden Sachen einzusammeln. Keiner der Fahrgäste half mir. Und dann kam der Moment, der mindestens so schrecklich war wie alles, was zuvor geschehen war: Beim Aufklauben der Dinge entdeckte ich den Mann, der so eilig aufgesprungen war, dass ich annahm, er hätte den Ausstieg verpasst. Er war nach wie vor im Bus, nur in den hinteren Teil geflüchtet.

Ich hörte die Leute sagen: «Was fährt sie denn auch hier rum! Was machen die auch alle hier?» Es klang, als gäbe es nur eine Schuldige an diesem Vorfall.

Zu Hause legte ich mich ins Bett und sprach kein Wort. Tagelang. Als ich diese Phase der Verzweiflung und inneren Trauer überwunden hatte, sagte ich zu meinen Müttern: «Und wenn ich das Studium abbreche: Ich fahre nie wieder mit diesem Bus. Ich steige da nie wieder ein!» Und daran hielt ich mich auch. Dennoch wollte ich in die Uni und zu einem Gospelchor, dem ich mich angeschlossen hatte. Doch der probte ausgerechnet in Mahlsdorf, einem Teil von Marzahn, der für mich ein No-go-Ort war. Und als Kind war ich so oft dort gewesen, um bei Jenny und Ines zu sein! Petra, Ines und meine Freundinnen halfen mir in meiner Not, indem sie einen «Steffi-Fahrdienst» einrichteten. Doch auf Dauer konnte es so nicht weitergehen.

Ein Auto zu finanzieren, das war mir nicht möglich. Aber nach einer Reihe von hartnäckig gestellten Anträgen erklärte sich das Berliner Bezirksamt bereit, mir einen Kredit für einen Pkw-Kauf zu gewähren. Es war sicher nützlich, dass ich den Bus-Übergriff in meinen Anträgen erwähnte. Denn es war die Zeit der Fußballweltmeisterschaft 2006, und Politiker stritten heftig über die Frage, wie gefährlich es für Ausländer wäre, bestimmte Teile Ostdeutschlands zu besuchen. Denn der rassistische Übergriff auf mich war kein Einzelfall. Doch auf diese Frage ging offiziell niemand ein. Ich bekam den Kredit wegen meiner Behinderung. Nicht weil ich schwarz bin und deshalb vor manchen Mitbürgern Angst haben muss.

Mit dem Darlehen konnte ich mir einen gebrauchten Smart kaufen. Weil ich nach Betsy einen mannhaften Beschützer brauchte, taufte ich das Auto «Bob». Seither ist Bob meine «Sicherheitskugel», in der ich durch die Stadt rolle, und er hat mich schon in so manch unangenehmer Situation «beschützt». Denn in der Mitte des Armaturenbretts ist ein Knopf, um die Türen zu verriegeln. Öffentliche Verkehrsmittel habe ich nie wieder benutzt.

Womit das eigentliche Problem nicht gelöst ist. Denn ich

frage mich schon, was eigentlich schiefgelaufen ist seit der «Wende»: Die DDR hatte mich noch vor meiner Geburt nach Deutschland geholt. Solidarität war so ein wichtiger Begriff gewesen. Warum kennen ihn die Menschen nicht mehr?

In meiner Jugend waren diese beiden Fotos die einzigen, die ich von meinen Eltern besaß. Sie zeigen meine Mutter Clementine und meinen Vater Erasmus in den frühen achtziger Jahren in Angola. Dort lebten sie in der Emigration, weil in Namibia Bürgerkrieg herrschte.

1988: Ich war neun Jahre alt, als meine Mutter Clementine uns erstmals besuchte.

Wir sahen uns fünf Jahre später in Namibia wieder. Gemeinsam besuchten wir ihre Mutter (l.), die in einem traditionellen Dorf im Owamboland lebte.

Während meiner ersten Reise nach Namibia lernte ich mit vierzehn Jahren endlich meinen Vater Erasmus kennen. Hier im Haus meiner Mutter in Windhoek.

Das Verhältnis meiner Eltern war damals schwer für mich zu durchschauen. Sie verstanden sich gut, haben sich jedoch getrennt.

Maggie wurde von meiner Mutter adoptiert, nachdem ihre eigenen Eltern gestorben waren.
Sie steht vor jenem Tümpel, aus dem wir unser Trinkwasser bezogen.

Meine afrikanische Großmutter, *meekulu* Magdalena, in ihrem Dorf.

Das «Badezimmer» meiner namibischen Großmutter. Wasser musste aus einem trüben Tümpel außerhalb des Dorfs geholt werden.

Ihren Schnupftabak baute *meekulu* rings um ihre Hütte an.

Tante Lahya ist die Schwester meines Vaters. Ihr verdanke ich meinen zweiten Vornamen.

Als ich meine Mutter im Jahr 2006 traf, hatte sie sich völlig verändert. Ich machte mir große Sorgen um sie.

Auch wenn man es uns nicht ansieht: Jenny und ich sind Schwestern.

Meine Pflegeeltern mit mir als Zwanzigjährige in unserem Garten.

Meine Mutter zu Besuch in ihrem Heimatdorf im Owamboland. Sie siebt Hirsemehl, das zuvor in großen Holzmörsern gemahlen wurde.

Mein Vater und ich vor dem Freiheitsdenkmal in Windhoek, das an den Kampf der SWAPO für die Unabhängigkeit Namibias erinnert.

Eine halb geöffnete Tür

In meinem Studium büffelten wir nicht nur Fakten, sondern sollten sie in einem sechsmonatigen Praktikum in der Wirklichkeit überprüfen. In jenem halben Jahr, in dem ich mit der Buslinie 154 fuhr, hatte ich mich intensiv darauf vorbereitet. Drei Möglichkeiten boten sich für die praktische Arbeit an: die namibischen Botschaften in den USA und China sowie die National Planning Commission (NPC) von Namibia in Windhoek. Obwohl die beiden ersten Ziele verlockend waren, entschied ich mich für die NPC. Nicht nur, weil es ihre Aufgabe ist, die Zukunft Namibias zu entwerfen. In einem längeren Aufenthalt sah ich die Chance, das Land so zu erleben, wie es Einheimische erfahren. Wenigstens annähernd. Ich wollte wieder in Katutura bei meiner Mutter und meiner neuen Schwester Maggie wohnen, ihren Alltag teilen, nicht mehr nur Besucherin sein. So eine Möglichkeit bietet sich kein zweites Mal, dachte ich und unterschrieb voller Begeisterung einen Praktikumsvertrag.

Zu meinem siebenundzwanzigsten Geburtstag gab ich noch eine Party, kurz darauf verabschiedeten mich Freunde und Familienmitglieder wieder einmal am Flughafen Tegel. Da die Weiterreise in Frankfurt verschoben wurde, kam ich einen Tag später als geplant und mitten in der Nacht am Ziel an. Dieses

Mal wurde ich auch mit der Besonderheit namibischer Einreisebestimmungen konfrontiert, die ich zuvor so nicht kennengelernt hatte: Der Schalterbeamte entscheidet, wie lange man bleiben darf. In meinem Fall war es eine Frau, und die gewährte mir nur wenige Tage. Womit mein Traum vom Praktikum geplatzt wäre! Keine Bitte um Einsicht half. «Wenden Sie sich ans Außenministerium.» Und wie, bitte schön, macht man das? Achselzucken. Das war nicht das Problem der mächtigen Pass-Stemplerin.

Meine Mutter hatte trotz meines verspäteten Eintreffens stundenlang auf mich gewartet. Sie war wie immer nach der neuesten Mode gekleidet, ihre Figur die eines jungen Mädchens. Aber ihr Gesicht hatte sich sehr verändert. Natürlich war sie in den fünf Jahren, die wir uns nicht gesehen hatten, älter geworden. Sie war jetzt vierundvierzig. Doch nicht das Alter hatte ihre Züge gezeichnet; auf ihrem Gesicht lag eine neue Härte, fast schon eine Art Maske. Ich konnte das im Moment der ersten Begegnung nicht genau fassen, mein Gefühl sagte mir nur, dass sie in einer seltsamen Stimmung war. Vielleicht war sie einfach nur ärgerlich, weil sie so lange hatte warten müssen.

Zur Begrüßung empörte sie sich nicht etwa über die eigentümliche namibische Gesetzgebung, sondern über mich: «Warum lässt du dir das gefallen! Du musst energischer auftreten.» Insgesamt hatte ich wieder einmal keinen guten Start erwischt.

Das nächtliche Windhoek wirkte wie ausgestorben, die breiten Autobahnen hinaus in das als Elendsviertel verschriene Katutura waren leer. Aber in dem Vorort selbst herrschte immer noch Leben. Nach Katutura «heimkehren» – das löst bei mir gemischte Empfindungen aus. Wenn ich die schmalen Straßen betrete, spüre ich eine seltsame Traurigkeit, aber auch eine große Ehrfurcht vor dieser ganz anderen Art zu leben.

Im Haus war es ruhig. Meine Mutter sagte mir, dass gerade eine Cousine bei ihr wohne, die sich das nach vorn hinausgehende Zimmer mit Maggie teilen würde. Ich selbst durfte den Raum meiner Schwester bewohnen, der zwischen dem Bad und dem Zimmer meiner Mutter lag. Es war eine Jugendhöhle voller Poster, klein, aber gemütlich. Aufgekratzt packte ich meine Koffer aus und ging noch einmal ins Bad. Auf dem Rückweg fiel mein Blick durch die halb geöffnete Tür in das Zimmer meiner Mutter. Sie stand in Unterwäsche vor dem Spiegel, griff sich langsam an den Kopf und nahm ihre schulterlangen Haare mit einer fließenden Bewegung ab. Sie war völlig kahl, bis auf einige Stoppeln.

Mir stockte der Atem. Ich war zu keiner Bewegung fähig, starrte aus der Dunkelheit des Flurs in den hell erleuchteten Raum. Ich hatte keine Ahnung gehabt, dass sie eine Perücke trug. Wo war ihr eigenes Haar geblieben? O Gott, und wie dünn sie war! Haut und Knochen. Der Anblick war kaum zu ertragen. Ich hatte sie als schöne Frau in Erinnerung. Es war mir in jener Nacht rätselhaft, wie eine solch radikale Veränderung möglich sein konnte.

Verwirrt schlich ich ins Bett. Und bekam Magenschmerzen. Anfangs war es nur ein Druck, den ich meiner in vielerlei Hinsicht unerwarteten Situation anlastete: Da war wieder etwas mit meiner Mutter, das ich nicht einordnen konnte. Und mich beherrschte die Unsicherheit, ob das mit meinem Praktikum überhaupt klappen würde. Ohne Aufenthaltsgenehmigung. Schließlich hatte ich in Namibia einst eine halbe Nacht hinter Gittern verbracht, weil ich meinen Reisepass nicht mit mir geführt hatte.

Als ich morgens die Augen aufschlug, saß mein Vater neben meinem Bett. «Ich habe dir beim Schlafen zugesehen», sagte er und lächelte mich voller Liebe an. Er befand sich gerade in einer schwierigen Phase, über die er nicht viele Worte verlor. Ich verstand, dass er keine Arbeit hatte. Er war zweiundfünfzig, litt unter Diabetes, hatte eine junge Frau, und seine Kinder waren erst elf und neun Jahre alt. Es gab für ihn kaum Hoffnung, dass sich bald etwas ändern würde: Laut offizieller Statistik waren 37 Prozent der Menschen in Namibia arbeitslos.

Meine Mutter sah wieder perfekt aus. Ich war mir daraufhin nicht sicher, ob der Blick durch die halb geöffnete Tür nicht doch ein böser Traum gewesen war. Nach einem Wochenende, an dem Verwandte Clementines «Kind» (damit war ich gemeint) bestaunten und ich viel Zeit mit Maggie verbrachte, machte ich mich auf den Weg zur NPC. In dem riesigen Büro in einem Neubau mit unendlich langen Gängen herrschte unafrikanische Hektik. Niemand wusste etwas mit mir anzufangen. Eine Woche verharrte ich in erzwungener Untätigkeit.

Nebenher kämpfte ich um meine Aufenthaltsgenehmigung und mit meiner Mutter ums Geld: Für mein Praktikum bei der NPC bekam ich nichts. Ich brauchte aber etwas, um mit dem Sammeltaxi in die City zum Praktikum zu fahren. «Ich gebe dir kein Geld», sagte meine Mutter, als ich sie nach wenigen Tagen um Unterstützung bat. Schließlich reichte sie mir drei Namibia-Dollar, umgerechnet nicht einmal 30 Cent.

Inzwischen hatte ich herausgefunden, dass sie einen jüngeren Freund hatte, für den sie alles bezahlte. Während für Maggie und mich gerade ein Glas Marmelade im Kühlschrank in der Küche stand. Wir wussten von einem zweiten im Zimmer meiner Mutter, der gut gefüllt war. Doch ihren Raum schloss sie stets ab, wenn sie das Haus verließ. «Mom, kannst du uns nicht wenigstens so viel Geld geben, dass wir Brot kaufen können?», fragten wir sie. Clementine: «Ihr habt das ganze Brot aufgegessen?» Maggie und ich: «Wir hatten Hunger.» Gönnerhaft legte sie uns zwei Eier und eine Scheibe von dem Brot hin, das sie in ihrem Privatkühlschrank aufbewahrte. Ich: «Mom, ist das dein Ernst? Wir sind immerhin deine Kinder.»

Als die erste Woche um war, hieß es bei NPC: «Komm am Montag übernächster Woche wieder. Dann sind die da, die dich einteilen werden.» Nein, dachte ich, darauf lasse ich mich nicht ein. Dabei sollte diese Zeit eigentlich das größte Erlebnis meines Lebens sein! Stattdessen zankte ich mich mit einer fremden Mutter herum, hatte immer noch keine Aufenthaltsgenehmigung und kämpfte mit Maggie darum, dass wir satt wurden. Hätte ich doch nur das Geld für eine eigene Unterkunft gehabt! Meine Sorgen wurden immer größer und hielten nun eine ständige Versammlung in meinem Unterleib ab!

Trotz peinigenden Bauchwehs raffte ich mich auf und durchstöberte das Telefonbuch von Windhoek nach Hilfsorganisationen. Es gab davon einige. Hilfsbereite Menschen, die ich bei meinen telefonisch ausgemachten Terminen traf, bauten mich wieder auf. Schließlich fand ich eine entwicklungspolitische Organisation für namibische Frauen, die mir gefiel. Man nahm mich nicht nur sofort, sondern das Programm dieser NPO passte auch besser zu meinen beruflichen Ambitionen.

Blieb noch das Problem, meine Hochschule zu überzeugen, meinem Praktikumswechsel zuzustimmen. Ich musste ein Fax nach Berlin schicken, dazu brauchte ich aber die Unterstützung meiner Mutter. In dem gigantisch großen und neuen Ministry of Mines and Energy nannte ich der Empfangsdame meinen Namen. Die griff danach zum Hörer und sagte auf Englisch: «Deine Tochter aus Deutschland ist da!» In ihrer Begleitung betrat ich erstmals das Büro meiner Mutter. Es war sehr geräumig, und zu meiner Überraschung standen auf ihrem Schreibtisch sogar Fotos von mir. Meine Mutter stellte mich charmant ihren Kollegen vor. Nichts an dieser Frau erinnerte an die zerbrechliche Person, die ich in jener ersten Nacht vor dem Spiegel beobachtet hatte. Auch nichts an die keifende Mutter aus Katutura oder die Owambobier trinkende Frau bei *meekulu*. Sie war wieder eine andere Person – eine Business Lady an ihrem Arbeitsplatz. Das war verstörend, aber immerhin konnte mir diese Clementine eine Hilfe sein.

Da man in Berlin wusste, dass Afrika mit Improvisation verbunden ist, wurde mein Praktikumswechsel genehmigt. An jenem Montag, für den mich die NPC zurückerwartete (oder auch nicht), sollte ich bei der entwicklungspolitischen Organisation für namibische Frauen beginnen. Die Aufenthaltsgenehmigung erhielt ich schließlich auch noch – die erste Krise war überstanden. Das war ein Grund, mir etwas Gutes zu gönnen.

Ich hatte den Tipp bekommen, dass an jedem Samstagvormittag in der Stephanuskirche in Klein-Windhoek ein *green market*, ein Ökomarkt, aufgebaut werden würde. Obst und Gemüse aus organischem Anbau in Namibia, dem Land der Fleischesser? Was für ein Gegensatz – da musste ich hin! Die Marktstände waren um eine moderne Kirche gruppiert, direkt vor der Kirchentür standen helle Sonnenschirme, unter denen ausschließlich Weiße an Tischen saßen – eine aus Deutschland vertraute Situation.

Bewusst wurde mir das erst, als ich bemerkte, dass sich nur eine einzige andere farbige junge Frau unter ihnen befand. Sie sprach mit ihren beiden kleinen Kindern Deutsch. Ich holte mir einen Milchkaffee und ein Stück Kuchen, der wie jener roch, den meine Oma oft machte. Und rein Öko! Ja, man kann sein Heimweh pflegen, in manchen Gegenden von Windhoek ist das leicht. Anschließend vertiefte ich mich an einem Tisch in mein Tagebuch, um die letzte Woche aufzuarbeiten.

«Hey, was machst du denn hier?» Es war die junge Farbige, die mich ansprach. Ich sagte, woher ich kam, und umriss meine Eingewöhnungsschwierigkeiten. Sie warf ein: «Ich bin auch aus dem Prenzlauer Berg, ist ja krass!» Jessica erzählte, dass ihre Mutter Deutsche sei und der Vater aus Westafrika stamme. Sie hatte selbst einmal ein halbes Jahr lang ein Praktikum in der Heimat ihres Vaters gemacht. Und dabei erfahren, wie schwer es ist, wenn man von heute auf morgen in einer völlig anderen Welt lebt. Man gehört dazu – und auch wieder nicht. Die Parallelen in unser beider Leben waren wirklich spannend. Ihr Rat an mich klang nach meinen Anlaufproblemen tröstlich: «Halte dir immer vor Augen, dass du nur sieben Monate bleibst. Nimm alle Erfahrungen mit, die du machen kannst. Du wirst für den Rest deines Lebens davon zehren.»

Inzwischen lebte sie wegen ihres namibischen Mannes und der gemeinsamen Kinder seit einigen Jahren in Windhoek. Zum Abschied machte sie spontan einen Vorschlag: «Am nächsten Wochenende unternehme ich mit den Kindern und Freunden einen Ausflug in den Etosha-Park. Willst du nicht mitkommen?» Bislang war ich immer nur an den Schildern, die auf den wildreichen Park im Norden hinwiesen, vorbeigefahren. Aber das wollte ich jetzt ändern: «Klar, ich bin dabei!»

Mit neuem Mut stellte ich mich dem Leben bei meiner Mutter und begann mein neues Praktikum. Women's Action for Development (WAD) residierte in einem modernen City-Gebäude und war mit allem ausgestattet, was für einen funktionierenden Bürobetrieb einer NPO benötigt wurde. Die Leiterin, Frau de Klerk, eine Südafrikanerin mit dem Auftreten einer weltgewandten Chefin, gab mir zur Begrüßung so etwas wie ein Versprechen: «Wir nehmen dich überallhin mit, egal, wo wir hingehen werden. Du wirst alles kennenlernen, und wir werden dich unterstützen. Aber du musst richtig mitarbeiten.» Das war genau das, was ich erhofft hatte!

Frau de Klerk machte aus ihrer jüngsten Mitarbeiterin und

mir ein Team. Für mich war das ein Glücksfall. Denn aus meiner Kollegin Letha, die so alt war wie ich, wurde schnell eine Freundin und Ratgeberin. Sie half mir, die Strukturen von WAD zu verstehen. Am Anfang von allem steht das Geld, erklärte sie. Der Hauptgeldgeber sei seit über zehn Jahren die deutsche Konrad-Adenauer-Stiftung. Einzelne Projekte würden von einheimischen Banken und Versicherungen sowie vom Staat unterstützt. Um Sponsoren zu gewinnen und von der Seriosität der WAD zu überzeugen, würde man Lobbyarbeit betreiben. Damit diese Verbindung zwischen Helfern und Gebern funktioniere, müssten die Projekte für die namibischen Frauen Hand und Fuß haben.

Diese Projekte waren Vorhaben, die aus europäischer Sicht eher bescheiden wirkten, aber sie halfen den Betroffenen. Da ging es um Nähkurse, mit denen sich Frauen als Schneiderinnen selbständig machen konnten, um das Eröffnen eines Kontos und den richtigen Umgang mit Geld. Der dahinter stehende Gedanke: Frauen sollten ihr Leben selbst bestimmen. Eine Gruppe nähte Stofftaschen, womit die Natur geschützt wurde, denn leere Plastiktaschen entsorgte man achtlos in der Landschaft. Zugleich konnten die Frauen mit dem Verkauf der Stofftaschen ihre Familien ernähren. In den vielen ländlichen Gebieten wurde auch gezeigt, wie man richtig sät. Ein weiteres Projekt verfolgte das Ziel, landwirtschaftliches Gerät anzuschaffen.

Das größte Thema war jedoch eines, über das man in Namibia bis heute am liebsten nicht spricht: Aids. Gewiss, in Windhoek sieht man überall große Werbetafeln, die zu *Safer Sex* mahnen. Seit Jahren gehören sie zum Stadtbild, aber niemand schaut mehr hin. Die Frauen wissen durchaus um die Gefahr, haben aber keine Ahnung, wie schnell sie durch ihre umherziehenden und nicht gerade treuen Männer betroffen sein können. Die Quote der infizierten oder bereits erkrankten 15- bis 49-jährigen

Namibier ist eine der höchsten der Welt: 15,3 Prozent (Deutschland 0,1 Prozent) berechnete die zuständige Organisation der Vereinten Nationen, UNAIDS, für das Jahr 2007. UNICEF meint, es wären sogar 21 Prozent.

Das alles war mir vertraute Theorie. Ich war jedoch bei WAD, um die Realität zu erleben. «Wir machen heute Abend einen Feldversuch», hieß es. «Da kommst du mit, Stefanie.» Ich stieg in ein Auto mit abgedunkelten Fensterscheiben, sodass ich und eine WAD-Mitarbeiterin nicht zu sehen waren. Den Wagen fuhr ein gutaussehender Mann, Mitarbeiter der Universität Windhoek. Vom Auto aus sprach er irgendwo in der Stadt junge Frauen an. Erschreckend viele waren bereit zu Sex ohne Kondom für umgerechnet 30, 40 Euro. Zu diesem Preis wurde man sich einig. Diese Frauen setzten ihr Leben aufs Spiel für einen Betrag, für den man in Berlin drei Stunden bei der Nachbarin putzen geht …

Über Stunden wurden immer wieder Prostituierte angesprochen. Es war ein Schock. Aber warum sahen so viele Frauen in käuflichem Sex eine Lösung ihrer Geldprobleme? Sie sind ungebildet, kommen zum Beispiel aus dem Owamboland und finden in der Stadt keine Jobs. Und viele haben Kinder, die sie nicht ernähren können, wurde mir erklärt.

WAD startete erstmals ein Projekt, durch das die *sex worker* eine Ausbildung bekamen. Was die Organisation initiierte, brach jedoch ein Tabu, denn die Stadt Windhoek wollte das heikle Thema Aids/HIV totschweigen. Ich war bei den Treffen mit den Vertretern der Stadt dabei, erlebte, wie sie zögerten. Und schließlich die Aktion unterstützten. Unter der Bedingung, dass Windhoek nicht als Sponsor genannt wurde.

Die Frauen, die diese Ausbildung am Ende machten, kostete es sehr viel Überwindung, sich in Katutura in eine Schlange zu stellen, von der alle wussten: Wer hier ansteht, fragt um eine

Weiterbildung nach, um nicht länger als Prostituierte arbeiten zu müssen. Monate später konnte ich die Frauen erleben, die sich zu diesem Schritt entschlossen hatten. Bei einer feierlichen Zeremonie erhielten sie ihr Diplom als Näherin. Sie sahen ausgemergelt aus, aber sie waren stolz auf ihren Talar, den sie für den großen Anlass genäht hatten. Danach gab es ein Büffet, das sie in Minutenschnelle abräumten. Sie stopften in ihre Taschen, was sie fassen konnten, mit der entschuldigenden Erklärung: «Ich muss das für meine Tochter mitnehmen, seit Tagen hat sie nichts Richtiges gegessen.»

Ich bin sicher, sehr viele von diesen Frauen waren HIV-positiv. Und arbeiteten auch mit ihrem Näherinnendiplom weiter als Prostituierte. Es blieb nur die Hoffnung, wenigstens der einen oder anderen eine Chance auf ein anderes Leben gegeben zu haben.

Nach der ersten Woche bei WAD stand die Wochenendfahrt zum Nationalpark Etosha-Pfanne an, zu der mich Jessica auf dem *green market* eingeladen hatte. Es war das komplette Gegenprogramm zu meinen ersten WAD-Erfahrungen. Ein großer weißer Geländewagen, gut gefüllte Campingboxen, eine entspannte Jessica mit zwei Kindern, die nett und wohlerzogen waren, und einer Freundin von ihr. Gemeinsam verbrachten wir Tage, die so waren, wie man sich einen gelungenen Namibia-Urlaub vorstellt: Wir stellten den Wecker und sahen bei Sonnenaufgang zu, wie die Elefanten zur Tränke zogen.

Ich übernachtete mit Jessica im Zelt auf dem Autodach, und sie erzählte von ihrem Leben. Ihren Mann hatte sie in Paris kennengelernt. Er sei Sportler, und sie erwähnte auch seinen Namen, der mir aber nichts sagte.

Zurück bei WAD, erzählte ich Letha von dem Ausflug, und erst ihre Reaktion machte mir klar, dass Jessicas Mann ein in

Namibia äußerst prominenter Mensch ist. Ich hatte also mit der Frau des namibischen Boris Becker mal eben so eine Spritztour nach Etosha gemacht!

Mit meiner neuen Freundin Jessica traf ich mich danach noch oft. Aber der Ausflug mit ihr hatte mir das Spannungsfeld, in dem ich lebte, am deutlichsten gezeigt. Im Alltag waren es vor allem die Kleinigkeiten, die es schwierig machten, mit einem Bein in der Welt der Weißen zu stehen und mit dem anderen in der der Schwarzen. Wenn ich morgens, bestens fürs Büro gekleidet, aus der Haustür trat, stand ich im ärmlichen Katutura und lief vorbei an Kindern mit hungrigen Augen. Mich bedrückte dieses Elend immer mehr, je länger ich es erlebte. Mir kam es vor, als trügen diese Kinder Lasten, die viel zu schwer für sie waren. An einer Straßenkreuzung nahm mich schließlich ein Sammeltaxi auf, um mich *downtown*, in die elegante City, zu bringen, wo nichts an Katutura erinnerte. Dort kümmerte ich mich um Projekte, die wiederum die Armut des Landes und die Benachteiligung von Frauen zum Thema hatten. Am Abend ging ich auf Empfänge von Botschaften und Organisationen, auf denen ich die einflussreichen Menschen des Landes beim Feiern erlebte.

Katutura eingerechnet, zählt Windhoek etwa 400 000 Einwohner. Aber es gibt nur wenige Menschen, die ein Leben nach europäischem Standard führen – und sie kennen sich alle untereinander. In diesem sehr überschaubaren Kreis Eingeweihter sprach sich schnell herum, dass ich aus Deutschland gekommen war, um meine zweite Heimat kennenzulernen. Doch wenn die anderen nach den Empfängen wieder in ihre weißen Stadtteile fuhren, suchte ich mir ein günstiges Taxi, das mich in die Welt der schwarzen Mehrheit brachte. Dort erwartete mich meine Mutter mit der Frage, wo ich mich herumgetrieben hätte.

Maggie schlief meistens, wenn ich nach Hause kam. Morgens ging sie im Gegensatz zu vielen ihrer Freunde zur Schule. Erst mit der Zeit begriff ich, dass das in Katutura nicht der Normalfall war. Aber für Maggie war die Schule ihr Lebensmittelpunkt, verkörperte ihre Hoffnung auf ein besseres Leben. Kein Taxi, keine der breiten Straßen führt einen Teenager hinaus aus Katutura. Nur Bildung ist der Ausweg, das hatte sie verstanden. Darum war ich auch in Sorge, dass sie wenigstens am Nachmittag, wenn sie aus der Schule zurückkehrte, ein warmes Essen erhielt und dass sie Schulmaterial besaß. Meiner Mutter war das weniger wichtig.

Als Anfang Dezember die Weihnachtsferien anbrachen, wurde Maggie zu *meekulu* geschickt, die auch ihre Großmutter war und nach der sie mit vollem Namen Magdalena hieß. Natürlich wollte sie nicht «in den Norden», der für sie lediglich Rückständigkeit bedeutete. Aber kein Owambokind hat in den vier Ferienwochen eine Wahl. Man muss zur Verwandtschaft, wenn die Schule nicht stattfindet. Meine Mutter und ich planten einige Tage später nachzukommen; wir beide hatten noch zu arbeiten. Aber dann wurde Clementine ernsthaft krank.

Gekränkelt hatte sie schon lange. Seitdem ich bei ihr wohnte, hustete sie nachts in ihrem Zimmer auf der anderen Seite der dünnen Wand oft so laut, dass ich kaum Schlaf finden konnte. Und auf ihrem Nachttisch stand eine Ansammlung von Medikamenten. Wenn ich sie fragte, was sie hätte, antwortete sie: «Jeder kann mal eine Erkältung haben.»

Natürlich hatte ich auch von Maggie wissen wollen, was mit unserer Mutter los sei und ob das schon vor meinem Eintreffen so gewesen wäre. Aber sie hatte nur geantwortet: «Ich weiß es nicht.» Ich war so beschäftigt gewesen mit meiner Wahrnehmung einer sich abgrenzenden oder streitsüchtigen Mutter, dass ich seit dem ersten Abend, an dem ich sie fast haarlos und dürr sah, keine weiteren Gedanken an ihren Gesundheitszustand verschwendet hatte.

Aber jetzt, Anfang Dezember, wo der Besuch bei *meekulu* anstand, verschlechterte sich ihre Verfassung so sehr, dass sie geschwächt im Bett blieb und von Durchfall geplagt wurde. «Mom, was ist mit dir? Soll ich dich zum Arzt bringen?», fragte ich. Sie wies mein Angebot zurück: «Das geht vorbei.»

Selbst in Stunden, in denen sie offensichtlich Hilfe gebraucht hätte, ließ sie mich nicht an sich heran. Es war fast wie in jenem Augenblick, als ich sie auf Cassinga angesprochen hatte. Und sie sagte, dass sie darüber nicht sprechen wolle. Nachdem ich ein Vierteljahr in ihrem Haus lebte, war ich für sie noch immer eine Besucherin. Zwischen Freunden existiert Nähe, zwischen Fremden stehen viele Tabus. Clementine war weder das eine noch das andere. Sie ist doch meine Mutter, sagte ich mir. Immer wieder versuchte ich mir das in Erinnerung zu rufen. Aber die Worte fühlten sich nur seltsam leer an.

Ich wusste, dass es etwas Unaussprechliches zwischen uns gab. Doch besaß ich keine hinreichende Vorstellung davon, welche unglaublichen Konsequenzen es hatte.

Wer nachdenkt, muss sterben

Kurz vor unserer geplanten Abfahrt ins Owamboland erholte meine Mutter sich auf für mich unerklärliche Weise von einem Tag auf den anderen. Wir nahmen einen der besseren Reisebusse, die ohne Schweine und Hühner als Passagiere in den Norden aufbrachen. Bei jedem Zwischenstopp verschwand sie allerdings für längere Zeit auf der Toilette. Als wir im *eumbo* eintrafen, sah *meekulu,* dass es ihrer Tochter nicht gutging. «Was ist mit deiner Mutter?», fragte sie. Das Gespräch, das jetzt Maggie übersetzte, ergab, dass meine Großmutter nicht gewollt hatte, dass ihre Tochter ins Owamboland kam. Schon vor einigen Monaten sei sie dort sehr krank geworden.

«Sie lebt schon so lange in der Stadt. Sie ist das Wasser und das Essen nicht mehr gewöhnt», vermutete *meekulu.*

Die Sorgen um meine Mutter traten schnell in den Hintergrund. Der *eumbo* war so groß, dass jeder seine eigenen Wege gehen konnte. Clementine verbrachte viel Zeit mit den Frauen ihres Alters, ich mit den jungen Leuten. Bereits in Windhoek hatte Maggie meine aus Deutschland mitgebrachten Kosmetikprodukte für sich entdeckt. Ich musste sie, wenn ich abends von meiner Arbeit heimkehrte, immer wieder zurückerobern. Im Owamboland sind Cremes und Conditioner, Make-up und Kajal jedoch so gut wie nicht zu erhalten. Die Mädchen, die sich ebenfalls für meine Schönheitsmittel interessierten, strichen über mein Gesicht und sagten: «Du hast so eine weiche Haut.»

Das lag allerdings nicht nur an der Chemie, sondern auch an dem ganz anderen Leben, das ich als Großstädterin führte. In Berlin gab es weder den heißen Wind, der die Haut austrocknen ließ, noch die unbarmherzige Sonne des südlichen Afrika. Vor allem jetzt im namibischen Hochsommer mit Temperaturen von über 40 Grad Celsius! Mit Sonnenmilch war ich zwar nicht ins Owamboland gereist. Aber ich war glücklich, wenigstens eine Sonnenbrille dabeizuhaben, die das grelle Licht, das der weiße Sand reflektierte, erträglicher machte.

Mit diesem in Europa überhaupt nicht auffälligen Gegenstand im Gesicht war ich ein exotischer Fahrgast auf Großmutters MDC. Eigentlich war das MDC bis zu dem Tag, an dem ich es *Meekulu's Donkey Car* taufte, ein schlichter Karren mit zwei Eseln davor. Damals aber eine neuartige Anschaffung und ungemeine Erleichterung des Alltags. Für mich war es ein Spaß, auf diese Weise durchs Owamboland zu fahren. Das MDC verkürzte den endlosen Weg zum trüben Tümpel immerhin auf fünfundvierzig Minuten. Das nun in dieser Jahreszeit noch spärlicher vorhandene Wasser wurde nach wie vor von dort geholt.

Ich hatte meine Rolle als Exotin akzeptiert. Gleichzeitig fanden die anderen es cool, dass ich trotz meines Andersseins alles mitmachte. Und ich brachte ihnen etwas aus meiner Welt mit, das in der Abgeschiedenheit dieser Gegend unbekannt war. So war ich glücklich über meinen neuesten Besitz, einen Laptop, den ich erst kurz vor der Reise nach Namibia geschenkt bekommen hatte, um darauf meine Praktikumsarbeit zu schreiben. Das tat ich auch hier bei meiner Großmutter, wenn es zu heiß war, um mich draußen aufzuhalten. Das Gerät mutierte zur größten Attraktion überhaupt!

Sogar *meekulu* war begeistert: Ich hatte auf dem Computer einige Fotos von meiner Berliner Familie abgespeichert und konnte sie ihr nun zeigen. Vorsichtig berührte die alte Frau eine Taste und wunderte sich, dass sie damit ein Bild verschwinden und ein anderes hervorzaubern konnte. Da es bei ihr keinen Strom gab (und bis heute nicht gibt), waren die Akkus bald leer – und der schöne Laptop somit ein ziemlich nutzloser schwarzer Kasten.

Das so ganz andere Leben verlief in einer Langsamkeit, die mir nach den hektischen Monaten in Windhoek guttat. *Meekulu* zelebrierte weiterhin ihr allmorgendliches Weckritual vor Sonnenaufgang, und es stimmte mich positiv auf den Tag ein. Durch die Ritzen der Hütte fiel das noch milde Morgenlicht, und das beruhigende Gackern der Hühner mischte sich unter die Stimmen der Erwachenden. Kurz darauf begannen die Frauen mit dem Stampfen der Hirse. Sicher, wenn ich selbst den Mörser auf das harte Korn hätte stoßen müssen, hätte ich das anders erlebt. Aber als Gast stand es mir frei, mich zu beteiligen oder nicht.

Schon bei den letzten Besuchen hatte ich mich gefragt, welche Kostbarkeiten eine Owambogroßmutter wohl in ihrer Hütte verbergen mochte. Sie zeigte mir nun Bambusbehälter in verschiedenen Größen, die für sie ihre «Schränke» und «Truhen» waren. Und sie öffnete schmale hölzerne Gefäße und brachte zum Beispiel ein Owamboparfum zum Vorschein. «Das ist gut, um einen Mann zu verführen», sagte sie mit schelmischem Grinsen und schenkte mir eine Portion des kupferfarbenen Pulvers. Ich roch daran und beschloss, es als Andenken gut aufzubewahren. Aber niemals zu verwenden, um bei den feinen Nasen deutscher Männer nicht die gegenteilige Wirkung zu erzielen …

Meekulu besaß auch Schminke, die aus natürlichen Zutaten hergestellt wurde, und Schmuck. Das meiste davon hatte sie selbst gemacht. Auch die lange Kette, die sie stets um den Hals trug. Nun war es für sie an der Zeit, mich auch in dieses Geheimnis einzuweihen. Die zarte Kette aus rotgefärbten Stückchen von Straußeneiern stellte genau genommen keinen Schmuck dar. Sondern ein Zeichen: Ein Mädchen, das sie um den Hals trug, war vergeben. Band sie sich die Kette um die Hüfte, hieß das: «Ich bin noch zu haben.» Da ich nach den im Owamboland geltenden Regeln schon längst hätte verheiratet sein müssen, schenkte *meekulu* mir nun ebenfalls eine Kette, die ich mir um die Hüften wickelte. Damit kein Owambomann mehr an mir vorbeilief und sein mögliches Glück verpasste! Ich freute mich darüber sehr und taufte Großmutters Gabe die «Bleib-Jungfrau-bis-zur-Hochzeit»-Kette.

Viele Männer gab es jedoch nicht, die ich damit hätte beeindrucken können. Früher lebten wenigstens noch ein paar erwachsene Männer im *eumbo*. Sie waren nun alle fort. Ein Bruder meiner Mutter, den ich während früherer Aufenthalte gelegentlich gesehen hatte, war gestorben. Woran? «An einer Krankheit», sagte meine Mutter. Mit dieser Antwort hatte ich mich zufriedenzugeben.

In ihrer Hütte bewahrte *meekulu* die zahlreichen Pfeile und Bogen auf, mit denen die Männer einst auf die Jagd gegangen waren. Frauen durften diese Gegenstände nicht benutzen, aber mir gestattete meine Großmutter eine Ausnahme. Das war kein Spielzeug – die Pfeile hatten richtig scharfe Spitzen. Ich fand es nicht schwer, damit zu schießen. Na gut, mit dem Treffen war das eine andere Sache. Aber die Richtung stimmte auf jeden Fall.

Meekulus ganzer Besitz stammte aus einer anderen, mir fremden Zeit. So trug sie stets Kopftücher und auch noch die traditionellen wadenlangen Owambokleider, die ich auch in Katutura oft bei alten Damen gesehen hatte. Deren Stil war den Frauen der deutschen Kolonialherren abgeschaut, die um 1900 herum in «Deutsch-Südwest» lebten. Meine städtische Mutter hätte das niemals angezogen. Ebenso wenig wie die «Bleib-Jungfrau-bis-zur-Hochzeit»-Kette. Die allerdings band sich sogar noch Maggie um – allerdings nur, wenn sie im Owamboland war.

Als meine Mutter und ich nach zehn Tagen abreisten, musste meine Schwester noch bei unserer Großmutter bleiben. Die Fahrt zurück nach Windhoek überstand Clementine ohne Probleme, aber kaum zu Hause angekommen, ging es ihr plötzlich sehr schlecht. Ob es doch das trübe Wasser im Owamboland war? Aber warum wurde ich nicht davon krank? Ich war es erst recht nicht gewohnt.

Schon lange vor der Abfahrt zu *meekulu* hatte ich mich gefragt, wie ich dieses Mal Weihnachten verbringen sollte. Mit meiner Mutter gemeinsam in die Kirche gehen? Eigentlich nicht. Meine Neugier auf ein ganz anderes Erlebnis war größer: Ich wollte nach Kapstadt. Aber nicht nur als Tourist, sondern um mich dort ehrenamtlich zu engagieren. Um ein wenig von dem zurückzugeben, was ich in meinem «anderen» Leben an Zuwendung bekommen hatte. Deshalb besaß ich schon lange die Busfahrkarte in das Land, das für mich vor allem die Heimat Nelson Mandelas war. Aber konnte ich das jetzt noch realisieren, wo es meiner Mutter so schlechtging? Jedoch: Sie wollte sich nicht von mir pflegen lassen. Was brachte es dann, wenn ich blieb?

Etwas verunsichert übergab ich die Sorge um meine Mutter, die meine Hilfe ablehnte, an die Cousine, die bei uns lebte, und fuhr nach Südafrika. Eine evangelische Pfarrersfamilie ließ mich umsonst bei sich wohnen. «Hilfe können wir brauchen, aber wir geben auch gern, denn es kommt ohnehin alles zurück», lautete ihre Überzeugung. Dies war auch mein Motto, denn wenn mein Name Lahya schon «Geschenk» bedeutete, so musste dies nicht nur zum Ausdruck bringen, dass ich selbst eines war. Es konnte ebenso zur Folge haben, dass ich meine Mitmenschen durch Aufmerksamkeit beschenkte. Das war der wahre Sinn hinter meinem Wunsch, das Weihnachtsfest auf diese Art zu verbringen.

An Heiligabend verteilten wir in einem Kinderheim kalten Yoghurt und sangen Weihnachtslieder. Tags darauf schnürte ich gemeinsam mit zahllosen Helfern Tausende von Geschenkpäckchen, die wir den ganzen Tag über in den vielen Gefängnissen der Stadt ablieferten. Ich traf dabei auf tätowierte Halbstarke, verlassene, eingeschüchterte oder abgestumpfte Menschen. Teilweise lebten sie in Zellen, in die man kein Tier gesperrt hätte.

Als ich ihm ein Weihnachtspäckchen übergab, fragte mich ein Mann, der schrecklich aussah: «Siehst du noch das Gute in mir?» Und ich antwortete: «Ja, ganz deutlich.» Weil ich es wirklich in seinen Augen entdeckte. Danach besuchten wir ein Frauengefängnis in einem Slum, und eine Insassin sagte zu mir: «Ich bin erst seit gestern hier, und meine Kinder wissen nicht einmal, wo ich bin. Ich darf sie nicht anrufen! Bitte tu du es für mich.» In diesem Moment herrschte uns ein Aufseher an: «Ruhe! Du darfst ihr die Nummer nicht sagen!» Und es war doch auch für die Kinder dieser Frau Weihnachten …

Obwohl ich mir vorgenommen hatte, meine eigenen Gefühle unter Kontrolle zu behalten, war ich nicht mehr fähig, das letzte Gefängnis auf unserer Tour zu betreten. Am Morgen waren wir alle voller Euphorie aufgebrochen – und am Abend sehr nachdenklich. Wir hatten in einen Abgrund geblickt und nicht geahnt, wie tief er war. Später, als wir im Haus der Pfarrersfamilie unterhalb des Tafelbergs Hausmusik machten und ich gebeten wurde, ein Lied aus meiner Heimat zu singen, da war es für mich sofort klar, welche Heimat ich mit Weihnachten verband. Ich sang «Weihnachten in Familie», natürlich, was denn sonst? Ich hatte an diesem Tag traurige Menschen trösten wollen, aber ich spürte, dass meine Kraft für so viele emotionale «Geschenke» nicht ausreichte. Zum Glück baute mich meine Familie aus Berlin am Telefon wieder auf. Anschließend rief ich meine Mutter an, um schöne Weihnachten zu wünschen. «Mir geht es gut, ich war in der Kirche», sagte sie.

Meine Mutter ist eine Kämpferin, dachte ich. Sie wird schon nichts wirklich Ernsthaftes haben. Jetzt, aufgewühlt durch die Begegnungen mit den Gefängnisinsassen und mit dem räumlichen Abstand zu ihr, erinnerte ich mich an ein Gespräch. Es war darum gegangen, dass ihr Bruder nicht mehr lebte, und irgendwie hatte ich sie zu dem Bekenntnis gebracht, dass sie die Letzte von fünf Geschwistern sei. Alle seien sehr jung gestorben, sagte sie. Ich hatte nachgehakt, und zwar in einem Ton, der ihr zu verstehen geben sollte, dass ich mich nicht mit einer oberflächlichen Antwort abspeisen lassen wollte: «Woran sind denn deine Geschwister gestorben?»

«Wir haben alle die gleiche Krankheit», erwiderte meine Mutter. Darauf sagte ich: «Wenn alle in der Familie diese Krankheit haben, dann kann ich sie vielleicht auch bekommen. Sollte ich in diesem Fall nicht wissen, was ich für eine Krankheit habe?» Sie gab eine Antwort, die jedes weitere Gespräch hätte ersticken können: «Wenn Gott will, dass du stirbst, dann stirbst du.» Ich ließ trotzdem nicht locker: «Aber was ist das denn nun für eine Krankheit?» Und da erwiderte sie: «Mein Arzt hat mir gesagt, ich soll nicht so viel darüber grübeln. Wenn ich so viel nachdenke, dann muss ich sterben. Möchtest du, dass ich weiter darüber nachdenke? Möchtest du, dass ich sterbe?»

Nein, natürlich wollte ich das nicht. Ich wollte, dass meine Mutter ihren Kampf gewinnt. Aber wogegen kämpfte sie? Ich hatte ihren kahlen Kopf gesehen und vermutete inzwischen eine Chemotherapie als Ursache. Wenn ein Arzt ihr das Nachdenken «verbot», wollte er damit vielleicht ihre Heilungschancen erhöhen, weil positives Denken angeblich dabei hilft? Möglicherweise erklärte eine Krebstherapie mit entsprechenden Medikamenten auch ihren Durchfall und ihr Erbrechen. Und der ständige Husten? War die Lunge befallen?

Ich erinnerte mich an Thomas, der so jung an Lungenkrebs gestorben war. Damals hatte ich nur gehofft, dass alles «wieder gut» wird. Das Leben hatte mich gelehrt, dass es so einfach nicht ist. Nein, ich durfte mich nicht weiter dem Denkverbot meiner Mutter beugen, das einem Frageverbot glich. Ich selbst würde in einigen Monaten wieder zurück sein, in Berlin. Aber was würde aus Maggie werden?

Als ich wieder in Windhoek war, fand ich meine Mutter bei bester Gesundheit vor. Gerade so, als ob all meine Sorgen um sie völlig unbegründet waren. Ebenso wie ich ging sie arbeiten. Doch schon nach ein paar Tagen wirkte sie erneut sehr angeschlagen. Maggie war inzwischen aus dem Owamboland zurück, und ich sprach sie erneut auf die Gesundheit unserer Mutter an. Während wir draußen auf den Stufen des Hauses saßen, öffnete sie sich im Gegensatz zum letzten Mal ein wenig. Clementine habe etwas mit dem Herzen, so habe sie selbst es ihr gesagt, meinte meine kleine Schwester. «Das glaube ich nicht», widersprach ich. Ein Wort ergab das andere, und plötzlich brach Maggie in Tränen aus: «Ich ertrage es nicht, dass noch einmal jemand stirbt! Ich habe schon meine Eltern verloren. Wo soll ich denn dann hin? Zu *meekulu* will ich auf keinen Fall! Aber wer zahlt dann mein Schulgeld? Und ich will doch die Schule machen, damit ich nicht ewig hier leben muss!»

In den folgenden Tagen suchte ich nach einer günstigen

Gelegenheit, um mit meiner Mutter ein vernünftiges Gespräch zu führen. Mir stand ein zweiwöchiger Aufenthalt im hundert Kilometer entfernten Rehoboth bevor. Ich sollte dort in der ersten Woche einen Aids-Präventionskurs vorbereiten, den ich in der zweiten Woche zu betreuen hatte. Ich wollte nicht abreisen, ohne mich mit meiner Mutter ausgesprochen zu haben.

Endlich schien ich einen günstigen Moment gefunden zu haben und sagte: «Als deine Tochter muss ich wissen, was du hast. Und außerdem hat Maggie solche Angst, dich zu verlieren. Bitte, rede darüber.»

«Nein, das werde ich nicht tun», sagte meine Mutter. «Ich will auch nicht darüber nachdenken. Oder willst du, dass ich sterbe?»

«Mom, wir sehen, dass es dir nicht gutgeht. Und ich darf dir nicht einmal helfen. Das ist doch nicht fair!»

Mit einem Schlag brannten bei ihr alle Sicherungen durch: «Wenn ich gewusst hätte, dass du mit Maggie über mich sprichst, dann hätte ich dich niemals zu mir geholt! Was haben die Deutschen aus meiner Tochter gemacht? Du bist ein unmöglicher Mensch geworden. Du bist gar nicht liebenswert.»

In mir stiegen sämtliche verdrängten Gefühle hoch: «Ich bin nicht liebenswert? Was für eine Mutter bist du mir denn gewesen? Was hast du für mich getan?» Ich sagte Dinge, die wohl besser für immer ungesagt geblieben wären.

Und da zog sie ihren Schuh aus und warf ihn mir an den Kopf: «So eine Tochter wie dich will ich nicht!»

«Ich habe meine deutschen Eltern sowieso viel lieber als dich!»

Ich packte meine Sachen um nach Rehoboth zu fahren.

Während der folgenden Woche dachte ich ständig an diesen Streit. Ich war sowohl wütend auf meine Mutter als auch auf mich, weil ich mich dazu hatte hinreißen lassen, etwas zu sagen, das ich gar nicht meinte. So konnte das nicht zwischen uns stehenbleiben. Ich beschloss, das Wochenende bei ihr zu verbringen. Doch als ich abends im Haus meiner Mutter ankam, fand ich es verschlossen vor. Einen Schlüssel hatte sie mir nie gegeben.

Ich klopfte bei einem Nachbarn. Er klang sehr besorgt: «Clementine ist seit Dienstag im Krankenhaus. Es geht ihr schlecht.» Ich fragte, ob er wisse, wo Maggie wäre, aber er konnte mir keine Auskunft geben. Ich ließ mich auf den Stufen vor dem Haus nieder; die Welt brach über mir zusammen. Mich quälte ein einziger Gedanke: Das ist alles meine Schuld! Ich habe meiner Mutter Unglück und Unruhe gebracht. Hoffentlich stirbt sie jetzt nicht!

Endlich erschien Maggie und wirkte erstaunlich gelassen. Nach dem, was sie erzählte, hatte alles kurz nach meiner Abreise am Sonntag begonnen: Meine Mutter bat darum, den Strom auszuschalten – obwohl ihre Lieblingssendung im Fernsehen lief. Anschließend forderte sie Maggie seltsamerweise auf, blaue Wassermelonen zu kaufen. Obwohl sie immer noch leicht verwirrt war, ging sie am nächsten Morgen ins Ministerium. Einen Tag später erlitt sie in ihrem Büro einen Zusammenbruch und wurde direkt ins Krankenhaus gebracht.

Weshalb? Maggie wusste es nicht. Und sie war auch noch nicht bei ihr gewesen.

Ich war immer noch so aufgewühlt, dass es mir schwerfiel, einen klaren Gedanken zu fassen. Aber mein Gefühl sagte mir, dass das alles schwerlich zu einer Krebstherapie passte.

Ja, ich hatte durchaus eine Vermutung. Schließlich wurde ich jeden Tag mit der Nase auf das große Tabu gestoßen, über das niemand in diesem Land sprechen wollte. Wenige Tage später sollte ich einen Kurs über die Gefahr von Aids halten! Aber die eigene Mutter? Immerhin hatte sie einen Freund, der oft in ihrem Haus herumlungerte und dann wieder spurlos verschwand. Aber passte ihr hartnäckiges Schweigen nicht wie maßgeschneidert zu meinem Verdacht?

Wie oft hatte ich schon erlebt, dass die Leute sagten: «In meiner Familie hat keiner Aids, da ist niemand HIV-positiv. Aber ich habe gehört, dass der Nachbar von Nachbarn einen Cousin hat, bei dem man munkelt …» Wie konnte das möglich sein, wenn laut Statistik jeder Fünfte an der Seuche litt? Damals gab es nur eine einzige Frau, die im Fernsehen bekannte: «Ja, ich habe Aids.» Die war für alle eine Heldin. Allerdings war sie früher eine prominente Politikerin gewesen. Sie war nicht die Frau von nebenan, mit der nach ihrem Outing niemand mehr etwas zu tun haben wollte.

Während ich darüber nachdachte, ließ Maggie plötzlich ihren gespielten Gleichmut fallen: «Meinst du, es steht wirklich so schlimm mit Mom?» Meine Antwort war wie ein Reflex, bei dem man zurückzuckt, wenn man den Schmerz spürt: «Alles wird gut», sagte ich.

Was hätte ich sonst erwidern sollen? Zum einen wusste ich nichts, zum anderen war Maggie eine Waise, die eine erwachsene Person brauchte, die sie schützte. Ob ihre Eltern an Aids gestorben waren, wusste ich nicht, aber es war wahrscheinlich.

Während wir beide versuchten, uns in unserer Ratlosigkeit und unserer Angst gegenseitig ein Halt zu sein, ging plötzlich das Licht aus. Ein Stromausfall? Nein, in der Nachbarschaft brannten die Lampen. Mit der Kerze in der Hand standen Maggie und ich vor dem Stromzähler. Meine an die ungewöhnlichen Verhältnisse in Katutura gewöhnte Schwester erklärte mir, dass der Strom mit einer Prepaid-Karte bezahlt wurde. Prepaid? Das kannte ich nur vom Handy. Ich musste erst einmal lernen, dass das man hier den Preis für den Strom im Voraus beglich. In der Nähe wohnte eine Frau, mit der meine Mutter befreundet war.

Sie gab uns eine Karte, die wir freischalteten. Anschließend ließen Maggie und ich uns erschöpft auf den weinroten Plüschsesseln im Wohnzimmer nieder.

Im Nachhinein erscheint so etwas wie ein Vorzeichen, in dem Augenblick brachte es mich auf den Boden der Tatsachen zurück. Stück für Stück teilte Maggie nun ihr Wissen mit. Sie erzählte, dass unsere Mutter vor einem halben Jahr, nach dem Besuch bei *meekulu*, so stark erkrankte, dass sie für drei, vier Monate im Krankenhaus blieb. Unsere Großmutter hatte gemeint, es wäre das «ungewohnte» Wasser, und Maggie hatte behaupten müssen, es wäre eine Herzerkrankung.

Dass meine Mutter lange Zeit nicht zu Hause war, hatte ich mitbekommen, denn oftmals versuchte ich sie telefonisch zu erreichen. Dabei war ich jedes Mal an Maggie geraten: «Mom macht eine Fortbildung in Kenia.»

Nun fragte ich meine Schwester: «Warum hast du mir damals nicht gesagt, was los war?» Maggie schlug die Augen nieder: «Mom hat gemeint, wenn ich es jemandem verrate, würde sie mich bestrafen.»

Aber warum sollte es eine Schande sein, wenn jemand erfuhr, dass Clementine Aukongo ein Herzleiden hatte …? War der Grund für ihr Schweigen tatsächlich jener, den ich vermutete, hatte ich Grund zu größter Sorge.

Schließlich erzählte Maggie, dass Clementine erst vor einigen Wochen in ihrem Büro zusammengebrochen sei. Sie wäre mit dem Notarzt in die Klinik gebracht, aber am nächsten Morgen wieder entlassen worden. Ich war oft mit WAD mehrere Tage im Land unterwegs und hatte deshalb nichts davon mitbekommen. Wahrscheinlich wäre es jetzt kaum anders gekommen, sollte ich doch eigentlich in Rehoboth sein. Das Versteckspiel meiner Mutter mit der Wahrheit funktionierte erschreckend gut. Ob von ihr so gewollt oder nicht.

Ich sah ein, dass ich unmöglich vom folgenden Montag an einen einwöchigen Kurs abhalten konnte. Jemand musste für mich einspringen. Im Laufe des Wochenendes erreichte ich schließlich meine Kollegin Letha auf ihrem Handy. Sie war sofort meiner Meinung, dass mein Privatleben in dieser Situation Vorrang hätte.

Und damit hatte ich nun Zeit, um meine Mutter zu besuchen. Dass ich es nicht sofort tat, hing nur nebensächlich mit meiner tiefen Abneigung gegen Krankenhäuser zusammen. Vielmehr befürchtete ich, mit einer Endgültigkeit konfrontiert zu werden, die ich nur schwer ertragen würde.

Noch ein weiterer Aspekt kam hinzu: Einer der Gründe für meinen Aufenthalt in Namibia bestand darin, dass ich den Wunsch hatte, meine Mutter richtig kennenzulernen. Genau betrachtet hatte sie schon früher alles getan, um das zu verhindern. Seitdem sie krank war, hatte sie gelogen und Maggie erpresst, dasselbe zu tun. Ich durfte also nicht davon ausgehen, dass sie sich freuen würde, mich an ihrem Krankenbett zu sehen. Denn in ihren Augen musste die Gefahr, dass ich alles herausfinden würde, sehr groß sein. Wie nur sollte ich mich verhalten? Ich war völlig ratlos.

So vergingen Tage, an denen ich immer wieder mit dem Sammeltaxi auf dem Weg zu WAD an dem düsteren Krankenhaus vorbeifuhr. Über das Katutura State Hospital hieß es, die hygienischen Verhältnisse wären miserabel, an allen Enden würde es an Geld und Ausstattung fehlen. Das wiederum vergrößerte die Erstarrung, in die ich verfallen war, noch mehr: Wie sollte denn ausgerechnet ich, die fremde Tochter, ihr helfen können?

Mein schlechtes Gewissen wurde immer größer, und meine Angst war unbeschreiblich. Schließlich sagte Letha: «Ich begleite dich, Steffi.»

Als Letha und ich das Katutura State Hospital verließen, mochten Stunden vergangen sein. Vielleicht war es noch hell, vielleicht schon dunkel. Ich kann es heute nicht mehr sagen. Und als meine Oma in Berlin meine am Telefon zum Ausdruck gebrachte Verzweiflung nicht verstand, meinte sie schließlich: «Aber sie ist doch deine Mutter!»

Damit fasste sie alles zusammen, was ich dachte: Und dennoch bin ich Clementines Tochter.

Die Wahrheit

In dem Viertel, in dem meine Mutter wohnte, sprach sich schnell herum, dass sie im Krankenhaus war. Plötzlich standen ihre Freundinnen vor der Tür, um sich zu erkundigen, wie es Clementine ging. Da das Verhältnis zu ihr nicht besonders eng war, tat ich mich schwer, nun einen Draht zu diesen mir fremden Frauen zu finden. Aber Maggie meinte, es gehöre sich in Katutura, Moms Freundinnen zu bewirten. Somit versammelte sich eine Runde neugieriger Frauen im Wohnzimmer. Ich war zu höflich, um sie zu fragen, warum sie nicht selbst ins Krankenhaus fuhren, um Clementine zu besuchen. Schon um Maggie zu schonen, schwieg ich darüber, in welch traurigem Zustand ich unsere Mutter vorgefunden hatte. Und meinen Verdacht konnte ich ihr gegenüber erst recht nicht ansprechen.

Eine dieser Freundinnen erwähnte nebenbei, dass im State Hospital Patienten zwar medizinisch versorgt, nicht aber gepflegt würden. Dafür müssten die Angehörigen selbst sorgen. Ich bekam einen gewaltigen Schreck: Ich hatte meine Mutter im Stich gelassen, ohne es zu ahnen! Aber wer sollte sich um sie kümmern? Maggie? Sie war zu jung und musste zur Schule. Ich? Der einzige Besuch von mir bei Clementine hatte mich meine ganze Kraft gekostet. Tagelang im Krankenhaus sein – undenkbar. Es war auch nicht abzusehen, wie lange sie dort bleiben musste – was sollte in diesem Fall aus meinem Praktikum werden?

Die Freundinnen meiner Mutter, die hier im Wohnzimmer versammelt waren, wollte ich nicht um Hilfe bitten. Da Clementine stets ein Geheimnis um ihre Gesundheit gemacht hatte, erschien es mir unvorstellbar, dass sie eine von ihnen an sich heranlassen würde. Später, als diese Frauen wieder fort waren, erkundigte ich mich bei Maggie, wer unsere Mutter während ihres monatelangen Klinikaufenthalts betreut hatte. Diese Person wäre wahrscheinlich eingeweiht, vermutete ich. Eine der vielen Cousinen aus dem Owamboland sei gekommen, erzählte mir meine Schwester. Zum Glück war diese Verwandte, die ich sogar flüchtig kannte, gerade in Katutura. Sie erklärte sich bereit, die anstrengende Aufgabe erneut zu übernehmen. Sie erkundigte sich nicht einmal, wie lange sie Clementine zu betreuen hätte. Bei alldem quälte mich die Frage, wie ernst es tatsächlich um meine Mutter stand.

Um das herauszufinden, deckte ich mich in einem Geschäft mit Obst, Saft und ihrer Lieblingsschokolade ein und machte mich danach auf den Weg zum Krankenhaus, dieses Mal allein. Meine eigenen Empfindlichkeiten wollte ich zurückstecken, nichts anderes sein als eine gute Tochter. Das klappte auch ganz gut. Danach wollte ich mit jemandem sprechen, der mir über den Zustand meiner Mutter Klarheit verschaffen konnte. Doch die Schwestern sagten, dass sie nichts sagen dürften. Schließlich hatte ich den Einfall, meine Mutter nach ihrem Arzt zu fragen, der für sie zuständig war.

Sie: «Du willst ja nur mit ihm sprechen.» Ich: «Ja, falls mal etwas mit mir sein sollte, kann ich zu ihm gehen.» Darauf fiel sie aber nicht herein.

Um die entscheidende Frage zu klären, hakte ich noch einmal bei Maggie nach: «Weißt du wirklich nicht, welcher Arzt Mom behandelt?» Da erinnerte sie sich, dass sie mit einem telefoniert hatte. Einmal, als unsere Mutter zu Hause kollabierte. Die Nummer war in ihrem Handy gespeichert! Der Mediziner, der sich meldete, befand sich tatsächlich im Katutura State Hospital, und ich verabredete mich mit ihm.

Auf der Suche nach dem Arzt verlief ich mich in dem großen Krankenhaus gründlich. Ich irrte durch Abteilungen, die tatsächlich so entsetzlich waren wie die Berichte, die ich über diese Klinik gehört hatte. Es stank nach Urin, und manche Patienten lagen aufgrund fehlender Betten auf dem Boden. Selbst das Licht in diesem Teil des Krankenhauses war anders, dunkler und noch viel trostloser als das auf der Station meiner Mutter. Ärzte und Schwestern wirkten gehetzt, und ich suchte wie schon bei meinem ersten Besuch vergeblich nach einer Beschilderung, die mich aus diesem Gewirr herausführte.

Schließlich fand ich doch noch sein Zimmer. Es war klein, vom siebten Stockwerk konnte ich auf das unter einem trüben Himmel liegende Windhoek blicken. Der Mediziner war ein schwarzer, gutaussehender Mann Ende vierzig mit freundlichen, verständnisvollen Augen. Ich selbst war die Aufregung in Person.

Gleich bei der Begrüßung sagte er, dass er von meinem deutschen Hintergrund wüsste. Ohne viele Worte zu verlieren, trug ich ihm mein Anliegen vor: «Sagen Sie mir: Wie ernst steht es um meine Mutter? Ich flehe Sie an! Sie sind meine einzige Hoffnung, die Wahrheit zu erfahren.» Ich sah förmlich, wie sich die Maske ärztlicher Schweigepflicht auf das Gesicht dieses Mannes legte, der aus einer Hollywood-Arztserie zu stammen schien.

Im nächsten Moment sagte er auch schon: «Tut mir leid, ich muss mich an die Schweigepflicht halten.»

«Aber ich bin doch nicht irgendwer. Ich bin das einzige

Kind, das meine Mutter zur Welt gebracht hat!» Weiter konnte ich nicht sprechen, Tränen rannen wieder einmal über mein Gesicht. Ich wollte es nicht, aber meine Hilflosigkeit machte mich machtlos. Er reichte mir ein Papiertaschentuch und meinte: «Ich darf es Ihnen nicht sagen, sonst verliere ich meine Zulassung.»

Ich riss mich zusammen und fand einen anderen Weg. Ohne Taktik, aus dem Bauch heraus. «Es geht das Gerücht um, dass niemand mehr die Station lebend verlässt, auf der meine Mutter liegt», sagte ich. Der Arzt lachte. «Gibt es wirklich solches Gerede? Nein, das ist Unsinn. Es ist nicht gerade die Babystation, hier liegen Frauen, die alle möglichen schweren Infektionen haben.»

«Meine Mutter gab mir zu verstehen, dass sie sterben müsste, wenn sie über ihre Krankheit nachdenken würde. Weiß sie, was sie hat?»

Der Arzt räumte zwar ein, dass sie es seit fünf Jahren wisse, aber wegen seiner Verpflichtung zum Schweigen drückte er sich so allgemein wie möglich aus: «Sehr viele Patienten können jahrelang gut leben, wenn sie die Medikamente rechtzeitig erhalten und regelmäßig nehmen. Aber es kommt vor, dass einige immun sind gegen bestimmte Wirkstoffe. Dann muss ein neuer, speziell abgestimmter Medikamentencocktail gefunden werden. Bis das geschehen ist, verliert man viel Zeit. Ein solcher Patient hat mehr Probleme als jemand, bei dem der Cocktail anschlägt.»

Schließlich erzählte ich, dass Clementine nicht nur mich hätte, sondern auch eine minderjährige Adoptivtochter, um deren Zukunft ich mir Sorgen machte: «Können Sie nicht nochmal mit unserer Mutter sprechen? Damit sie Maggie sagt, wie es um sie steht. Sie muss doch ungefähr wissen, was auf sie zukommt.»

Ich hätte mir die Antwort denken können: «Das darf ich nicht. Aber wir reden allen unseren Patienten ins Gewissen, so offen wie möglich zu ihren Angehörigen zu sein.» Der Arzt sah mich jetzt nachdenklich an. «Wir wissen doch, wo wir sind: in Namibia.»

Er hätte auch sagen können: «Wir sind in dem Land, dessen Menschen an schweren Infektionen sterben; es wäre zu verhindern, aber es ist besser, man redet nicht darüber.»

Nach diesem Gespräch stand mir ein schwerer Gang bevor: Ich musste noch zu meiner Mutter auf die Station. Bei meinem letzten Besuch hatte ich ihr gesagt, dass ich ihren behandelnden Arzt treffen wollte. Obwohl sie gegen diese Begegnung war. Nun befand ich mich an ihrem Bett, war aufgewühlt und voller Fragen. Obwohl ich mich der Wahrheit nah fühlte, war sie nicht zu greifen. Denn alles, was der Arzt mir gesagt hatte, durfte nicht ausgesprochen werden. Ich fühlte mich wie in einem Käfig eingesperrt. Und da wollte meine Mutter wissen, ob ich den Arzt getroffen hätte. Ich nickte nur stumm.

«Der ist doch ganz nett, oder?»

Nett! O mein Gott.

Ich dachte: Warum sagt sie das? Warum lässt sie mich mit meinen Ängsten allein? Oder denkt sie, dass ich ohnehin nichts verstehe? Sie konnte doch nicht ernsthaft annehmen, dass ich mit ihrem Arzt über das Wetter geredet hatte!

Aus mir kam kein einziges Wort.

In den großen dunklen Augen meiner Mutter entdeckte ich einen leichten Triumph: «Ich habe dir doch gesagt: Du musst dir keine Sorgen machen, es wird alles gut.»

Ich hatte das Spiel meiner Mutter gespielt. Und verloren.

Bis zu diesem Tag hatte ich mein Tagebuch regelmäßig geführt. An diesem Abend schrieb ich nur den Namen der Krankheit hinein. Zu mehr war ich nicht fähig. Immer wieder hörte ich meine Mutter sagen: «Wenn ich so viel nachdenke, dann muss ich sterben. Möchtest du, dass ich weiter darüber nachdenke? Möchtest du, dass ich sterbe?» Und: «Wenn Gott will, dass du stirbst, dann stirbst du.» Das war die perfekte Entschuldigung für ein Schweigen. Doch je mehr ich darüber nachdachte, desto deutlicher wurde mir, dass ich selbst auch nicht darüber reden durfte. Vor allem nicht Maggie gegenüber. Ich konnte ihr doch nicht den Lebensmut nehmen! Aber was, wenn unsere Mutter wieder gegen die Medikamente immun werden würde? Wenn am Ende nichts mehr half? Oder machte ich mir viel zu viele Gedanken?

Ich brauchte einen Rat, und so traf ich mich mit meinem Vater. Ohne ihm zu sagen, dass ich mit dem meine Mutter behandelnden Arzt gesprochen hatte, fragte ich ihn, ob er wisse, wie es um sie stehe. «Sie redet nie viel, lass ihr ihren Frieden», sagte er vieldeutig. Ich entgegnete, dass es nicht allein um ihren Frieden gehe. Da erwiderte er: «Stell dir vor, du würdest in ihrer Lage sein. Egal, ob es noch vier Tage oder fünf Jahre sind, die dir bleiben. Möchtest du nicht in einem solchen Fall die Wahl haben, selbst zu entscheiden, wer das weiß?» Ich antwortete: «Mein Nachbar muss es nicht wissen, aber die eigenen Kinder schon.» Er lächelte zurückhaltend: «Ich halte mich da raus.» Mit einer ziemlichen Wut im Bauch verabschiedete ich mich von ihm.

Nach zwei Wochen wurde meine Mutter aus dem Krankenhaus entlassen. Da der Arzt mir gesagt hatte, man solle auf gesundes Essen achten, kaufte ich ihr zur Begrüßung Obst. Sie packte jede Frucht einzeln und schmiss damit um sich: «Das brauche ich nicht!» Es war, als würde man sich als Obstesser automatisch als Kranker zu erkennen geben: Sie fühlte sich durchschaut.

Eines Tages stand eine meiner Kolleginnen von WAD vor unserer Tür. Mit all ihren sieben Kindern. Lizzy war eine sehr christlich eingestellte Frau, die jeden Sonntag in die Kirche ging. Ebenso wie Letha hatte ich Lizzy von der schweren Erkrankung meiner Mutter erzählt, weil ich die Last mit Menschen teilen musste. Dabei erwähnte ich, dass meine Mutter sehr gläubig sei. Nie hätte ich daraus den Schluss gezogen, dass sie nun meinte, meiner Mutter spirituellen Beistand leisten zu müssen. Entsprechend ratlos war ich, als sie uns nun ohne Vorankündigung besuchte. Nicht dass es hieß, ich hätte meine Mutter verraten.

Ich atmete erleichtert auf, als meine Mutter Lizzy und ihren gesamten Nachwuchs hereinbat. Während die Kinder herumtobten und Maggie und ich Softdrinks servierten, setzten sich die beiden Frauen auf das rote Plüschsofa. Und beteten für die immer noch sehr angeschlagene Gesundheit meiner Mutter. Clementine war so gerührt, dass sie weinte.

Je näher der Termin meiner Abreise rückte, umso mehr beschäftigte mich die Frage, was passieren würde, wenn Maggie plötzlich allein dastand. Die umgerechnet 100 Euro Schulgeld – das ist in Namibia für viele Menschen ein Monatslohn – würde ich von Deutschland aus irgendwie zusammenbringen. Aber Maggie brauchte Menschen in ihrer Nähe, die zu ihr hielten. Da mir in meinem Leben oftmals Fremde geholfen hatten, kam ich auf die Idee mit den Paten: Drei Personen sollten es sein, und alle drei sprach ich auf meinen Plan an. Schließlich bat ich sie zu einem Treffen im Haus meiner Mutter. Einer von ihnen war ein Eventmanager in Katutura, der nur ein paar Straßen von Clementine entfernt wohnte. Meine Kolleginnen Lizzy und Letha komplettierten das Trio. Wir sagten Maggie, dass sie sich jederzeit an sie wenden könne, wenn sie einen Rat bräuchte oder einfach nur mal Spaß haben wollte.

Ich sah keine Möglichkeit, mehr für meine kleine Schwester tun zu können. Das heißt, einen Versuch unternahm ich noch: Ich fand, dass meine vierzehnjährige Schwester Taschengeld benötigte. Mom gab ihr keinen einzigen Dollar. Damit ein Teenager nicht auf dumme Gedanken kam, wozu es in Katutura viele Gelegenheiten gab, erschien es mir richtig, wenn sie es sich ehrlich verdiente. Da Maggie inzwischen außergewöhnlich kunstvoll Haare flechten konnte, erkundigte ich mich in einem Haarstudio, ob sie dort jobben könnte. Dort war man bereit, sie am Samstagvormittag gegen ein Entgelt zu beschäftigen. Maggie war von dieser Aussicht begeistert.

Meine Mutter hatte sich inzwischen recht gut erholt. Ich dachte, es wäre der richtige Zeitpunkt, um sie um ihre Zustimmung zu bitten. Aber sie reagierte unerwartet empört: «Was willst du? Hat sie nicht zu essen und trinken? Hat sie keine Schuluniform? Schicke ich sie nicht zur Schule? Und sieht sie nicht gesund aus?»

Ohne es zu wollen, trat ich nun eine grundsätzliche Debatte los: «Hast du sie jemals gelobt oder belohnt, wenn sie eine gute Note mit nach Hause brachte?»

«Du willst mir sagen, was man machen muss, um Mutter zu sein? Du bist doch gar nicht Mutter!»

Darauf wusste ich nur eine Antwort: «Du bist es auch nicht. Warst du da, als ich laufen lernte? Als ich eingeschult wurde? Oder meine erste Periode bekam?»

Das war ungerecht, so redet man nicht mit seiner Mutter. In Namibia ohnehin nicht. Da ehrt man seine Eltern, egal wie verantwortungslos sie handeln. Kritik ist tabu. Aber weil ich nie mit ihr hatte reden können, warf ich ihr, was ich aus der Rumpelkammer meiner Erinnerungen greifen konnte, vor die Füße. Und sie schmiss mit dem zurück, was sie verdrängt hatte: das Wissen darum, dass sie mir niemals eine Mutter sein konnte.

Wenn ich das in diesem Moment doch nur verstanden hätte! Stattdessen ließ ich zu, dass es immer schlimmer wurde. Dabei war es nur um einen kleinen Job für Maggie gegangen! Für Maggie, die das Leben führte, das ich nie gehabt hatte. Und mir war klar, dass ich bei Clementine Aukongo kein schönes Leben gehabt hätte. Am meisten schmerzt es, wenn man einsehen muss, dass die eigene Mutter nicht das Beste für einen gewesen wäre.

Maggie durfte nicht im Haarstudio arbeiten. Dabei blieb es. Und ich war nicht länger bereit, bei meiner Mutter zu wohnen. Sie war eine kranke Frau, und die ewigen Streitereien trugen nicht dazu bei, dass sie sich erholte. Als ich ihr sagte, es wäre besser, ich zöge aus, erwiderte sie: «Nein, das kannst du nicht machen! Was sollen denn die Nachbarn denken?»

Mittlerweile waren meine sieben Monate in Namibia ohnehin fast um: Vor meiner Abreise assistierte ich eine Woche lang im Owamboland bei einem Computerkurs, der in einem Schulungszentrum abgehalten wurde. Anschließend verbrachte ich eine weitere Woche bei *meekulu,* die in der Nähe wohnte. Meine Großmutter hatte sich bei unserem Abschied im Dezember gewünscht, dass ich sie noch einmal besuchte, bevor ich zurück nach Deutschland flog. Dieses Mal würde ich ohne meine Mutter bei ihr sein, und ich hatte das unbestimmte Gefühl, diese Begegnung würde für uns beide sehr wichtig sein.

Die Geschenke meiner Großmütter

Nach den aufwühlenden Erlebnissen der letzten Monate fiel mir die Umstellung auf das ruhige Leben im Owamboland dieses Mal schwerer. Einen Versuch, mit *meekulu* über die erschreckenden Erlebnisse mit meiner Mutter zu sprechen, unternahm ich aber nicht. Ich wusste nicht, in welche Worte, die noch dazu übersetzt werden mussten, ich das hätte fassen sollen. Doch ich genoss mit ihr die gemeinsame Zeit. Meine Großmutter zeigte mir dieses Mal, wie man auf Owamboart kocht. Der Regen hatte Tomaten gedeihen lassen, und darin wurden die unvermeidlichen Mopane-Würmer gedünstet. Was gewiss ganz hervorragend schmeckt, wenn man auf Tomate mit Wurm steht. Da gerade die Wassermelonen reif waren, aß ich stattdessen möglichst viel von ihnen. Und erlernte die Fähigkeit, eine auf dem Kopf zu tragen: Profis legen einen selbstgeschnitzten Ring darunter. Ein Nichtprofi wie ich erzielte mit einem gezwirbelten Tuch als Hilfe zumindest Achtungserfolge.

Die wahre Kunst bestand natürlich im Feuermachen mit einem Stöckchen. Es war seltsam, wenn die Kinder kicherten: «Stefania hat studiert und kann nicht mal ein Feuer anmachen!» Ich glaubte in diesen Augenblicken, hinter das Wissen eines Urmenschen zurückzufallen. Da nützte es gar nichts, dass ich wieder meinen Laptop dabeihatte.

Ich begann mich zu fragen, ob ich mit meiner bisher doch eher ablehnenden Haltung zu *meekulus* einfachem Leben tatsächlich richtiglag. Wie sehr war ich von den Errungenschaften der Zivilisation abhängig? War eine Armbanduhr tatsächlich unerlässlich? Es heißt: Afrikaner haben die Zeit, Europäer die Uhr. Ich denke, es ist wahr. Während ich in dem weiten Land unterwegs war, um Holz zu sammeln, an einem geschützten Fleckchen im *eumbo* saß und einen Korb flocht – was brauchte ich da eine Uhr? Ich hatte Zeit im Überfluss. Und nachts einen Sternenhimmel über mir, der mich alle Sorgen vergessen ließ. Wenn ich bei der Feldarbeit geholfen hatte, fiel ich abends müde ins Bett. Und war glücklich. Um mich am nächsten Morgen nach einer heißen Dusche und einer Toilette zu sehnen. Gewiss war es lustig, mit *meekulus* Eselskarren zu fahren – aber leider kein Vergleich mit meinem wendigen Smart.

Ich gelangte schließlich zu dem Fazit: Mir würde weder die eine noch die andere Welt genügen; ich brauchte beide.

Aber das *meekulu*-Land zeigte auch schon erste Auflösungserscheinungen: Großmutter Magdalena benutzte ein Handy! Es gehörte ihr zwar nicht, sondern einer meiner Cousinen. Doch meine über achtzigjährige *meekulu* führte es mir voller Freude vor. Wie passte das zusammen? Sie lebten hier fast wie Urmenschen und kommunizierten wie Manager? Einen größeren Bruch konnte ich mir kaum vorstellen.

Allerdings konnte meine Großmutter mit dem Handy nicht vom *eumbo* aus telefonieren, sie musste erst eine Weile gehen, bis sie ein Netz hatte. Da der Akku meines Mobiltelefons schon lange leer war, fragte ich mich, wie man es hier anstellte, dass es auf Dauer funktionierte. Bis ich herausfand, dass alle paar Tage jemand in die nächste Ortschaft lief, in der es Strom gab. Dort wurden die Akkus aufgeladen.

Mittlerweile besaß auch ein Nachbar (dort ist das jemand,

der eine Ewigkeit entfernt wohnt) einen Traktor, der die Felder in größeren Abständen pflügte. Und die Kinder aßen nicht mehr nur mit den Fingern – es gab jetzt ganze zwei Löffel aus Aluminium. Und *meekulu* hatte in den *eumbo* hinein ein Haus aus Stein mit einem Wellblechdach bauen lassen. Aber auch dies hatte keine Fenster und wurde nur von Gästen benutzt. Was mich folgern ließ, dass die Moderne hier gewissermaßen nur zu Besuch war.

Ich wünschte mir, dass *meekulu* noch einmal eine Zeremonie mit mir veranstaltete, und fragte deshalb: «Kommt eigentlich die Hexe noch ins Dorf?» Sie antwortete, diese sei gerade woanders beschäftigt, fügte aber hinzu: «Ein kleines Ritual kann jedoch ich mit dir machen.» Schon legte meine Großmutter Kräuter und andere geheimnisvolle Zutaten in eine flache Schale. Sie band alles zu kleinen Bündeln zusammen, die sie anzündete. Mit den entstehenden Nebelschwaden räucherte sie mich von oben bis unten ein.

Es war eine Abschiedszeremonie – eine für immer. Ein Jahr später schlief *meekulu* in ihrer Hütte ein und wachte nicht mehr auf. Aber die Worte, die sie sagte, nachdem sie mich eingeräuchert hatte, hatten sich fest in mein Gedächtnis eingeschrieben: «Wenn etwas Schlechtes passiert, geschieht danach etwas Gutes.» Mit der Räucherung hatte sie mich rituell gereinigt, für meine Reise vom «Schlechten» befreit. Nun müsse ich meinen Teil dazutun, nämlich daran glauben, dass es auch wirkt, hatte sie noch gemeint. Dann könne mir wieder etwas Positives begegnen.

Das war es, was *meekulu* mir mitgeben konnte. Es war so wenig und doch so ein großes Geschenk: Sie hatte mich in meiner Eigenwilligkeit und meiner Persönlichkeit anerkannt. Ihre Überzeugungen und Ansichten sowie meine eigenen – beides hatte Gültigkeit. Wir existierten nicht nebeneinander, sondern gemeinsam. Das war die Antwort auf alle meine Fragen.

Ich bin die Enkelin von *meekulu,* einer Owambofrau, und gleichzeitig eine junge Frau aus Deutschland. Aber wo auch immer ich bin, ob in Berlin oder im *eumbo,* Kalunga würde bei mir sein. Wenn ich das niemals vergesse – und ich werde es nie vergessen –, dann, so meine Großmutter, könne ich nicht mehr kleiner werden durch das, was noch kommen wird. Denn es wird niemals etwas Schlechtes sein. Nur eine neue Erfahrung, die mich stärker macht.

An einem meiner letzten, mit Erledigungen ausgefüllten Tage in Windhoek gab Tante Lahya in ihrem Stadthaus in Katutura zu meinem Abschied eine Party. Meine Cousinen und Cousins kamen, ebenso meine Mutter wie auch mein Vater, der noch immer keine neue Arbeit gefunden hatte. Und *meekulu* Kauna war da, die Mutter meines Vaters, eine kleine Frau von Ende siebzig, die ich vor einiger Zeit einmal «im Norden» in ihrem *eumbo* besucht hatte. Nun war sie wegen gesundheitlicher Probleme nach Katutura gezogen, dorthin, wo sie schnell Ärzte aufsuchen konnte. Wie meine andere *meekulu* trug sie das traditionelle Kleid der Owambo und ein Kopftuch. Auch mit ihr konnte ich nur sprechen, wenn jemand übersetzte.

Während wir alle zusammensaßen und uns quer durch die Owambоküche aßen, kam das Gespräch darauf, dass alle Owambo einen traditionellen Vornamen besitzen würden. Und warum hatte ich keinen? Denn Lahya, wie mein Vater mich genannt hatte, war ein europäischer Name. Meine Eltern erklärten mir, dass man die alten afrikanischen Namen nur bis zum ersten Lebensjahr erhält. «Ich hätte aber immer noch gern einen», sagte ich in die Runde. *Meekulu* Kauna war gerührt von meinem Wunsch. «Du hast recht», sagte sie. Daraufhin zogen sich meine Mutter, mein Vater und Großmutter Kauna in einen Nebenraum zur Beratung zurück. Nach einer Weile kamen sie zurück und stellten sich vor mich hin. Die Namensgebung war leider mit keiner mystischen Zeremonie verbunden, wie ich erhofft hatte. Die Familienmitglieder saßen auf Stühlen und Sofas, einige aßen sogar noch.

«Dein Name ist Ndeshipewa Maano», verkündete *meekulu* Kauna dennoch feierlich. Das klang kompliziert. «Und was bedeutet er?», fragte ich. Meine Mutter reagierte leicht genervt: «Du willst immer alles so genau wissen!» Aber mein Vater verstand meinen Wunsch. Lange dachte er nach, bis er eine passende Übersetzung präsentieren konnte: «Er bedeutet: ‹Ich bin dankbar für Kalungas Geschenk.›»

Sorgfältig schrieb ich meinen neuen Namen auf und bemühte mich, ihn richtig auszusprechen. Er gefiel mir, auch wenn mir seine tiefe Bedeutung erst bewusst wurde, als ich all meine Namen mit den vielen Wendungen meines Schicksals in Verbindung brachte und begriff, wie sehr ich trotz allem vom Leben beschenkt war. Und darum waren letztlich auch meine «sieben Leben» ein Geschenk.

Schon als meine Mutter im Krankenhaus lag, hatte ich einen Brief an sie begonnen. Seitdem schrieb ich alles hinein, was sich in mir aufgestaut hatte: Wie ich sie empfand, was Nähe mit ihr für mich bedeutete, wie traurig mich so vieles machte, dass wir uns genau zweimal umarmten in sieben Monaten. Ich schrieb über mein Verständnis für sie und meine Liebe zu ihr. Ich sagte, dass ich sie respektiere und sie immer ein Teil von mir sein wird.

Diesen Brief, der mir so viel bedeutete, legte ich am Abreisemorgen für sie auf den Küchentisch.

Als der Abschied immer näher rückte und es keine Reaktion von ihr gab, fragte ich sie, ob sie den Brief gefunden hätte. Meine Mutter erwiderte ohne spürbare Gefühlsregung:

«Ja, herzlichen Dank.»

«Was?»

«Herzlichen Dank für den Brief.»

War das Sarkasmus? Das war doch kein Brief, auf den man mit einem Danke antwortete! Ich fragte sie: «Dankst du mir, weil ich dir den Brief gegeben habe oder für den Inhalt?»

«Ich bedanke mich für deine Worte. Aber jetzt musst du fahren, es ist Zeit.» Und danach setzte sie noch hinzu: «Maggie und ich werden nicht zum Flughafen mitkommen.»

Meine kleine Schwester und ich waren in Tränen aufgelöst, als wir uns umarmten. Meine Mutter und ich verabschiedeten uns förmlich, mit einem Handschlag. Vielleicht würde ich sie nicht mehr wiedersehen, und wir gingen so auseinander …

Nie habe ich erfahren, ob sie meinen Brief wirklich gelesen hat. Ich hoffe es. Aber ich fürchte, sie hat weder ihn noch mich verstanden.

Pech gehabt?

Nach sieben Monaten in Namibia versuchte ich meine Gefühle zu sortieren. In dem Land meiner Eltern zeigte mir *meekulu* Magdalena, woher die kleine Blume die Kraft nahm, um unter dem Sandboden im *eumbo* auf den Regen zu warten. Dieses Bild passte zu mir, die von ihren Pflegeeltern immer ermahnt worden war, nicht aufzugeben. Das war die Lahya in mir, die überall leben kann. Hätte ich meine «afrikanischen Wurzeln» nie entdeckt, hätte ich die Lahya, die durch Kalunga Zuversicht bekommt, nie in mir gefunden.

Aber die emotionale Stefanie, die schnell in Tränen ausbricht und verzweifelt, war mit ihrem Schicksal noch nicht versöhnt. Dazu musste ich mich der Rumpelkammer und den Albträumen stellen, die mich noch immer belasteten. Und ich wusste, es würde schrecklich werden. Da es mir bislang nicht gelungen war, Licht in die Zeit vor meiner Geburt zu bringen, wollte ich dort beginnen, wo mein Leben angefangen hat. Im Klinikum Berlin-Buch.

Meine Familie hatte mir viel von den Schwierigkeiten erzählt, mit denen ich zu kämpfen gehabt hatte, etwa die Minuten ohne Sauerstoff, die Petra als meine fünfte Chance zu überleben bezeichnet hatte. Doch über das, was am 13. September 1978 konkret geschehen war, darüber wusste niemand aus der

Familie Bescheid. Um mehr in Erfahrung zu bringen, fuhr ich zuerst hinaus in die Krankenhausstadt. Das Geburtsbuch gab es auch dreißig Jahre später noch, und es wurde mir anstandslos gezeigt. Der Eintrag war um neun Minuten nach ein Uhr nachts von der Geburtshelferin gemacht worden: «Gott sei Dank, sie ist endlich da.»

Seltsam, dachte ich, wieso dankte die Hebamme Gott?

Als ich Dr. Kwiatkowski anrief und um ein Gespräch bat, sagte er sofort zu. Er wusste, wo ich wohne, denn der Kontakt zwischen ihm und Schmieders war nie abgerissen. So trafen wir uns in meiner Souterrainwohnung im Haus meiner Pflegeeltern. Schon Stunden vor dem Termin nahm meine Gefühlswelt in einer Achterbahn Platz.

Es war aufregend genug, dem Mann zu begegnen, der sich noch vor meiner Geburt mit meinem Leben beschäftigt hatte. Zudem war er mehr als doppelt so alt und bestimmt einen halben Meter größer als ich. Als er auf meinem Sofa Platz nahm, waren die Größenverhältnisse für mich bedeutend angenehmer. Ich berichtete ihm zunächst von meiner Entdeckung im Geburtsbuch, und er meinte, das wäre in der Tat ein ungewöhnlich persönlicher Eintrag. «Hat es demnach Komplikationen gegeben?», fragte ich. Ich wollte, dass er mir selbst von dem Sauerstoffmangel erzählte.

«Nein», erwiderte der einstige «Doktor Jesus», «es war nur insofern etwas Besonderes, weil ein Kaiserschnitt bei einer vereiterten Hüfte ein erhöhtes Risiko mit sich bringt.»

Die ungewöhnliche Uhrzeit erklärte er damit, dass die Gynäkologen den genauen Geburtstermin nicht zuvor bestimmen konnten. Die üblichen Untersuchungen wären wegen der komplizierten Verletzungen meiner Mutter nicht möglich gewesen. Darum hätte man sich gewissermaßen von der Natur «leiten» lassen müssen, also warten, bis die Wehen einsetzten. Doch vorherige Ultraschalluntersuchungen hätten ein genaues Bild davon gegeben, wie ich im Mutterleib lag.

Demnach hatte es die «fünfte Chance» gar nicht gegeben, weil alles nach Plan lief. Aber woher kam dann meine spastische Hemiparese?

Diese für mich so wichtige Frage beantwortete Dr. Kwiatkowski anders als erwartet. Er erklärte, dass die südafrikanischen Soldaten eine Art von Munition verwendet hätten, die beim Aufprall zerplatzte. Dadurch wären winzig kleine Plastikpfeile freigesetzt worden, die sich im Körper des Opfers in alle Richtungen verteilten. Wegen des Materials und ihrer Größe wären sie nicht einmal durch Röntgenaufnahmen nachweisbar. Einige dieser kleinen Pfeile hätten wahrscheinlich mein Gehirn getroffen und Areale zerstört.

Die Lähmung meiner rechten Augenmuskeln und meiner linken Körperhälfte sprechen für diese Theorie.

Die medizinischen Erklärungen für meine Handicaps zu hören belastete mich zwar, aber es war auszuhalten. Seit ich denken konnte, lebte ich mit meinen Behinderungen. Wesentlich schwerer war ein Satz von Dr. Kwiatkowski zu verarbeiten, in dem er das zusammenfasste, was mir fünf Monate vor meiner Geburt widerfahren war: «Du hast einfach Pech gehabt.»

Nachdem der erste Schmerz über diese Formulierung abgeklungen war, versuchte ich zu verstehen, warum er diese Worte benutzt hatte. Denn Dr. Kwiatkowski schilderte mir die Umstände, unter denen er und seine Kollegen den Patienten der Solidaritätsstation halfen. Da sie nach Afrika oder in andere Krisengebiete zurückmussten, wurden für sie einfache «Notlösungen» angewandt, die ein Leben lang hielten. So wie bei meiner Mutter, deren Behandlung er mir nun erklärte. Seine Kollegen konnten ihr kein künstliches Hüftgelenk einsetzen, obwohl das die optimale Lösung gewesen wäre. Somit beschränkte man sich darauf, Knochensplitter und Fremdkörper «auszuräumen». Damit nahm man in Kauf, dass sie ihr Leben lang schwer hinken musste. Diese Methode gehörte in den Bereich der «Kriegs-Chirurgie».

Meine Mutter und ich hatten somit alle beide «Pech» gehabt. Diese lapidar wirkende Formulierung umschrieb, was Dr. Kwiatkowski in uns sah: Wir waren Bürgerkriegsopfer.

Aber ich empfinde mich nicht als Opfer. Denn hätte ich nicht meine körperlichen Einschränkungen, würde ich heute ein anderes Leben führen. Ich wäre mit meiner Mutter nach Afrika zurückgekehrt und dort geblieben. Ich würde heute vermutlich in Katutura leben oder gar im Owamboland in einer Hütte. Ich hätte viele Kinder, würde meinen Ehemann mit einer Zweitfrau teilen, würde Hirse stampfen und wäre froh, wenn es gelegentlich Ziege zum Essen gäbe. Und ich denke nicht, dass ich mit einer der beiden Alternativen – egal ob Katutura oder Owamboland – zufrieden wäre. Denn ich hätte längst erfahren, dass Frauen meines Alters in anderen Teilen der Welt ein nicht nur leichteres Leben führen, sondern eines, in dem sie sich weiterentwickeln dürfen. Eines, in dem sie nicht nur für den Mann, die Kinder und den *eumbo* da sind, in dem sie selbstbestimmt Entscheidungen treffen.

Darum hatte ich nicht «Pech» gehabt. Im Gegenteil: Das Schlechte in meinem Leben hatte Gutes zur Folge.

Allerdings wäre mir meine Mutter vermutlich auch keine Fremde geblieben. Aber warum war sie das? Wussten ihre damaligen Ärzte eine Antwort? Und hing die vielleicht mit dem zusammen, was Petra mein «viertes Leben» nennt? Also die bewusste Entscheidung kurz nach der Einlieferung meiner Mutter, dass ich zur Welt kommen durfte.

Vielleicht hätte ich Dr. Kwiatkowski danach fragen können.

Aber nachdem er von meinem «Pech» gesprochen hatte, war ich mit meiner Kraft für weitere Nachforschungen in eigener Sache am Ende. Eine Weile verging, bis ich seinen einstigen Chef in Berlin-Mitte aufsuchte, wo er ein Büro hatte. Professor Dr. Zippel ist ebenso wie Dr. Kwiatkowski ein hochgewachsener Mann. Obwohl er nach seiner Pensionierung als Klinikchef vor allem Lehr- und Gutachtenaufträge durchführt, sah ich ihm immer noch die Autorität des einstigen Chefarztes an.

Von ihm erhoffte ich mir im Grunde nur die Antwort auf eine einzige Frage: «Haben Sie damals tatsächlich erwogen, dass ich nicht geboren werde?»

Weil das Thema für mich mit so vielen Ängsten verbunden war, äußerte ich diese Überlegung nicht direkt. Deshalb fiel es Dr. Zippel leicht, sich anfangs relativ allgemein auszudrücken: «Man überlegte, ob man das Risiko eingehen sollte, dass Clementine ein behindertes Kind bekommt. In der DDR wäre unter diesen Umständen noch eine Abtreibung erlaubt gewesen.»

Mir stockte der Atem. Petra hatte recht gehabt: Es hatte diesen Moment gegeben, in dem überlegt wurde, ob ich leben darf. Aber wer traf die Entscheidung? Ich musste diese Frage nicht aussprechen. Dr. Zippel fuhr fort: «Ihre Mutter sagte klipp und klar: Ich will das Kind.»

Damit hatte sie die Entscheidung getroffen, mir mein Leben zu schenken und meine Mutter zu werden. Aber warum war sie nie in der Lage, mir ihre Liebe zu zeigen? Wie passte das zusammen? Sie hätte doch auch den für sie einfacheren Weg gehen können, den die Ärzte ihr anboten. Warum entschied sie sich dennoch für den monatelangen Kampf um mein Leben?

«Sie war sehr gläubig», antwortete Dr. Zippel.

So eine einfache Antwort! Wieso war ich nicht darauf gekommen? Ihre Mutter, *meekulu* Magdalena, glaubte an Kalunga – es erschien mir sehr wahrscheinlich, dass meine starke Großmutter ihre Tochter Clementine ebenfalls so erzogen hatte. Ich kann nur vermuten, dass meine Mutter erst danach zum christlichen Gott fand. Dieselbe Frau, die so schroff zu mir gesagt hatte: «Wenn Gott will, dass du stirbst, dann stirbst du», diese Mutter hatte sich auch auf den Schöpfer berufen, als es darum gegangen war, ob ich leben durfte. Darum hatte sie endlos lange Monate erduldet, in denen in ihrem Unterleib Schläuche steckten, die den Eiter ableiteten. Bis sie endlich operiert werden konnte. Nachdem mir diese Zusammenhänge klargeworden waren, schloss sich der Kreis mit den Worten der Mutter meiner Mutter: «Du bist Kalungas Kind. Du weißt es nur nicht. Aber du wirst es herausfinden.»

Als ich Dr. Zippels Büro verließ, kam mir der Gedanke, dass meine Mutter mich nicht meinetwegen zur Welt gebracht hatte. Sondern weil Kalunga es so gewollt hatte. Rührte daher die Fremdheit zwischen uns? Weil ich nie ihr Kind war? Sondern Kalungas Kind? Ndeshipewa Maano, «Ich bin dankbar für das Geschenk Gottes» – dieser traditionelle Name wurde mir mehr und mehr ein Trost.

Clementine Aukongo wollte, dass ihr Kind geboren wird. Das herausgefunden zu haben machte mich glücklich. Doch eine andere Angst war mir damit noch nicht genommen: Was war in Cassinga geschehen? Ich wollte, dass meine Mutter es mir erzählte. Denn ich hoffte, dass die Albträume, die mich quälten, danach endlich aufhörten. Dazu musste meine Mutter mir die Wahrheit sagen. Als ich den Plan fasste, sie vor allem deshalb zu besuchen, war mir klar: Dies wird der schwierigste Teil der Suche nach meiner Vergangenheit.

Ein Blatt im Wind

Bei meiner nächsten Reise nach Namibia war in Deutschland wieder Winter und dort Sommer. Im Dezember 2008 hatte die kleine Regenzeit früher und viel intensiver eingesetzt, als man es sonst kannte. Das Land war grün und schön. Anderthalb Jahre waren seit meinem letzten Besuch vergangen. Der Arzt aus dem Katutura State Hospital hatte offensichtlich recht gehabt: Der Zustand meiner Mutter hing davon ab, ob sie die richtigen Medikamente bekam. Jedenfalls ging es ihr überraschend gut. Sie war zwar schnell außer Atem und konnte nur kurze Strecken zu Fuß gehen. Aber ich brauchte mir nicht erneut Sorgen um sie zu machen. Es war ohnehin besser, sie nicht merken zu lassen, dass ich es tat.

Etwa als wir gemeinsam das Grab ihrer Mutter im Owamboland besuchten. Es befand sich auf einem eingezäunten, von der Sonne beschienenen Friedhof, weit entfernt von einem *eumbo*. Die Gräber waren mit bunten Plastikblumen geschmückt; Schnittblumen wären dort sofort vertrocknet. Ein braunes Metallschild nannte die Sterbedaten von *meekulu* Magdalena: Sie war fünfundachtzig Jahre alt geworden. Lange sah ich auf dieses Grab, erinnerte mich an meine Großmutter, hörte ihre Stimme, fühlte ihren wohlwollenden Blick auf mir.

Meine Mutter drängte nach einer Weile zum Aufbruch, und

plötzlich bemerkte ich die Inschrift auf einem Kreuz in der Nähe. «Diese Frau ist nicht mal so alt geworden, wie ich jetzt bin», sagte ich betroffen.

Danach entdeckte ich die Todesdaten auf den anderen schneeweiß gestrichenen Holzkreuzen. Lauter junge Menschen, unzählig viele, kaum einer hatte das dreißigste Lebensjahr erreicht. Ohne nachzudenken, platzte es aus mir heraus: «Woran sind die denn alle gestorben?»

Automatisch suchte ich die Augen meiner Mutter, als ich hier mit den unfassbaren Folgen einer Seuche konfrontiert wurde. Das Unwort erwähnte ich nicht. Aber es lag in der Luft, zum Greifen nah.

Schließlich sagte sie: «Vielleicht bei Autounfällen.»

Wenige Tage zuvor hatte ich im namibischen Fernsehen die achtstündige Liveübertragung des Staatsbegräbnisses für die Mutter des einstigen Präsidenten von Namibia gesehen. Sam Nujomas Mutter war 110 Jahre alt geworden, er selbst wurde kurz nach ihrer Beisetzung achtzig. Es hieß, die «*meekulu* der Nation» hätte zwar ein biblisches Alter erreicht, aber das wäre nicht ungewöhnlich: Die Menschen im Owamboland, aus dem sie stammte, würden oft so alt werden.

Und nun sah ich diesen Friedhof voller jung Verstorbener. Und die Erklärung sollten Autounfälle sein? Obwohl es «im Busch» kaum Autos gab?

Ich rührte nicht weiter an dem namibischen Tabu. Wir fuhren zu Verwandten, die in einer relativ nahen Ortschaft lebten und mit denen wir uns verabredet hatten. Angekommen, setzten wir uns auf Plastikstühle, die in einem Kreis vor ihrem Haus aufgestellt waren. Eine der Cousinen meiner Mutter hatte ebenso wie Clementine Cassinga überlebt, aber keine Verletzungen erlitten. Vielleicht war sie deshalb bereit, über das zu sprechen, was am 4. Mai 1978 geschehen war.

Und da, endlich, öffnete sich auch meine Mutter, um ihre Erinnerungen preiszugeben. Sie sprach über den Albtraum, den ich kannte, in ihren Worten. Er unterschied sich nicht wesentlich von dem, was ich in nächtlichen Bildern oft gesehen hatte. Ich empfand die Angst einer Sechzehnjährigen, die aus dem Schlaf hochschrak und nicht wusste, wie ihr geschah. «Lauft! Lauft davon!» Sie rannte um ihr Leben, während Bomben einschlugen, Granaten explodierten und Gewehrschüsse fielen. Sie hörte die Schreie Sterbender und die Hilferufe Verletzter.

Meine Mutter erzählte mit fast monotoner Stimme. Das Schreckliche, das sie erlebt hatte, trug sie eigenartig distanziert vor. Immer wieder machte sie kurze Pausen, und wenn jemand aus der Runde versuchte, etwas zu sagen, hob sie die Hand und bat um Schweigen. Kein einziges Mal blickte sie mich oder die anderen Zuhörer an. Vor ihren Augen sah sie einen Film ablaufen – und über diesen sprach sie. Nicht über ihre Gefühle. Während ich mit meinen Tränen kämpfte und mich gleichzeitig konzentrierte, um nicht ein Wort zu verpassen. Ich ahnte, sie würde nie wieder darüber reden.

Clementine berichtete, wie sie unter dem Dornbusch notdürftig mit ihrer Jacke die Wunde abband, von ihren Ohnmachten und dem kubanischen Soldaten, der aufseiten der Angolaner half, die Toten und Verletzten zu bergen, und der sie schließlich entdeckte. Und während sie all die weiteren Stationen aufzählte, bis sie endlich in der DDR eintraf, erwähnte sie nicht einmal, ob sie Angst gehabt hatte, ihr Kind zu verlieren. Sie erwähnte ihre Angst überhaupt nicht. Hatte sie sie verdrängt? Oder in einen Teil ihres Körpers getan, den sie am 13. September 1978 um ein Uhr neun in der Nacht abgab?

Schon bei früheren Gelegenheiten hatte ich meine Mutter gefragt, weshalb sie ohne meinen Vater in Cassinga war. Geantwortet hatte sie nie. Die Gelegenheit erschien mir in diesem Augenblick günstig, herauszufinden, wo er in jenen Stunden war, als ihr Leben sich völlig veränderte. Die Erklärung meiner Mutter klang einsilbig: «Er war in ‹Vietnam›.» Sie fügte gerade noch hinzu, «Vietnam» sei ein anderes namibisches Lager auf angolanischem Gebiet gewesen, weit entfernt von Cassinga.

Damit war für sie alles gesagt. Eine Verwandte wollte das Thema ebenfalls beendet wissen und sprach von etwas anderem. Somit wurde die Vergangenheit wieder mit Schweigen begraben.

Wenige Tage nach diesem Gespräch traf ich meinen Vater in Windhoek. Er hatte inzwischen bei der namibischen Armee Arbeit in der Lagerverwaltung gefunden, war gesundheitlich aber wegen seines Diabetes angeschlagen. Ich lud ihn in ein Restaurant in der City ein, wo wir unter Palmen Pizza aßen, und erkundigte mich bei ihm zunächst nach «Vietnam». Er begann nicht mit der Geschichte eines Krieges, sondern der seiner großen Liebe: «In diesem Lager habe ich deine Mutter im März 1977 kennengelernt. Als junger Soldat hatte ich geholfen, es aufzubauen, und sie war als Praktikantin ins Lagerkrankenhaus gekommen.» Sein Gesicht wurde weich: «Ich verliebte mich sofort in Tuuli.»

Tuuli. Wie zart das klang. So gar nicht, als ob damit meine Mutter gemeint sein könnte.

«Oh», fuhr mein Vater fort, «eigentlich heißt deine Mutter mit traditionellem Namen Tuulikefo. Das bedeutet: ‹Spitze des Blattes›. Aber ich nannte sie immer nur Tuuli. Weil sie zart wie ein Blatt war und ich Angst hatte, der Wind würde es fortwehen.» Er rieb sich mit seinen kräftigen Händen über die Augen. «Tuuli war die erste Liebe meines Lebens.»

Nach einer Weile nachdenklichen Schweigens fuhr er fort: «Ein Jahr nach unserer ersten Begegnung sagte sie mir, dass sie schwanger sei. Selbstverständlich wollte ich sie heiraten. Aber es war Kriegszeit, und mein Kommandant verbot es: ‹Wir leben im Busch, in der Kriegszone! Hier wird nicht geheiratet! Das erlaubt kein Gesetz.› Kurz danach hieß es: ‹Eine Schwangere ist in ‚Vietnam' nicht sicher. Wir schicken sie nach Cassinga, dort kommen die Südafrikaner nicht hin …›»

So wehte der Wind das Blatt dann doch fort, das Erasmus hatte festhalten wollen. An jenem Tag, an dem meine Mutter angeschossen unter einem Strauch lag, wurde auch «Vietnam» von den Südafrikanern vernichtet; es gab Hunderte von Toten. Mein Vater wurde leicht verletzt gefangen genommen. Erst sechs Jahre später ließen sie ihn aus einem Internierungslager frei, in dem er brutal gefoltert worden war. Er hatte keine Ahnung, ob seine Tuuli noch lebte und das Baby, das sie erwartet hatte. Er wusste nur, dass Hunderte von Menschen in Cassinga gestorben und dass die Überlebenden in der Nähe der angolanischen Hauptstadt Luanda in einem Flüchtlingslager untergebracht waren.

Auf direktem Weg konnte er dorthin nicht gelangen. Heimlich schlug er sich vom Süden Namibias durch Botswana und Sambia. Als Illegaler wurde er mehrfach monatelang inhaftiert. Doch Erasmus fand seine Tuuli schließlich doch. Allerdings waren inzwischen sieben Jahre seit ihrer Trennung vergangen. «Für mich war Tuuli immer noch die einzige Frau, mit der ich leben wollte», sagte mein Vater sehr leise. Er lächelte hilflos: «Sie hatte sich sehr verändert. Aber das machte mir nichts.» Nach einer langen Pause fuhr er fort: «Clementine zeigte mir Fotos von dir und sagte: ‹Du hast eine Erstgeborene, ihr Name ist Stefanie.›»

Das war in jenem Jahr, in dem ich eingeschult wurde. Weit weg, in der DDR.

«Jede Nacht, wenn ich ins Bett ging, betete ich zu Kalunga,

damit er meine Stefanie beschützt», erzählte mein Vater weiter.

Es vergingen noch einmal acht Jahre, bis er mir kurz vor seinem vierzigsten Geburtstag schrieb: «Ich habe geträumt, dich auf dem Namibia International Airport zu treffen. Das war ein wunderbarer Traum.» Es war jener Brief, in dem auch stand, dass er sich wünsche, ich sollte einmal meinen Doktor machen.

Damit hatte alles angefangen. Ich hatte nicht wissen können und nicht wissen wollen, was dabei am Ende herauskommen würde. Nun saß ich meinem Vater gegenüber und sagte ihm, dass ich bald mein Diplom machen würde. Und er erwiderte: «Ich bin sehr stolz auf dich, Steffi.»

Danach fuhren wir hinaus zu seiner Kaserne. Er fragte, ob ich das Freiheitsdenkmal schon angesehen hätte, das läge gleich nebenan, direkt oberhalb seiner Kaserne, er könne es jeden Tag sehen. Auf dem Weg nach Rehoboth war ich dort öfter aufgehalten worden, weil an dieser Stelle ein Polizeiposten die Pässe kontrolliert. Das riesige Freiheitsdenkmal, das den Sieg der SWAPO über Südafrika feiert, hatte ich nie besucht. Jetzt holten wir es nach.

Unglaublich viele Stufen führten hinauf zu einem gigantisch großen Kämpfer, der die Gesichtszüge Sam Nujomas trägt. Es nieselte, und auf der anderen Seite der Stadt ballte sich ein Gewitter mit schweren dunklen Wolken zusammen. Mein Vater und ich beachteten das Unwetter nicht. Wir gingen Hand in Hand die breite Treppe hinauf.

Regen und Gewitter zogen in weiter Ferne vorbei.

PS

Ich denke viel darüber nach, dass mein Vater seine Clementine Tuuli nannte, weil sie ihm wie ein Blatt erschienen war. Das Massaker von Cassinga riss es vom Baum und trieb es mal hier- und mal dorthin. Ob es mir gefällt oder nicht: Das taumelnde Blatt bedeutet zugleich den Anfang meines Lebens. Das gibt mir das Gefühl, zu keinem festverwurzelten Baum zu gehören. Auf meiner Lebensreise hatte ich immer das Glück, an anderen Bäumen Halt zu finden. Durch sie bekam ich die Chance, Liebe kennenzulernen, Träume zu verwirklichen, Vertrauen zu gewinnen und zu verschenken. Es bedeutet aber auch, Mensch zu sein im Glanze Kalungas. Und wenn ich solche Momente spüre, vergeht die Empfindung, selbst ein Blatt im Wind zu sein. Ich fühle mich dann stark wie ein Baum, der fest im Leben steht.

Dank

Meine Geschichte ist ein Dank an alle Menschen, die mir geholfen, beigestanden und mich gefördert haben. Sollte ich alle Namen auflisten, würde ich jedoch auch jene nennen müssen, die mir Schlechtes getan haben. Weil es meine Überzeugung ist, dass sich daraus Gutes für mich ergeben hat.

Statt der Danksagung, die sonst am Ende eines Buches steht, setze ich dieses von mir selbst geschriebene Gedicht:

Und es waren die drei Hände, die mich führten:
Hoffnung, Liebe und Solidarität.
Und es sind die drei Hände, für die ich dankbar bin:
Hoffnung, Liebe und Solidarität.
Und es werden die drei Hände sein, die ich reichen werde:
Hoffnung, Liebe und Solidarität.

Zeittafel

Der lange Weg zu Namibias Unabhängigkeit

1883

Der Bremer Kaufmann Adolf Lüderitz erwirbt von einem Nama-Häuptling umfangreichen Landbesitz in Südwestafrika zwischen Atlantik und Namibwüste (nahe dem späteren Swakopmund).

1884

Das Deutsche Reich erklärt gegenüber den europäischen Mächten seine Schutzherrschaft über die von Lüderitz erworbenen Gebiete.

1890

Das Deutsche Kaiserreich erklärt Deutsch-Südwestafrika zum «Schutzgebiet».

1903–1909

Einheimische fühlen sich von den deutschen Kolonialherren zunehmend ungerecht behandelt. Einzelne Aufstände gipfeln am 11. August 1904 in der «Schlacht am Waterberg»; der militärische Oberbefehlshaber, Generalleutnant Lothar von Trotha, sieht in der Vernichtung des Herero-Volks die einzige Lösung: Man schätzt, dass etwa 60 000 Einheimische erschossen werden, auf der Flucht oder in Gefangenenlagern sterben. Deutsche Siedler nehmen weite Teile des Landes in Besitz.

1915
Im Zuge des Ersten Weltkriegs beenden die Südafrikaner im Verbund mit den Briten die deutsche Herrschaft. Das Land wird Protektorat der Union von Südafrika.

1919
Der Völkerbund (Vorgänger der UN) erklärt das Land zum Mandatsgebiet von Südafrika.

1934
Namibia wird die fünfte Provinz von Südafrika.

1946
Die UN fordert Südafrika vergeblich auf, das Land in die Unabhängigkeit zu entlassen.

1951
Die in den vier südafrikanischen Kernprovinzen seit 1913 geltende Apartheid («Trennung der Rassen») wird auf Namibia übertragen.

1958
Eine der Folgen der Apartheidspolitik ist die Gründung von Ovamboland People's Organisation (OPO) unter dem damals neunundzwanzigjährigen Sam Nujoma.

1959
Als Teil der Apartheid wird die schwarze Bevölkerung Windhoeks aus der Stadt vertrieben. Ihr wird ein etliche Kilometer entferntes wüstenartiges Areal zugewiesen. Die Vertriebenen schlagen den Namen Katutura vor. Er bedeutet sinngemäß: «Der Ort, an dem wir nicht leben wollen». Die Südafrikaner

hinterfragen diesen aus der Sprache der Owambo stammenden Namen nicht. Einer der Anführer des Protests gegen die Zwangsumsiedlung ist Sam Nujoma.

1960

Nujoma wird im April Gründungsmitglied der aus der OPO hervorgegangenen SWAPO (South West Africa People's Organisation), die erklärt, die Interessen aller namibischen Ethnien zu vertreten. Kurz darauf muss Nujoma wegen der Vorgänge um Katutura Namibia für neunundzwanzig Jahre verlassen. Er lebt zunächst in Tansania, dann in Sambia und schließlich in Angola im Exil. Alle drei Staaten werden zu Unterstützern der Befreiungsbewegung SWAPO. An den Ideen von Marx und Lenin orientiert, setzt die SWAPO sich für die Interessen der Arbeiter ein und unterstützt die Gründung von Gewerkschaften.

1966

Die UN entzieht Südafrika das Mandat über Namibia.

1968

Die UN benennt «Südwestafrika» um in «Namibia» und bewertet den von der SWAPO 1966 bewaffnet gegen Südafrika geführten Kampf als gerechtfertigt.

1973

Die UN erkennt die SWAPO als «authentischen Repräsentanten des namibischen Volkes» an.

1977

Nach einem Besuch Sam Nujomas in Ostberlin werden Waffen für 1,15 Millionen Valuta-Mark (entspricht einem identischen Wert in D-Mark), 10 000 Tarnuniformen sowie fünfzig IFA-Lkw bereitgestellt.

1978

Südafrikanische Truppen überfallen am 4. Mai das Flüchtlingslager Cassinga, das rund 250 Kilometer nördlich der namibisch-angolanischen Grenze liegt. Rund 600 Menschen, vor allem Frauen und Kinder, sterben; der Angriff wird international verurteilt. Die DDR nimmt im Juni zwanzig Verletzte auf, die im Klinikum Buch in Ostberlin in der zu diesem Zweck eingerichteten «Solidaritätsstation» behandelt werden.

1979

Sam Nujoma und der Staatsratsvorsitzende der DDR, Erich Honecker, vereinbaren, dass achtzig Kinder und fünfzehn Erzieher in einem Kinderheim in Mecklenburg aufgenommen werden. In den folgenden zehn Jahren steigt diese Zahl auf 430 Kinder.

1988

SWAPO und Südafrika vereinbaren im August einen Waffenstillstand.

1989

Südafrika zieht zu Jahresbeginn seine Truppen ab, 42 000 Exilanten – unter ihnen Sam Nujoma – kehren nach Namibia zurück. Vom 7. bis zum 11. November finden freie Wahlen statt, die die SWAPO mit absoluter Mehrheit gewinnt.

1990

Am 21. März wird Sam Nujoma von UN-Generalsekretär Pérez de Cuéllar als erster Präsident der Republik Namibia vereidigt. Nach hundertjähriger Fremdherrschaft wird das Land damit offiziell ein unabhängiger Staat.

Weiterführende Literatur

Engombe, Lucia: Kind Nr. 95. Meine deutsch-afrikanische Odyssee. Berlin 2004

Gerlach, Jens: Das Herero-Massaker und die anderen Deutschen. Berlin 2005

Kenna, Constance: Die «DDR-Kinder» von Namibia. Heimkehrer in ein fremdes Land. Göttingen/Windhoek 1999

Malam, Johan S.: Die Völker Namibias. Göttingen/Windhoek 1998

Zöllner, Abini: Schokoladenkind. Reinbek bei Hamburg 2003

www.sodi.de – Solidaritätsdienst International e.V. (SODI)

http://library.fes.de/ – Die Seiten der Friedrich-Ebert-Stiftung enthalten viele Hintergrundinformationen zur DDR

www.albbw.de – Annedore-Leber-Berufsbildungswerk Berlin

www.hwr-berlin.de – Hochschule für Wirtschaft und Recht (HWR) Berlin

www.unaids.org – Infos zur weltweiten Verbreitung von Aids/HIV

www.klausdierks.com – Umfangreiche Sammlung von Informationen zur Geschichte Namibias

Das im Buch erwähnte Interview mit Rudi Schmieder führte Ilona Schleicher. Es wurde veröffentlicht in: Ilona Schleicher: DDR-Solidarität im südlichen Afrika. Auseinandersetzung mit einem ambivalenten Erbe. Berlin 1999.
Die Geschichte über meine Mutter und mich erschien in:
Für Dich. Illustrierte Wochenzeitung für die Frau, Heft 15/1979.

Inhalt